하나님의 길 : 하나님 안에서 나의 소명 찾기
Personal Development God's Way

Personal Development God's Way
by Doug Addison

Copyright ⓒ 2010 by Doug Addison
Published by Destiny Image
P.O. Box 310, Shippensburg, PA 17257-0310

Korean translation Copyright ⓒ 2012 by Pure Nard
2F 774-31, Yeoksam 2dong, Gangnam-gu, Seoul, Korea

The Korean edition is published by arrangement with Destiny Image.
All rights reserved.

본 저작물의 한국어판 저작권은 Destiny Image와의 독점 계약으로 한국어 판권은 '순전한 나드'가 소유합니다.
저작권자의 허락 없이 이 책의 일부 또는 전체를 무단 복제, 전재, 발췌하면 저작권법에 의해 처벌을 받습니다.

하나님의 길

초판발행 | 2012년 9월 15일

지은이 | 덕 애디슨
옮긴이 | 김태철

펴낸이 | 허철
편집 | 윤지영
디자인 | 이보다나
인쇄소 | 영진문원

펴낸곳 | 도서출판 순전한 나드
등록번호 | 제2010-000128
주소 | 서울 강남구 역삼2동 774-31 2층
도서문의 | 02) 574-6702 / 010-6214-9214
편집실 | 02) 574-9702
팩스 | 02) 574-9704
홈페이지 | www.purenard.co.kr

Printed in Korea

ISBN 978-89-6237-125-3   03230

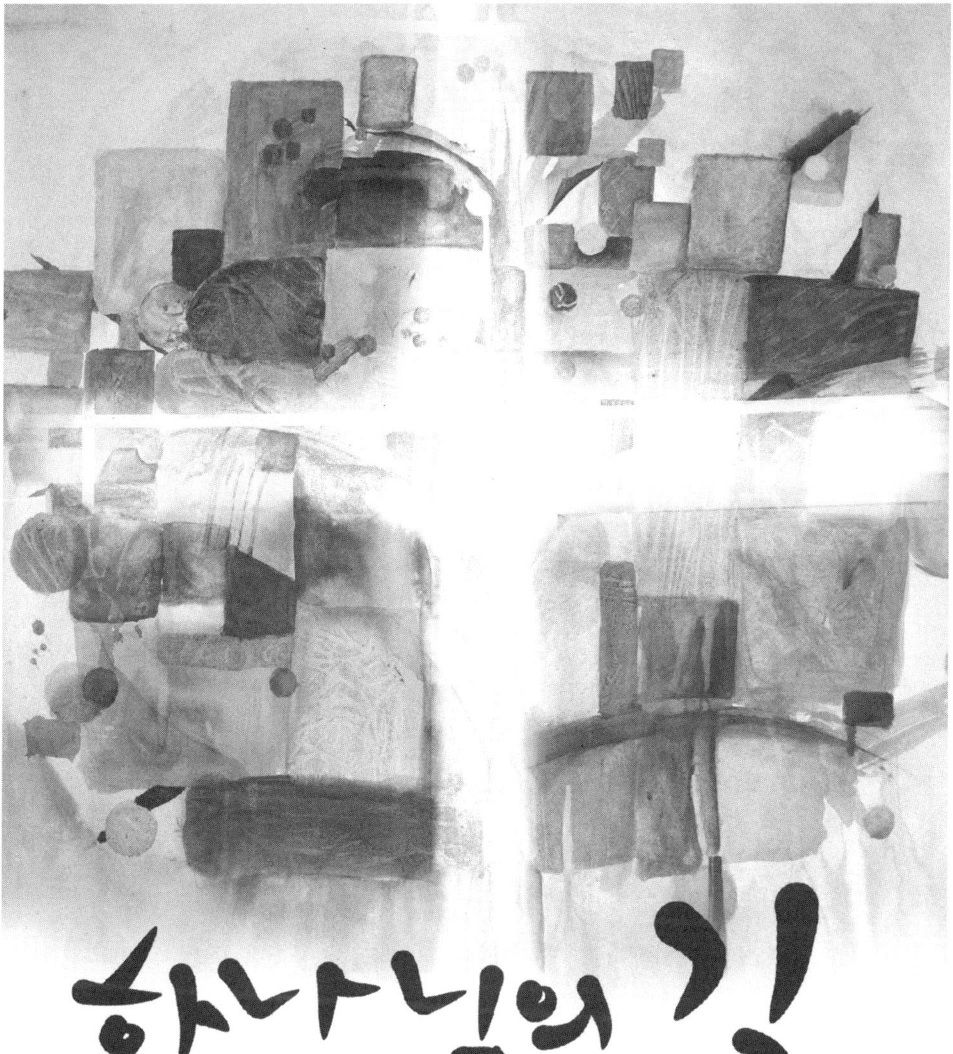

하나님의 길

PERSONAL DEVELOPMENT GOD'S WAY

하나님 안에서 나의 소명 찾기

덕 애디슨 지음 | 김태철 옮김

순전한 나드

추천사 Endorsements

하나님은 그의 자녀들을 축복하기 원하시며, 그분의 임재와 선하심 안에서 삶의 풍성함을 즐기기 원하신다. 《하나님의 길: 하나님 안에서 나의 소명 찾기》를 통해 덕 애디슨은 우리가 어떻게 하나님과 동행하고, 그분의 본질을 발견하며, 우리의 삶의 목적을 발견하는지 가르쳐 주고 있다. 정말 좋은 책이다!

_페트리샤 킹

덕 애디슨은 신선하고 흥미로운 방법으로 사람들을 향한 하나님의 부르심의 소명을 이해하고, 하나님께서 디자인하신 것을 품을 수 있는 말씀으로 우리를 초대한다. 이 책은 한 번 읽어서 이해되지 않는다. 《하나님의 길: 하나님 안에서 나의 소명 찾기》는 하나님이 부르신 소명 안에서 하나님께서 그들의 여정에 함께 하도록 초대한 사람들의 매뉴얼로서, 인생 전반에 걸쳐서 배워야 할 교훈을 담고 있다. 《하나님의 길: 하나님 안에서 나의 소명 찾기》로 우리의 삶에 중요한 투자를 한 덕 애디슨에게 감사를 표한다.

_마크 J. 치로나

덕 애디슨의 《하나님의 길: 하나님 안에서 나의 소명 찾기》는 교회를 향한 힘 있는 격려가 필요한 때를 위한 선물이다. 우리는 우리 자신이 성장하는 방법을 찾아야 하고, 성경 말씀에서 격려하듯 서로를 세워가야 한다. 《하나님의 길: 하나님 안에서 나의 소명 찾기》는 그리스도 안에서 특별한 부르심을 이해하고 순종하는 단계들에 대해 말하고 있으며, 이 책을 읽는 동안 격려에 대한 바른 이해를 통해 하나님께서 우리에게 주신 힘으로 새로워질 것이다.

_스티브 스조렌

이 세상은 어떻게 하면 성공적인 삶을 살 수 있는지, 이에 대한 방법과 열쇠들을 찾고 있다. 그동안 많은 책들이 이러한 질문에 답을 주려고 노력하였다. 그러나 대부분 개인적인 충만함을 주는 가장 중요한 내용을 놓치고 있다. 덕 애디슨이 쓴 《하나님의 길: 하나님 안에서 나의 소명 찾기》는 우리의 운명을 정복하는 과정의 긴장 속에서 성령의 기름부음과 인도하심을 받는 것에 대하여 쓰고 있다. 하나님께서는 우리에게 우리의 소명을 추구할 수 있는 권한을 주셨고, 용기를 주셔서 확신이 있는 사람들과 함께 협력하여 나아가게 하신다.

　_빌 존슨

　나는 덕 애디슨을 오랜 기간 알고 지냈고, 이제 그와 함께 그의 메시지 모두를 추천한다. 정직함과 사랑스러운 모습 속에, 덕은 남다른 인생의 여정을 통해 경험한 진리에 대한 통찰력을 이 책에서 보여 주고 있다. 이 책은 또한 시대를 넘어 우리의 삶에 변화와 영감을 주는 강력한 계시로 가득하다. 각각의 주제들은 하나님의 풍성한 계시일 뿐만 아니라 하나님의 숨결이 부어진 우리들의 소명을 채우는 필수 요소들이다.

　_래리 랜돌프

목차 Contents

추천사 _04

서문 _08

서론 _12

CHAPTER 1　믿음을 넘어서 ··· 21
CHAPTER 2　변화를 발견하는 여정 ··························· 43
CHAPTER 3　긍정적인 삶의 능력 ································ 61
CHAPTER 4　견고한 토대를 세우기 ··························· 83
CHAPTER 5　목적과 소명 ·· 103
CHAPTER 6　장벽을 제거하기 ·································· 125
CHAPTER 7　혁신적인 변화 ······································ 155
CHAPTER 8　개인의 변화 ·· 171
CHAPTER 9　하나님의 뜻과 시간을 알기 ··············· 193
CHAPTER 10　하나님의 음성 듣기 ·························· 219
CHAPTER 11　연결의 힘 ·· 249
CHAPTER 12　성취의 원리들 ···································· 277
CHAPTER 13　인생의 균형 잡기 ······························· 305

서문 Foreword

　　육십 년이 넘게 전임 사역자로 섬긴 삼촌 아놀드가 오래전 내게 한 말이 마음에서 떠나질 않았다. 감리교 사역자였던 삼촌은 "만약 아무 것도 조준을 하지 않는다면 너는 그걸 맞출 거다"라고 했다. 한번은 성령님께서 내게 다른 방법으로 말씀하셨다. "네가 조준하지 않은 것은 어떤 것도 결코 맞추지 못할 것이다." 그 말은 내내 내 마음에 남았다.

　　이 원리는 우리들의 개인적인 삶에 있어서도 사실인가? 비지니스의 세계와 큰 단체에서는 이 원리가 사실이라는 것을 우리는 알고 있다. 그러나 이것이 우리의 개인적인 삶에서도 적용되는 것일까? 나는 한 번도 프랭클린 일정표 Franklin Planner를 제대로 실행해 본 적이 없다. 어떤 사람들, 그리고 어떤 교회나 사역 단체들은 프로그램을 잘 조직하고 진행함으로 성공한다. 때로 나는 어떻게 그들이 그렇게 작은 하나님을 통하여 성공하는지 의아해 한다.

　　나는 수년 전 부흥 운동가였던 토저A.W.Tozer의 말을 통해 분석해 보고자 한다. "만약 사도행전에 나온 성령을 교회에서 없애버린다면 95

퍼센트는 버리고 5퍼센트만 남게 되는 것이다. 그러나 만약 현대교회에서 성령님을 제외한다면 5퍼센트만 멈추고, 나머지 95퍼센트는 남아 있게 된다." 슬프지만 이 말은 오늘날 우리에게 교회의 현실을 보여 주고 있는 것이다.

모든 강은 강둑이 필요하다!

이 말은 또 다른 진리를 포함하고 있다. "불을 받아라, 성령을 받아라, 새로운 파도를 타라"고 강조하는 오늘날에, 때로 우리들은 "현재의 흐름"에 집착해서 우리가 어디로 가고 있는지 그 방향을 잃어버린다. 많은 사람들과 사역단체들은 이러한 방법으로 흘러가는 데, 그것은 그들이 정체성의 위기 상황에 놓여 있기 때문이다. 우리는 다른 것에 의해 움직여야 한다. 왜냐하면 하나님께서는 우리의 인생이 아무런 방향 없이 어떤 것을 하면서 살아가는 것은 아니라고 알고 계시기 때문이다.

당신은 모든 강마다 양쪽으로 두 강둑이 있다는 것을 알고 있다. 그렇지 않으면 강물이 흘러 내려오다가 나중에는 물이 다 없어져 버리기 때문이다. 너무나 당연한 말인가?

나에게 새로운 아이디어가 있다! 왜 둘 다 있으면 안 되는 것인가? 왜 성령님께서 우리의 내일의 삶, 그리고 사역과 우리 세대에게 말씀하시는 것을 분별하지 않는가? 그리고 그분의 도우심으로 부르심과 소명, 그리고 목적이 충만한 삶을 살지 않는가! 그렇다. 우리를 향한 그분의 목적과 소명의 길 안에서 하나님의 능력과 임재가 강물처럼 흘러서 그분의 뜻이 이루어지게 하자!

이 책의 뛰어남

덕 애디슨은 성령의 세계를 안다. 그는 하나님의 움직임에 베테랑이며, 그 스스로가 성령을 담고 있다. 그러나 그는 감히 우리를 불러 인생 코칭의 실질적 기술로 인도하여 우리의 꿈을 이루도록 도와준다.

덕은 우리에게 더 깊은 하나님의 관계로 도전하여 대부분의 기독교인이 알고 있는 영적 원리들을 붙잡게 하지만, 소수의 사람들만 지속하게 된다. 그의 가르침은 당신의 인생에 있어서 당신이 하고 싶고, 원하는 것에 반하는 하나님의 때와 뜻에 대한 지혜로 인도해 준다. 얼마나 놀라운가!

이 책을 통해서 당신은…
- 당신의 개인의 성숙과 발전에 대해 성경이 말하고 있는 것을 더 분명하게 이해한다.
- 당신의 모든 삶의 분야에서 성공할 수 있도록 삶의 변화에 대한 성경적 원칙들을 배운다.
- 당신의 삶의 목적과 소명, 그리고 당신의 열정을 발견한다.
- 과거의 부정적인 영향을 끊어버리고, 미래의 삶에 그 영향이 미치지 않게 한다.

- 당신의 생각이 실질적으로 새롭게 되고 변화한다.

- 하나님께로부터 오지 않은 정체성과 개인적인 믿음을 발견하고, 그것을 새로운 가치와 습관들로 바꾼다.

- 건강하고 균형 있는 삶을 살도록 도울 원칙들을 발전시킨다.

- 모든 것이 진정으로 가능한 "돌파"의 삶을 배우게 된다. 다음 단계로 무엇을 해야 하는지 그 방향과 함께 인생의 전략을 세운다.

와우! 나는 벌써 이 책의 훈련에 들어가고 싶다. 당신도 이 결과들을 기대하며 당신의 것으로 만들라. 말씀을 붙들어 개인적인 말씀이 되게 하라. 그것만으로도 충분히 큰 변혁을 이룰 수 있다.

그러므로 덕 애디슨과 나, 그리고 다른 많은 사람들과 함께 하여 하나님의 뜻과 믿음의 단계를 발견하고, 하나님께서 주신 소명을 이루어 나가자.

축복이 함께 하기를!

제임스 골 *Encounter Network, Prayer Storm, Compassion Acts*

서론 *Introduction*

　모든 사람은 자신의 운명적 부르심에 대해 알기 원한다. 그들은 일상적인 생활, 즉 일터로 나가고, 집에 돌아오고, 요리를 하고, 주말에 DVD를 보는 것을 넘어 그들의 삶의 목적이 무엇인지 알고 싶어 한다. 그 일상의 삶이 결코 잘못된 것은 아니지만, 대부분의 사람들은 단지 일상의 삶을 살거나 여가를 활용하는 것 이상으로 다른 삶을 원하고 있다. 인생의 의미는 목적과 함께 하는 것이고, 우리는 그 삶을 더욱 열정적으로 살도록 만들어졌다.

　그러나 목적, 열정, 창의력은 우리의 분주한 생활 속에 묻혀 버린다. 현실생활 가운데, 우리가 매일 내리는 결정은 바뀔 수가 있다. 그렇다, 결국은 하나님의 사랑과 능력이 우리를 변화시킨다는 것을 나는 알고 있다. 하지만 우리는 그것들을 수용할 수 있는 결정을 해야만 한다. 우리 모두는 매일 결정을 내리며 살아간다. 우리가 합당한 때에 합당한 이유로 결정을 내리는 것을 배울 때, 우리의 삶의 질이 바뀌게 된다. 만약 우리가 계속 그렇게 할 수 있다면 결과적으로 우리가 묶여 있는 과거로부터 돌파가 일어나게 될 것이다.

　당신은 더 높은 단계로 향상하려는 여러분의 삶이나 이루고자 하는 꿈을 무엇인가 방해하고 있다는 느낌을 받은 적이 있는가? 당신은 그들의 인생에 돌파가 필요한 사람들의 현상을 다음과 같이 알 수 있을 것이다.

- 이대로는 안 되겠고 무엇인가는 해야겠는 데, 어디서부터 시작해야 될지 모른다.
- 현재의 직장과 관계 혹은 상황에 묶여 있다는 느낌이 든다.
- 무엇인가 해야만 하는 것이 있다는 것을 느끼지만 그것이 무엇인지 모른다.
- 결정을 내리지 못하거나 잘못된 결정을 내릴까 두렵다.
- 해야만 할 중요한 일임에도 불구하고 습관적으로 미룬다.
- 어떠한 꿈들은 포기했거나 이전보다 열정적이지 않다.
- 거의 사용하지 않는 은사와 달란트가 있다.
- 앞으로 나가지 못하게 굳어져 버린 느낌이 든다.
- 종종 자신에 대해 부정적인 생각인 든다.
- 추구하는 꿈과 소명의 길을 가기 전에 완벽한 상황이 되기를 바란다.
- 스스로 어떠한 일을 계획하지 않고 하나님께서 당신에게 기회의 문을 열어 줄 때까지 기다린다.

하나님은 무한하시므로, 우리는 그분의 사랑과 능력을 통해 더 나은 영적 생활, 직장, 관계, 육신의 건강, 혹은 마음의 안정을 끝이 없이 누릴 수 있다. 나는 이십 년이 넘는 기간 동안 성경 안에서 근원적인 삶을 바꾸는 원리를 공부해 왔고, 또한 그러한 삶을 살고 있다. 내가 발견한 것은 그러한 삶의 출발과 그 삶을 계속 진행할 수 있는 것은 하나님과의 관계에 있다는 것이다.

자아발견에 관한 유명한 서적들과 세미나들이 성경에서 찾은 원리들을 근거로 하고 있지만, 그들은 하나님과의 관계와 그분의 능력을 그들의 가르침 가운데서 제외시켜 버렸다. 우리가 하나님과의 관계와 함께하는 성경의 근원적인 원리와 성령의 능력을 더한다면, 우리가 꿈꾸어 온 것들이 생각하는 것보다 더 빨리 각 개인의 삶의 목적 가운데 풀어지게 될 것이다. 그 과정 가운데 당신은 하나님께서 당신에게 의도하신 초자연적인 삶을 발견하게 될 것이다.

이 책은 주술과 마약 가운데서 하나님의 능력과 자비를 통해 성공한 기업가로 변신하게 된 나의 이야기이다. 그리고 나는 계속 사업에 종사하면서 전임 사역의 길을 추구하게 된다. 그러나 다른 많은 사람들과는 다른 방법으로 이루어졌다. 나는 목사이기도 하지만 세계 여러 나라를 다니며 사람들이 무한하신 하나님의 능력 안에서 살 수 있도록 변화되는 것을 돕고 있다. 나의 사역은 하나님의 음성을 들으며, 꿈과 환상을 이해하고, 성령을 통해 초자연적인 것을 경험하도록 사람들을 훈련하는 것이다. 나는 이 사역을 통해 수많은 사람들을 만나면서, 그들이 자신의 소명과 영적 은사를 잘 모른다는 것을 알게 되었다. 결과적으로 나는 사람들을 도울 수 있는 이 책을 쓰게 되었고, 그들을 훈련하는 세미나를 개발하게 되었다.

내가 세미나에서 가르치는 원리들을 통해 사람들은 체중조절, 새로운 직장, 그들의 영적 은사 찾기, 저서, 사업의 시작, 미술과 음악의 새로운 창작과 같은 일들이 가능하게 되었다. 그러면 당신의 소명을 찾기 위해 무엇을 해야 할까? 만약 당신의 삶에서 작은 일들을 해낼 수 있다면 더 큰 부르심의 삶을 준비하게 된다. 많은 사람들이 회피와 게으른 생활을 하면서 하나님이 어떠한 극적인 사인을 하늘에서 주셔서 그들에게 말씀하시기를 기다린다. 많은 경우 하나님은 우리가 소명의 길로 나아가기에 필요한 모든 것들을 이미 우리에게 주셨다. 인생은 마치 점선을 이어 그림을 그리는 것과 같이, 우리가 해야 할 일은 다음 점이 어디에 있는지 그것을 연결해 가면서, 시간이 지난 후에 더 큰 그림의 윤곽을 알아가는 것이다.

당신이 이미 그러한 삶 가운데 있든지, 혹은 무엇을 원하는지 알고 있든지 혹은 열정을 잃어 버렸든지, 이 책은 몇 가지의 비결과 도구들을 통해 여러분을 도울 것이다. 내가 이것을 확신할 수 있는 것은 단지 나의 삶 가운데서 실험해 보고 나온 결과뿐만 아니라, 이 년 동안 수천 명의 사람들과 "당신의 삶의 목적으로 가속화하기" Accelerating Into Your Life's Purpose라는 세미나를 통해 검증한 것이다. 그 결과는 엄청났고, 그것은 단지 시작에 불과했다. 단지 이러한 원리들을 삶에 적용함으로 나는 30파운드의 체중을 조절하고, 더욱 건강해졌으며, 몸의 에너지도 더 좋아졌다. 나는 손톱을 물어뜯는 버릇을 그만두게 되었고, 두 권의 책을 집필하였으며, 하나님과의 관계가 더욱 깊어졌고, 내 삶의 관계들을 새롭게 하게 되었다. 또한 나는 세미나를 참석했던 많은 사람들로부터 그들의 삶에 엄청난 변화들을 듣게 되었다.

당신은 이 책을 읽으면서 내가 당신의 삶의 전략적 코치라고 생각하길 바란다. 내가 당신과 같은 공간에 있을 수는 없지만 매장 뒷부분에 나와 있는 간단한 훈련을 당신이 할 수 있다면, 그것을 통해 당신의 삶에서 긍정적인 변화를 경험하게 될 것이다. 이 책은 성경에 있는 강력한 원리들로 쓰였다. 당신이 단지 하나의 원리만 적용하더라도 삶이 바뀌게 될 것이다. 나의 바람과 기도는 당신이 믿는 자 안에서 모든 것이 가능하다는 것을 믿는 것이다. 하나님은 우리에게 좋은 은사를 주는 분이시며, 좋은 것을 주기를 원하시는 사랑의 아버지이시다. 그분은 우리 마음에 갈망하고 있는 것들을 이루어 주시고자 하는 데, 우리의 마음과 의도가 하나님을 닮아갈 때 더욱 우리의 갈망을 이루어 주신다. 하나님은 당신에게 희망과 미래를 주길 원하시며, 상처가 아닌 번영과 성공을 보기 원하신다. 당신은 예수님 안에서 새로운 피조물이며, 당신이 허락하지 않는 한 이전 것들이 당신 안에서 힘을 쓸 수 없다.

우리 삶의 목적은 혁신적인 변화와 세계에 영향을 주는 것을 포함하지만 이것은 전부 사랑과 관계에 관한 것이다. 변화된 사람의 삶은 세상을 향한 하나님의 사랑에 대한 최고의 증거이다. 우리가 매일의 생활의 질을 바꾼다면 기분이 좋아지고, 다른 사람을 더욱 사랑하며, 하나님과 더 깊은 영역에까지 연결된다. 우리의 삶이 변화될 때, 우리 주변에 있는 사람들의 삶 또한 변화되지 않을 수 없다. 먼저 우리 안에서 변화를 시작해야 하는 데, 이는 우리에게 없는 것을 남에게 줄 수 없기 때문이다.

나는 어떻게 당신이 긍정적인 하나님 나라의 마음을 갖게 되는지 보여줄 것이고, 당신은 하나님의 방법이 우리와 우리를 둘러싸고 있는 세상의 것과 완전히 반대가 된다는 것을 알게 될 것이다. 대부분의 사람들은 궁극적인 하나님의 뜻에 반하는 상황에 집중함으로 그들의 에너지를 낭비한다. 우리가 긍정적인 삶을 살게 하는 하나님의 뜻에 집중하면, 좋지 않은 상황이나 질병 그리고 압박은 더 이상 힘을 잃게 되어 우리를 낙심시킬 수 없게 될 것이다.

나는 또 당신이 돌파하는 삶의 스타일을 갖도록 노력하여, 어떤 일을 피하는 것이 아니라 어떻게 매일 규칙적으로 작은 일들을 행함으로 엄청난 변화와 결과들을 발견하게 되는지 도울 것이다. 이 책은 앞으로 나아가지 못하도록 당신을 잡고 있었던 것들을 뚫고 나올 수 있도록 하는 회전SPIN 사이클을 통하여, 과거의 부정적인 것이 더 이상 영향을 미치지 못하게 하고, 미루는 것을 최소화하며, 하나님으로부터 오지 않은 부정적인 내면의 생각을 바꾸고, 분명하지 않은 비전을 살피도록 한다. 돌파의 삶을 사는 것은 어렵지 않고 특별한 학식을 요구하지 않으나 당신의 결단을 요구하게 된다.

하나님 안에서 소명의 길로 나아갈 때, 당신은 변화되며 다른 많은 방법들 속에서 성장한다. 이것은 시간이 걸리는 과정이다. 당신은 이것을 한 번에 다 할 수 없으며, 새로운 좋은 습관을 개발하여 훈련해야 한다. 이것은 운동이나 악기를 연주하는 것과 같다. 처음에는 좀 할 수 있을 것 같으나 훈련하는 시간과 인내심이 필요하다. 당신은 사람들이 휴가나 은퇴를 계획하는 것은 종종 볼 수 있으나, 그들의 삶에 있어서 원하는 것을 계획하고 디자인하는 사람들은 많이 보지 못했을 것이다.

우리에게 일어나는 모든 것은 우리가 한 결정의 결과들이며, 그것은 우리의 믿음에 의해 결정된 것이다. 그래서 우리의 현재 삶의 상태는 우리가 하나님과 우리 자신, 그리고 우리가 그분의 사랑 안에서 성취할 수 있는 것을 어떻게 믿었는지에 대한 직접적 결과이다. 많은 사람들은 성경적인 원칙들을 머리로는 믿지만 그들의 행동으로는 믿음을 보여 주지 않는다. 그러나 믿는 것이 첫 번째 단계이다. 어떤 실질적인 것을 하는 것이 당신의 믿음과 소명을 살아 있게 한다.

우리가 인생의 목적을 추구하는 삶을 살 때에 하나님의 음성을 듣는 것은 큰 도움이 된다. 우리가 이 세상에서 충만한 삶을 사는 것은 하나님의 목적이다. 후에 나는 어떻게 하나님의 음성을 듣고, 어떻게 하나님의 때를 알며, 들은 것을 어떻게 적용하는지 다룰 것이다. 수천 명의 사람들을 코칭하며 도운 후에, 나는 하나님께서 우리에게 자주 밤에 꿈으로 말씀하시는 것을 알게 되었고, 그것은 종종 우리 인생을 향한 비전으로 나타날 수 있다. 나는 어떻게 소명의 꿈을 인식하고, 어떻게 그 꿈에 반응하는지를 가르칠 것이다.

앞에서 언급한 것처럼, 그리고 반복해서 이야기할 것은 모든 것은 어떤 것을 결정함에 따라 시작된다는 것이다. 대개 시작하는 것이 제일 어렵다. 당신은 이 책을 읽도록 결정을 했다. 나는 당신에게 감사하고 싶고, 당신의 귀중한 시간을 나에게 할애한다는 것은 나에게 있어 영광이라는 것을 당신이 알아주었으면 한다. 시간은 다시 돌이킬 수 없는 것이므로, 최선을 다해 낭비하지 말아야 한다. 대신 나는 당신에게 정말 좋은 실질적인 도움과 도구로 변화를 계속 유지하도록 도울 것이다.

전반적으로 이 프로그램을 위해 일기나 노트북 혹은 컴퓨터를 사용하여 짧은 숙제들을 마무리하는 것이 필요하다. 그리고 나는 당신이 친구들에게 이 책 읽기를 권하라고 말하고 싶다. 종종 친구와 가족은 우리가 지나칠 만한 것들을 인식하도록 도와준다. 나의 웹사이트에 있는 무료 강의와 기사는 당신의 변화의 여정을 도울 수 있다. 만약 당신이 책에 기록하는 것이 싫다면 다운로드 하여 출력한 후, 그 표들을 이용할 수 있다. 당신은 온라인 동호회에 조인할 수 있으며, 소명을 추구하는 다른 사람들과 연결될 수 있다. 당신은 당신 혼자가 아니라는 것을 알게 되어 서로를 격려함으로 결국 자신에게도 도움이 된다.

당신은 변화의 여정을 시작할 준비가 되었는가? 만약 그렇다면 다음의 기도를 통하여 나와 함께 동의해 주기 바란다.

하나님, 제가 간구하기는 저는 잘 모르지만 당신께서 잘 아시는 이 멋진 친구들을 축복하여 주시옵소서. 당신께서 그들의 모든 필요와 간구와 달란트와 은사를 알고 계십니다. 그래서 내가 기도하는 것은 성령을 통해 그들에게 힘주시고, 당신을 더 알며 그들 스스로를 사랑하고, 그들 주위의 사람들 또한 사랑하기를 원합니다. 내가 기도하기는 그들이 새로운 통찰력으로, 당신께서 믿는 자에게 원하시는 혁신적인 초자연적 삶의 방식을 개발하기를 원합니다. 하나님, 하나님의 능력과 임재를 이 여정을 시작하는 사람들에게 내려 주시옵소서. 예수님 이름으로 기도합니다. 아멘.

CHAPTER 1
믿음을 넘어서
BEYOND BELIEF

Personal Development God's Way

스무 살이었을 때, 나는 스티븐 킹Stephen King의 저서 《The Shining》을 읽었다. 그 이후 십 년 동안 어떤 악마에게 쫓기면서 달아나지 못하는 악몽에 시달렸다. 그 기간 동안에 차는 불에 타기도 했고, 그 일이 있은 지 몇 주 후에는 친구와 함께 탄 차의 건전지가 폭발해 병원으로 실려 가는 일도 있었다. 나는 이러한 일에 대한 답을 찾기 시작했다. 나는 신이 실제적으로 존재하는지 알고 싶었다. 그리고 나는 무엇을 하며, 어떻게 살아가야 하는지에 대해서도 궁금했다. "만약 헬 린디세이 Hal Lindsey의 지구 종말에 대한 내용이 맞고 UFO가 현실이면 어떻게 하지?"라는 마음 깊은 곳의 질문들이 나를 괴롭혔다.

그것은 삼십 년 전 일이었고, 그때 나는 나의 소명이 무엇인지 전혀 알지 못했다. 대부분의 나의 삶은 일을 해서 모든 고지서를 잘 내고, 남은 돈이 있으면 좋은 시간을 보내는 것이었다. 그러나 내가 열심히 일을 하거나 놀든지에 상관없이 결과적으로는 허탈감으로 이어졌다. 반면 내 깊은 심령 가운데서는 "내 삶에 뭔가 좀 더 의미 있는 것들이 있지 않을까"하는 생각이 더 커졌다. 무엇인가 내가 잘 해낼 수 있는 것이 있을 텐데…. 그것이 무엇인지 명확하게 알 수가 없었다.

어린 시절부터 인생의 깊은 목적을 이루어야 한다는 느낌이 있었지만 그것이 무엇인지 알 수가 없었고, 또 혼자서 그것을 어떻게 찾아 나가야 하는지 알지 못했다. 내가 다섯 살이었을 때, 처음 '자산' property 이라는 아주 크고 새로운 단어를 배우게 되었다. 나는 모든 친구들에게 나만의 자산을 가지고 싶고, 다른 사람들이 많은 사업을 할 수 있도록 돕고 싶다고 이야기를 했다. 내가 그 꿈에 대해 가족들에게 이야기를 했을 때, 그들은 웃으며 내가 귀엽다고 했다.

내가 5학년이 되어서 애완동물 장식장과 장례식 서비스를 하는 'Ask It Casket'이란 사업을 시작할 때까지 그들은 별로 심각하게 생각하지 않았다. 나는 학교 친구들을 설득해서 주식 대체용으로 음료수의 빨대를 팔아, 몇 개의 애완동물 장식장을 만들 수 있는 재료를 구입하기 위하여 자금을 모았다. 열한 살이 되었을 때는 내 생활을 좀 편하게 할 수 있는 도구들을 만들었다. 그중 가장 훌륭했던 발명품은 자동 잠자리만들기 기계와 등을 켜고 끄는 장치였다. 하지만 그 이후 가족의 생활이 어려워지면서 많은 비극과 아픔들을 경험하게 되었다. 열여섯이 되었을 때는 나처럼 우울하고 두려워하는 사람들에게 답을 주는 책을 쓰는 것을 제외하고 모든 일에 의욕을 잃었다. 거기에다 최저 임금의 일로 어떻게 그것을 할 수 있는지 정확하게 알 수 없었다. 이런 생각과 느낌들이 몇 년에 걸쳐 나를 장악했다.

나의 삶은 다른 사람들보다 드라마틱했지만 당신과 비슷한 부분들을 찾을 수 있을 것이다. 매일 아침 자명종을 끄고 침대에서 나와 별 의욕이 없는 직장에 매일 출근하였다. 그리고 그 분야에서 성공했지만 나는 만족하지 못했다. 결과적으로 나는 항상 잘못된 관계 안에 서게 되었고, 채무가 많았으며, 야근을 하고, 폭식을 하면서 내 안에 있는 아픔을 누르고 있었다. 결국 나는 우울증과 알코올 중독, 그리고 마약에 빠지게 되었다.

그때는 그런 삶이었다

인생의 반을 방향 없이 낙심 가운데서 보낸 후에, 나는 이러한 사업과 사람들을 돕는 부르심을 추구하기 위한 발걸음을 시작했다. 그 과정 가운데 새로운 발견이 있었고, 그것은 내 삶에 근본적인 변화를 가져왔으며, 다른 수천 명의 사람을 도울 수 있게 되었다. 그것은 단순한 변화 change가 아니라 변혁transformation이라 할 수 있다.

지금의 나는 매일 아침을 흥분으로 맞이한다. 나는 인생의 목적에 대한 비상한 감각이 있다. 나는 단지 목표를 향해 일하지 않는다. 나는 나의 운명적 부르심을 향해 온전히 나아가고 있다. 내가 일하고 있다고 생각하지 않는 것은 매우 재미있는 일이다.

몇 년 전, 나는 하나님께서 부르신 소명의 길을 가기 위해 대기업 회사의 일을 그만두는 엄청난 변화의 발걸음을 내딛었다. 현재 나는 사람들이 그들의 소명을 찾고, 하나님과의 관계가 더 깊어지도록 돕는 단체의 창립자이다. 나는 사람들이 어떻게 하나님의 음성을 듣고, 밤에 꾸었던 꿈들에 대해 이해할 수 있는지 사람들을 도와주며 가르치고 있다. 내가 발견한 것은 "밤에 꾼 꿈들"이 종종 "우리의 삶의 비전"을 가르쳐 주고 있다는 것이다. 하나님의 음성 듣기를 배우는 것은 우리의 소명의 길을 추구함에 있어서 많은 추측을 제거하며, 빨리 도달할 수 있도록 도와준다. 나는 집회나 컨퍼런스의 강사이자 삶의 전략 코치이다. 나는 세계 여러 곳을 여행할 수 있는 기회와 다양한 많은 사람들을 만날 수 있는 기회가 있다. 대학, 교회, 집회, 그리고 비지니스 세미나 등에서 강연을 한다. 내가 오래전에 발견한 것은 만약 배우는 것이 즐겁다면 사람들은 그들이 배운 것을 기억할 것이라는 것이다. 그래서 나는 극장식 코미디Stand-up comedy와 같은 스타일로 강의하는 것을 개발하고 모든 세미나를 그렇게 진행한다.

나는 기분이 너무 좋고 이전에 느끼지 못했던 활력을 찾게 되었다. 내가 마치 성공으로 치장하고 있는 동기부여 강사 같아 보인다는 것을 안다. 그러나 나는 겨우 고등학교 졸업장을 따고, 로드 스튜어트Rod Stewart의 머리 스타일을 하고, 1970년대 유행한 스타스키와 허치Starsky and Hutch가 입었던 검정색 가죽점퍼를 즐겨 입는 그런 평범한 사람이다.

그렇다고 내가 이 글을 쓰고 있는 현재 금전적으로 부유한 것은 아니다. 하지만 나의 삶과 돈에 대한 태도가 바뀌었다. 만약 내 은행계좌에 백만 불이 예치되어 있을지라도 지금보다 더 행복하지는 않을 것이다. 내가 아는 것은 당신과 내가 이 관점을 가지고 우리의 삶의 균형을 잡는다면, 그 어떠한 것도 우리의 삶에서 연속적으로 흘러나오는 사랑, 재정과 기회를 멈추게 할 수 없다는 것이다. 돈과 명품을 소유하는 것이 나의 목적이 아니다. 오해하지 말기 바란다. 나는 이러한 것들을 반대하는 것이 아니라 그것이 나를 움직일 수 없다는 것을 말하는 것이다.

> 행복의 비결은 더 위대한 부르심과 목적을 가지고 사는 데 있다.

나에게 동기부여가 되는 것은 하나님께서 사람들을 위하여 나를 부르셔서 그 일을 하도록 하신 것에 대한 자유함이다. 나는 한때 샌프란시스코에서 사업을 운영하며 억대 연봉을 받은 적이 있다. 그때 나는 많은 사람들이 생각은 있지만 소수의 사람들만이 진정한 라이프스타일로 살아간다는 비밀을 알게 되었다.

나의 삶의 목적은 수많은 사람들이 그들의 삶에 변혁을 가져오고, 하나님의 사랑과 수용, 그리고 능력을 발견하도록 돕는 것이다. 나는 늘 그래왔듯이 즐겁게 웃으며 그 일을 통하여 성장하기를 원한다. 어떤 이들은 나를 보며 이렇게 생각한다. "당신은 모든 것을 다 가지고 있기 때문에 그렇게 말하기가 쉬울 수 있어요." 또 다른 사람은 이렇게 말한다. "그가 또 해냈어, 그리고 그는 늘 모든 일을 주도적으로 해내는 것 같아." 그러나 그것은 사실과 거리가 멀다. 그 여정은 결코 쉽지가 않았다. 사실 내가 삼십 년간 경험한 엄청난 일들을 다 나열한다면 당신은 결코 믿으려 하지 않을 것이다. 그래서 그 슬픈 이야기를 통해 어떻게 소명으로부터 멀어질 수 있는지에 관한 책은 미루어 두기로 하겠다.

진정으로 내가 이루어 왔고, 지금의 나를 만든 모든 것들은 하나님의 은혜라고 말할 수밖에 없다. 하나님의 사랑과 은총이 나를 살아가게 하는 요소이다. 그러나 이러한 일들이 내가 현명한 결정이나 훌륭한 선택 혹은 내가 나아가지 못할 때 길을 찾아 돌파했다고 해서 일어난 일들도 아니다. 가장 중요한 것은 내가 그 어려운 시간들 가운데에서도 포기하지 않았다는 것이다.

소명의 길을 만남

당신은 당신의 인생에 있어서 성취하고 싶은 것이나 혹은 이루고자 하는 것들이 있을 것이다. 결혼을 하거나 가족을 갖는 것 혹은 학교에 가는 것, 그리고 더 좋은 직장을 얻는 것, 책을 쓰거나 새로운 사업 혹은 사역의 시작 등 어떤 것이든지 당신은 그 꿈을 이룰 수 있고, 삶 가운데 더 큰 목적을 찾을 수 있다. 만족한 삶을 사는 것은 무엇을 성취하는 것이 아니라 행복과 보람을 느끼는 것이다. 만약 당신의 삶에 변화되고자 하는 갈망이 있다면 당신은 진정으로 그 어떤 것도 이룰 수 있다.

대부분의 사람들이 이러한 내용에 대해 듣기는 하지만 대개 행동으로 옮기지 못한다. 당신은 그들이 무엇을 해야 하는지 알지만 그들이 그것을 행하지 않는다고 말할 수 있다. 높은 삶의 질과 꿈을 이루는 것이 자연적으로 되는 것은 아니지만 그렇다고 꼭 어려워야만 하는 것은 아니다. 그것은 이를 시작한다고 결정하는 것부터 출발한다. 그 후에는 그 결정에 따라 작은 걸음을 꾸준히 걸어 나가는 쉬운 일이 남아 있다. 대부분의 사람들이 힘들어 하며 뒤로 물러나는 것은 시작이라는 발걸음을 옮기는 것이다. 일이 시작되고 나면, 점진적으로 탄력이 붙어서 새로운 습관이 형성되면서 좀 더 쉬워진다. 그렇다, 그 길에는 방해물들이 산재해 있고, 그것들은 당신을 옆길로 빠지게 하거나 뒤로 물러나도록 방해할 것이다.

나는 앞으로 당신이 경험할 수 있는 두려움, 좌절감, 그리고 당신을 무너뜨리려고 하는 숨겨진 비밀들을 어떻게 이겨나갈 수 있는지에 대해 실질적인 도움과 전략을 줄 것이며, 어디서부터 시작을 해야 하는지 잘 모르는 그 어려움을 극복하는 길을 제시할 것이다.

나는 당신의 이야기를 알지 못하고 어떻게 이 책을 읽게 되었는지는 모르지만, 그것이 단지 우연은 아니라 믿는다. 우연이란 없다. 이것은 당신의 삶을 영원히 바꾸어 놓을 하나님께서 예비하신 일이다. 나는 다양한 많은 사람들과 그들 모두 각각의 다른 배경을 가지고 있다는 것을 알고 있다. 당신의 이야기 또한 특별하며 인생의 높은 정점과 낮아졌던 지점뿐만 아니라 기적 또한 포함하고 있을 것이다.

나는 모든 것이 보는 관점perspective에 달려 있다는 것을 발견했다. 어떻게 상황을 보느냐에 따라 당신이 그것을 이루어내든지 아니면 실패할 수 있다. 무엇인가 일이 올바르게 진행되지 않을 때, 당신은 무엇인가 방해가 있어 그것을 그만두어야 한다고 볼 수도 있고 혹은 그것을 통해 당신이 더 성숙할 수 있는 기회로 사용할 수도 있다. 나는 이러한 가능성에 대해 좀 더 일찍 깨달았어야 했다. 나는 매우 부정적이었고, 내 삶은 어두워 보였다. 왜 내 삶에는 항상 좋지 않은 일들이 일어날까 라고 생각했다. 그러한 일들이 나의 좋지 못한 결정들로부터 온 결과만은 아니고, 내가 현재 하고 있는 일에 대한 준비과정이라는 것 또한 알 수 있었다. 결코 되돌아가고 싶지는 않지만, 그 과정을 통해 귀중한 삶의 교훈을 얻게 되었다. 그리고 그러한 좋지 않은 일들이 오기 전에 그것을 미리 멈출 수 있게 되었다.

한 예로 나는 내가 좋아하지 않거나 원하지 않는 일들을 피했다. 그때는 정말 좋은 핑계거리가 있었지만 그것은 나의 삶에 회피라는 좋지 않은 습관을 만들었다. 그 결과는 내가 모든 일을 꼭 마지막에 촉박하게 하고, 그로 인해 엄청난 스트레스를 초래하게 되었다. 모든 분야의 일을 이렇게 처리함으로 인해 나는 항상 "기차에 치인 것" 같은 스트레스와 패닉상태로 내가 왜 이러는지 도대체 알 수가 없었다. 하지만 내가 나의 행동을 바꾸고 나서는 평안하고 안정적인 삶을 즐길 수 있게 되었고, 같은 시간 동안 더 많은 일들을 할 수 있게 되었다.

아마도 당신은 이런 이야기들에 대해 이미 다 들어 보았을 것이고, 단지 동기부여 강사의 식상한 이야기라고 생각할 수 있다. 내가 말하고자 하는 것은 수많은 자아개발 서적과는 달리, 당신의 삶의 모든 것을 바꾸어 놓는다는 것이다. 그것은 하나님 안에서 자아를 개발하고, 성령에 의지하며, 좀 더 극적이고 인생을 바꿀 만한 성경의 원리들을 적용하는 것이다.

나는 당신에게 설교를 하거나 하나님을 믿게 하려는 의도가 아니다. 또한 당신의 지갑을 열어 헌금을 강요하거나 믿음의 헌신에 대한 결단을 하게 하려는 것도 아니다. 기독교인이 된다는 것은 무엇을 의미하는지 많은 견해들이 있다. 내가 어떠한 견해를 가지고 있는지 궁금하다면 나의 견해에 대해 앞서 이렇게 말하고 싶다. 나는 하나님을 의문의 여지없이 사랑의 아버지라고 본다. 그 분은 우리를 위험에 빠지지 않게 하시며, 엄청난 자비와 사랑으로 우리를 혼란한 상황 가운데서 인도하신다. 나는 그 분의 아들인 예수님과 우리에게 허락하신 성령님의 강력한 능력을 통해 하나님과 교제를 한다.

나는 당신의 하나님과의 교제와 경험이 나와 다를 수도 있다는 것을 안다. 나는 당신이 현재 어느 시점에 있는지를 알게 하고 싶을 뿐이다. 하나님은 당신의 삶을 나보다 더 잘 아신다. 나는 내 이야기와 경험들이 당신의 인생 전반에 있어 풍요로운 삶으로 나아갈 수 있도록 동기를 부여하고 도움이 되기를 원하는 것이다. 나는 당신이 인생을 마감하는 순간, 살아온 삶을 후회하는 것이 아니라 감사로 가득하기를 원한다. 또한 우리 모두 천국에 갈 때 "착하고 충성된 종"이라는 말을 듣기 원한다.

동기부여 이상의 것

내가 제일 좋아하는 일 중 하나는 동기부여 강사이다. 왜냐하면 이 일은 우리의 삶에 필요한 변화를 가져오기 때문이다. 때때로 우리 마음의 동기는 우리를 흥분시키는 무엇인가를 원하거나 혹은 현실에 좌절하여 더 이상 견디기 힘들 때 오게 된다. 아마도 당신은 어떠한 부르심의 길을 향하고 있고 무엇이 필요한지 알고 있지만, 문제점은 항상 있을 것이다. 나의 목적은 당신에게 도움이 되는 방법을 제공하여 당신의 여정을 가게 하는 것이다. 만약 이 책을 통해 당신이 더 훌륭한 삶을 살 수 있다면, 이 책을 읽는 것이 시간을 낭비하는 것은 아닐 것이다.

나는 수년 동안 내 삶에 변화가 필요하다고 생각되는 부분들을 찾으려 노력하였다. 나는 설교나 테이프를 통해 나의 영적인 삶을 향상시키려 노력했지만, 불행하게도 내 경력에 도움이 되거나 사업에서의 진정한 소명을 찾도록 영향을 주지는 못했다. 그래서 나는 동기부여에 대한 서적과 오디오 강의 및 세미나에 참석해 내 인생의 변화를 추구했다. 나는 많은 것들을 배웠고, 어떤 것들은 내 삶의 질을 향상시키기도 했다. 그러나 그러한 행사 가운데서 나를 멀어지게 한 것은 인생에 있어서 성취 그 이상의 다른 것들이 있다는 느낌 때문이었다.

자기개발이나 동기부여 세미나에서 가르치는 대부분의 원칙들은 주로 성경으로부터 왔다. 이러한 원칙들은 당신이 기독교인이든 아니든 삶의 질을 바꾸게 되는데, 그 이유는 그것이 하나님으로부터 온 것이기 때문이다. 내가 알게 된 것은 만약 하나님과의 관계 안에서 그러한 가르침들이 적용된다면, 단지 삶의 질적 향상 뿐 아니라 무한한 하나님의 능력 안에서 당신의 삶이 변화를 가져오게 될 것이다.

내가 이야기했던 것처럼, 내게 일어난 모든 좋은 일들은 하나님의 자비와 사랑 그리고 그분에 대한 반응으로 내가 선택한 결과들이다. 우리가 우리를 향한 하나님의 부르심의 길을 추구하고자 할 때, 많은 사람들은 우리가 실제적으로 하나님과 함께 손을 맞잡고 그분의 뜻을 이룰 수 있다는 것을 인식하지 못한다. 많은 기독교인들이 하나님이 원하지 않는 일을 하게 될까 봐 아무 일도 하지 못하는 경향이 있다. 그러면 주도권은 하나님이 그들에게 원하는 것이 아니라 자신들의 갈망에 의해서 일하는 사람들에게로 가버린다. 이 부분에 있어서 우리는 어느 정도의 위험을 감수하고 하나님의 때가 언제인지를 기다리며 알아가는 균형이 필요하다. 실수를 통해서 배워 나가는 것이 때로는 부르심 안에서 앞으로 나아가는 중요한 요소가 될 수 있다. 내가 언급한 대로 하나님은 자비로운 분이시며, 특히 우리가 배우고 있을 때 더욱 자비를 베푸신다.

이미 당신이 알고 있는 강력한 원칙을 마음에 간직하라.

너희는 먼저 그의 나라와 그의 의를 구하라 그리하면 이 모든 것을 너희에게 더하시리라(마 6:33)

만약 당신이 영적인 삶에 높은 가치를 두고 하나님과 관계를 갖고자 한다면, 그분께서 여러분의 삶의 모든 영역을 다루시게 될 것이다. 나는 하나님을 위해서 바쁘게 무엇인가를 한다고 하면서, 그분과 함께 할 수 있는 시간을 잃어버렸다. 그래서 나는 더 많이 읽고, 공부하고, 기도해서 더 많은 사람들을 도우며 내 소명의 길로 나아가도록 더 많은 시간을 보냈다. 우리는 정말 균형 잡힌 삶을 살아야 한다!

믿음을 넘어서

기독교인으로서 행복과 만족은 오직 예수님과의 관계로부터만 온다고 사람들이 말하는 것을 나는 종종 들어 왔다. 이 말은 사실이며, 나

또한 내 삶에서 이것을 경험했다. 하지만 내가 기독교인의 삶을 살면서 몇 가지 질문이 생기기 시작했다.

왜 많은 기독교인들이 믿지 않는 사람들과 다를 바 없이 불행하고 보람 없는 삶을 살고 있는가? 그리고 만약 하나님이 모든 사람을 동일하게 사랑하신다면, 왜 어떤 사람들은 다른 사람보다 더 많은 축복을 받는 것처럼 보이는 것일까? 우리가 동일한 하나님을 믿고 있는 데…. 나는 도저히 이해할 수가 없었다. 왜 많은 믿는 자들이 빚더미 위에 있고, 이혼하고, 비만이며, 우울증에 빠져 있고, 소명에 관해서는 아무런 관심도 없는가? 나는 문제 속에 있는 사람을 정죄하려고 하는 것이 아니다. 나는 그런 상반된 상황에 대해 이야기를 하고 있는 것뿐이다.

만약 당신이 단지 구하기만 하면 무엇이든 값없이 주시는 하나님이기 때문에, 우리가 하나님을 믿을 수 있고, 그분의 사랑과 인정을 받을 수 있다는 것은 사실이다. 믿는 것과 받는 원칙은 필요하며 그것 위에 믿음이 세워진다. 하나님의 사랑 가운데 있으면 당신을 증명하기 위해 다른 것을 하지 않아도 된다. 당신은 믿고 받기만 하면 된다.

> 영접하는 자 곧 그 이름을 믿는 자들에게는 하나님의 자녀가 되는 권세를 주셨으니(요 1:12)

많은 사람들이 쉽게 놓치고 있는 것은 믿는다는 것은 새 삶의 시작이라는 것이다. 근본적인 변화의 삶을 경험하기 위하여 우리가 해야 할 많은 것들이 있다. 내가 항상 생각해 온 것은 무엇인가 놓치고 있다는 것이다. 이것이 왜 어떤 기독교인은 다른 이들보다 더 많은 축복을 받는 삶을 사는지 찾게 된 이유이다. 근본적으로 변화된 새 삶의 예들은 진정으로 충만하고 빛이 난다.

내가 알게 된 것은 더 많은 축복을 받은 사람들은 그렇지 않은 사람들보다 스스로 무엇을 믿고 있는지 명확하게 알고 있었고, 그것을 주도하는 삶을 살고 있었다는 것이다. 그들은 항상 그들의 믿음이 현실이며 실제적이 되도록 일을 한다. 그들은 사람들을 초대해서 그들의 필요를 채워 주고, 그들의 문제를 들어 주며, 문제 해결에 도움을 줄 수 있는 사람을 연결해 준다. 그들은 본인의 필요가 있지만 늘 무엇인가를 다른 사람들에게 나누어 준다. 그러다 내가 하루는 예수님이 말씀하신 영적 원리를 깨닫게 되었다.

> 구하라 그리하면 너희에게 주실 것이요 찾으라 그리하면 찾아낼 것이요 문을 두드리라 그리하면 너희에게 열릴 것이니(마 7:7)

이 말들을 살펴보라. 구하라Ask, 찾으라Seek, 두드리라Knock. 다 행동을 묘사하는 단어이다. 영어로 앞의 글자만 따면 구하라A.S.K가 된다. 예수님은 "믿으면 문이 열릴 것이다"라고 말씀하시지 않으셨다. 혹은 "소파에 앉아서 하나님이 문을 열어 줄 때까지 앉아 있으라"고도 하지 않으셨다. 다시 말해서 믿고 하나님을 기다리는 데에 능력이 있다. 하지만 그 모든 것을 활성화하기 위해서 하나님은 우리가 발걸음을 내딛고 행동으로 나아가기를 요구하신다.

성경에는 당신의 미래의 문을 열어 줄 비슷한 원칙들이 많이 있다. 그것들은 당신의 과거로부터 오는 부정적인 것에 문을 닫을 것이다. 문제는 많은 믿는 자들이 이러한 문제들을 마음에 간직하고, 매일 꾸준히 실행하지 않는다는 것이다. 우리가 그러한 행동을 시작할 때 새로운 급진적인 삶의 변화를 보게 될 것이다.

실제적인 것을 믿고 반응함으로 실행에 옮기는 것은 하나님 안에서 우리가 소명의 길로 나아가는 데 필요하다. 하나님의 힘과 능력을 통하여 인생의 소명을 발견하고 성취하며, 당신의 의도적인 노력을 통하여 부르심의 삶을 이루게 된다. 하나님이 당신을 향해 준비하신 모든 것을 믿고 받기를 시작하라.

너희가 기도할 때에 무엇이든지 믿고 구하는 것은 다 받으리라 하시니라

(마 21:22)

나는 이 원칙을 그들의 삶에 처음으로 적용한 사람들로부터 너무나도 많은 간증을 들어왔다. 그중 내가 제일 좋아하는 이야기는 에이린Erin 이라는 젊은 여성의 이야기이다. 그녀는 만약 믿기만 하면 하나님께서 모든 것을 해결해 주실 것이라는 것을 믿는 기독교 가정에서 자랐다. 이것이 사실임에도 불구하고, 그녀는 하나님이 그녀를 위하여 무엇을 하실 수 있는지 스스로 하나님을 기다리는 장소에 가게 되었다. 그녀는 새 차가 필요했지만 차를 살 수 있는 선금이 없었고, 기도하며 일 년이라는 시간을 기다렸지만 상황은 변하지 않았다. 내가 사전행동단계와

하나님과 동역하는 부분에 대해 전하고 있을 때, 그녀는 그 교회에 있었다. 그녀는 갑자기 새로운 생각이 났고, 하나님께 간구하며 매우 창조적인 방법으로 절약하여 저금을 할 수 있게 되었다. 어떤 이는 그녀에게 현재 가지고 있는 차를 팔고 마치 새 차를 산 것처럼 은행에 다달이 차 값을 적립하라고 이야기를 해 주었다. 그녀는 잠시 차를 빌려서 타야 하는 상황이 왔지만 세 달 후에는 그녀가 원했던 차를 구입할 수 있었다.

때로는 영적인 사람들이 너무 영적으로 생각해서 실질적인 행동을 취하지 않는 경우가 있다. 사전행동단계는 새로운 것을 당신이 시도하고, 새로운 계획을 세우며, 하나님께서 그것들을 이룰 수 있도록 인도해 주신다.

> 사람이 마음으로 자기의 길을 계획할지라도 그 걸음을 인도하시는 이는 여호와시니라(잠 16:9)

나는 어떤 일이 너무 한 방향으로만 가는 것 같다는 생각을 많이 했고, 그것이 전혀 다른 결과로 나타나는 것을 보게 되었다. 하나님은 우리를 인도하시는 데, 그것은 어떤 길을 추구하는 과정 가운데 우리가 성장하고 성숙이 필요한 부분을 가르치시기 원하기 때문이다. 뒤돌아보면 실수 가운데서도 나는 나를 인도하신 하나님을 알 수 있었다.

결코 늦지 않았다

여기서 이야기하는 것은 실제적으로 내가 겪었고 또한 지금도 꾸준히 노력하고 있는 것이다. 나는 천오백 시간 이상을 연구하고, 이 책의 내용을 저술하게 되었다. 나는 어떠한 이론을 말하는 것이 아니라 나의 경험을 토대로 가르치는 것이다.

이러한 강력한 원칙들을 바탕으로 하여 이십여 년 간 공부하고 살아왔지만, 몇 년 전 나는 다시 절망과 격한 감정에 빠져들게 되었다. 내게 무엇이 필요하고, 내 스스로가 그것을 극복하기 위해 무엇을 해야 하는지 알고는 있었지만, 명확한 초점과 계획이 없이 살아가고 있었다. 그 결과 비만과 스트레스, 그리고 과로로 인해 하나님과 함께하는 평안을 잃어버렸다.

하루는 더 이상 어떻게 할 수가 없어 내가 이미 알고 있었던 원칙을 적용하기로 마음을 먹었다. L.A.로 이사를 한 후 새로운 사역을 시작한 때였고, 세미나에서 수많은 사람을 가르치기 위해 하나님의 사랑을 공유하는 창조적인 방법으로 돕고 가르치는 새로운 과정을 준비하고 있었다. 나는 출장과 일로 인해 탈진되어 있었고, 이 상황을 바꿀만한 시간이 없다는 거짓을 믿기 시작했다. 나의 결론은 더 열심히 일을 하지 않으면 안 되는 매우 낙심되는 결론을 내리게 되었다.

아마 당신도 내 삶에 변화가 필요한 부분을 진단했을지 모른다. 나는 하나님의 능력으로 변화된 삶을 살기를 원했고, 좀 더 활력이 있기를 원했다. 그래서 운동을 할 필요를 느꼈고, 건강한 육체로 하나님이 내 삶 가운데 이루고자 원하시는 것들을 온전히 이루실 수 있도록 건강을 지켜야 했다.

많은 사람들이 내게 예언적 전도에 대한 책을 집필하면 많은 여행을 하지 않고도 전 세계 많은 사람들에게 영향을 줄 수 있지 않겠는가라고 권면을 했다. 나는 좀 더 돈이 있음으로 내 아내와 내가 가치를 두는 것에 투자를 할 수 있고, 일을 너무 무리하지 않고 하나님의 부르심 가운데 자유하기를 원했다. 채무를 청산하고, 집을 장만하며, 은퇴 계획과 우리 가족에게 유산을 남길 수 있기를 원했다.

무엇보다도 나는 하나님의 음성을 듣고 평안함을 누리길 원했고, 그 당시 하나님께서 내게 보여 주셨던 것들을 공부할 수 있는 시간이 더 있기를 원했다. 나는 "하나님의 나라를 먼저 구하라"라는 원칙을 알고 있었기 때문에, 무엇보다도 하나님과의 깊은 교제가 중요함을 알고 있었다. 나는 좀 더 속도를 늦추고, 내 삶 가운데 평안을 구해야 했다. 우리는 새로운 사역과 새로운 교회를 동시에 시작하고 있었다. 융통할 수 있는 현금이 충분하지 못했고, 간사를 고용할 수 있는 형편이 아니었기 때문에, 결과적으로 그 모든 일들을 우리가 다 해야만 했다.

내가 이 책에서 언급한 원칙을 적용했을 때 다음과 같은 일이 일어났다. 문제를 인식하고 난 삼 주 후에, 나는 내 삶에서 처음으로 손톱을 물어뜯는 버릇을 멈출 수 있을 만큼 평안을 찾을 수 있었다. 그것은 내게 엄청난 일이었다. 나는 기도와 공부에 시간을 내기 시작했고, 하나님께서는 내게 적은 시간에 최대한의 효과를 볼 수 있도록 전략적으로 집중하는 방법을 가르쳐 주셨다.

꾸준히 운동을 한 결과 약 15kg 정도의 몸무게를 줄일 수 있었고, 그 상태를 육 년 이상 유지하고 있다. 허리 사이즈는 네 개나 줄었고, 티셔츠는 두 개의 사이즈를 줄였다. 나는 내 키에 맞는 날씬한 몸을 가지게 되었다. 어떤 사람들은 통뼈이지만 나는 그렇지는 못했다.

그 삼 주 동안에 삼 년 동안 쓰려고 노력했던 책의 초안을 작성할 수 있었다. 그 전에는 하루 종일 깨어 있기 위해 여섯 잔의 에스프레소 커피를 마셨다. 내가 커피 양을 줄이기 시작했을 때, 아마 스타벅스가 도산을 할 정도가 되지 않았을까 한다.

지금의 나는 상쾌하고 이전보다 더 활력이 넘친다. 나는 당신이 커피를 그만 마셔야 된다고 하는 것이 아니라, 몸을 잘 관리해서 건강한 육체를 유지하도록 하자는 것이다. 반면 사회적 친분을 위해서는 아직도 나는 커피를 마신다.

사역을 시작했을 때, 아내와 나는 거의 오전 아홉 시부터 밤 열한 시까지 우리 집을 사무실로 사용하여 일을 했다. 간사가 필요했지만 그럴만한 재정이 없었다. 우리 두 사람이 감당하기에는 너무 많은 일들이 있었지만, 우리 사역의 발전을 위해 필요한 도움을 얻을 수가 없었다.

언급한 원칙들을 서서히 적용하기 시작하면서부터 다음과 같은 일이 일어났다. 일 년이 채 지나가기 전 우리는 다섯 명을 고용하게 되었고, 산타모니카의 해변이 보이는 곳에 사무실을 가지게 되었다. 일 년이 지난 후, 우리는 미국 경제가 어려워지면서 우리의 집을 팔고 새로운 집을 살 수 있게 되었고, 우리의 지출에 대한 의도적 변화를 통하여 집을 위한 융자를 제외한 모든 채무를 해결하게 되었다.

> 당신에게 동기부여가 되는 것을 찾을 때, 단지 일을 하는 것을 넘어
> 당신의 삶이 의미 있고 보람 있게 된다.

이 모든 것이 다 재미있고 훌륭한 일이지만, 이미 언급한 대로 이렇게 좋은 것만을 누리려고 하는 것이 내 삶의 목적은 아니다. 나에게 동기부여가 되는 것은 다른 사람들을 돕는 것이다. 당신에게 동기부여가 되는 것을 찾을 때, 단지 일을 하는 것을 넘어 당신의 삶이 의미가 있으며 가치가 부여된다. 절망으로부터 나오기 위해, 나는 의도적으로 나의 꿈과 소명을 다시 추구해야만 했다. 내가 계획을 세우고 그것들을 이루어 가지 않았다면, 내가 경험해 온 모든 것들은 결코 일어나지 않았을 것이다. 이것은 결코 나의 힘이나 지혜로 이루어진 것이 아니다. 내가 계획을 세웠음에도 하나님께서 관여하셨고, 새로운 기회들을 우리에게 주시므로 우리를 놀라게 하셨다. 왜냐하면 내가 사전행동단계의 삶을 살게 되면서 준비가 되었고, 하나님은 우리가 추구하고자 하는 것에 대한 기회들을 주셨다.

세계를 변화시키도록 소명이 주어진 수백만 명의 사람들이 있다. 대개의 경우 그들은 경험이 있고, 훈련을 받았으며, 달란트와 은사들을 가지고 있다. 단지 그들에게 부족한 것은 계획을 세우는 능력과 두려움을 극복하고 추구해 나가는 것이다.

나는 많은 기독교인들이 하나님을 믿고 성령을 따름으로 말미암아 그들에게는 목표와 계획이 필요하지 않다고 말하는 것을 들었다. 하지만 예수님도 예루살렘으로 가시고자 하셨으며, 십자가에서 죽으셔야

하는 목표가 있었다. 바울에게도 로마에 가서 황제 앞에서 증인이 되어야 하는 목표를 가지고 있었다. 나는 특별히 하나님의 인도하심이 있다면 그에 대한 목표를 가지는 것은 괜찮다고 말하고 싶다. 무엇을 이루고자 하는지를 아는 것은 어떠한 도움이 필요하고 어떻게 잘 행할 수 있는지를 알게 한다.

결코 늦지 않았다. 당신은 화가인 "할머니 모세"에 대해 들어 본 적이 있는가? 그녀는 칠십 세가 되어서 그림을 그리기 시작했다. 그녀는 스스로 배웠고 과부이자 열 명의 자녀의 어머니였다(그중 다섯 명은 갓난아이 때 죽었다). 할머니 화가 모세는 미국의 유명인사가 되었다. 그녀는 이십 세기 유명한 미국의 민속화가 중의 한 명이 되었다.

Exercise 1
무엇을 미루고 있는가?

삶에 변화를 주는 데 있어서 가장 어려운 것은 시작하는 것이다. 첫 걸음을 디디고 나면 쉬워지고, 가속도가 붙고, 마침내 좋은 습관을 형성하게 된다. 행동하기로 결단하는 것이 당신의 삶을 바꾸게 될 것이다. 그저 좋다고 생각하는 데서 그치는 것이 아니라 실제로 행하게 된다. 그저 바라는 것과 그것을 얻는 것은 바로 이 차이에서 온다.

1. 결단하라.
당신의 삶의 한 부분을 바꿀 수 있는 일 중에서 미루고 있는 결정이나 행동에는 어떤 것들이 있는가? 빚 청산, 다이어트, 관계회복, 사무실 청소, 학교지원, 단기선교? 한두 가지를 선택하라.

2. 행동에 옮기라.
새로운 결단을 하는 데, 오늘 당신이 할 수 있는 간단한 한두 가지에는 어떤 것이 있는가? 누구에게 편지나 이메일을 써야 하는가? 전화하라? 책, DVD, 수첩을 산다? 인터넷에서 검색을 해 본다. 수업을 듣는다. 오늘 할 수 있도록 구체적이고 실행 가능한 것을 하라.

컴퓨터에서 하기 원하면 지금 www.personaldevelopmentgodsway.com에서 실습지를 다운로드 받아서 시작하면 된다.

CHAPTER 2

변화를 발견하는 여정
A JOURNEY TO DISCOVER CHANGE

Personal Development God's Way

새로운 발견들

내 삶에 있어서 극적인 변화를 이루게 된 여러 가지의 발견들에 대해 열거하고자 한다. 나는 많은 실패를 경험한 뒤에 어떻게 내게 필요한 변화를 가지고 오게 되었는지 알 수 있게 되었다. 많은 사람들과 같이 내 삶에도 높고 낮음이 있었다. 이전에도 기독교적인 여러 방법들을 사용해 보았지만 변화를 지속시켜 주지는 못했다.

이십 대 후반에 나는 예수님과의 극적인 만남을 통해 인생의 전환점을 가져오게 되었다. 짧게 이야기하자면, 내가 열아홉 살에 예수님께 처음 나온 이후 계속 거듭나고 거듭났지만, 나는 이전의 삶으로 계속 되돌아갔다. 그래서 이십 대에 마약과 주술에서 벗어나는 것은 너무나 희망이 없는 일 같아 보였다. 나의 누이는 기독교인이었으므로 나를 위해 계속 기도를 하고 있었고, 내 삶에 크신 하나님의 뜻이 있다고 말했다. 어느 날은 아침에 내게 전화를 걸어 만약 내가 하나님께 구하기만 하면 나를 잡고 있는 악한 영들을 하나님께서 떠나게 해 주실 것이라고 말했다. 나는 전화를 끊고 한참 후에 중얼거리며 기도를 했고, 일주일이 지난 후에 모든 무겁고 어두운 것들이 출근을 하는 동안 떠나가 버렸다.

내가 명확하게 기억하는 것은 자유함을 얻은 것과 감사함이었다. 나는 내 삶을 주님께 다시 헌신하게 되었고, 나의 영적인 은사가 성장하게 도와주며 나를 아프게 했던 감정들의 치유함을 받을 수 있는 교회에 소속하게 되었다. 이것은 내 삶에 있어서 진정한 변화의 시작이었다. 물론 힘든 시간들은 계속 찾아왔지만, 나는 성령님을 통하여 새로운 힘과 능력을 받아 그 시간들을 지나갈 수 있게 되었다. 이러한 변화는 하나님의 사랑과 능력, 그리고 나를 배려하는 새로운 관계의 사람들의 협력으로 이루어진 것이었다.

나는 또한 내 삶에 있어서 또 다른 새로운 것들을 찾게 되었다. 그 당시에는 이것을 잘 알지 못했지만, 마치 퍼즐 조각들처럼 함께 내 삶에 떨어지기 시작했다. 그때 나는 더 좋은 직장을 위해서 기도하고 있었는 데, 갑작스럽게 샌프란시스코에서 좋은 직장을 얻게 되었으며, 그것은 중간 관리자로 승진이 되는 것이었다. 이 일은 내 삶에 무엇인가 이룰 수 있다는 확신을 가져다주었다. 그리고 기적적인 일이 일어나게 되었다. 회사에서 나를 경영과 개인개발 훈련과정에 보냈는 데, 그 훈련은 대기업의 최고 경영진을 위한 훈련이었다. 회사의 사장이 참석할 수 없게 되자 참기비를 낭비하게 되어 나를 보내게 된 것이다. 하나님이 아니고서야 누가 그렇게 할 수 있겠는가? 그래서 그들은 신용 부서의 담당자인 나를 그 훈련과정에 보내기로 결정을 한 것이다. 그렇다,

나는 성경에 나오는 세리와 같이 하나님의 사랑을 공유하게 되었다.

그 과정은 1980년대 경영훈련으로서 매우 훌륭했으며, 몇천 불이나 하는 비용을 지불해야 했다. 내가 도착을 했을 때 더욱 놀란 것은 참석자들이 샌프란시스코 해안 지역에 있는 영향력 있는 중견간부들이 대부분이라는 것이었다. 그들은 어린 나이와 고등교육의 결핍에도 불구하고, 나의 열정과 원동력에 웃음을 보여주었다. 나는 이상하게 느꼈지만 최선을 다했다.

닷새 동안의 일정을 보내며 내가 누구인가에 대해 배웠으며, 내가 하는 일들을 이끄는 것이 무엇인지를 배우게 되었다. 나는 나의 개인적 스타일을 이해하기 시작했고, 어떻게 나의 도전과 열정을 유지하면서 일하고, 그리고 나를 낙심하게 하는 것들을 피할 수 있는지 배우게 되었다. 또한 나는 목표를 설정하고 실제적으로 좀 더 쉽게 그 목표로 나아갈 수 있도록 행동할 수 있게 되었다. 나는 내 인생의 많은 꿈들을 이룰 수 있도록 전진하기 시작했다. 처음으로 내가 살아 있음을 느끼게 되었다. 주님이 주시는 평화가 있었고, 영적으로 자라고 있었다. 나는 멋진 직장이 있었고, 내 삶을 바꿀 수 있는 믿음과 그것들을 실질적으로 가능하게 하는 도구들이 생기게 되었다.

이것은 내 스스로가 바뀐 것이 아니다. 하나님의 사랑과 능력이 내 삶에 협력하여 선한 것을 선택하고, 바꾸고자 발걸음을 옮기게 된 것이었다. 내가 인식한 것은 내 삶의 다른 분야에 이러한 원리들을 적용한다면 그 분야에서도 극적인 변화를 가져올 수 있다는 것이었다. 나의 영적인 생활은 깊어졌고, 감정의 폭도 안정적이 되었으며, 좀 더 나은 관계들을 형성하게 되었고, 재정적으로도 향상되기 시작했다.

나는 왜라고 설명은 할 수 없었지만, 이러한 일들이 일어나고 있었고 그러한 일들을 사랑했다. 나의 커리어는 하늘 높이 올라갔다. 갑자기 그해의 종업원상을 받게 되었고, 동일한 해에 열세 개중 열한 개의 성과 수훈상을 받게 되었다. 새로운 트럭과 집을 사게 되었다. 이것은 내가 나에겐 희망이 없고, 나의 인생은 끝났다고 생각한지 불과 몇 년 후에 일어난 일이었다. 나는 한 부서의 담당자에서 여러 부서를 관리하는 담당자로 승진하게 되었다.

나는 내 삶에 부정적인 영향을 미치는 사람들과의 관계를 정리함으로 말미암아 놀라운 관계의 변화를 보게 되었다. 더 나은 결정을 하고, 좋지 않은 일들을 줄여감으로 인해 내 감정에 균형을 잡아가는 경험을 하게 되었다. 나는 영적으로 자라고 성숙하게 되면서 교회의 리더가 되었다. 처음에 나는 이러한 모든 변화를 경험하면서 많은 부담을 갖게 되었는 데, 그것은 많은 기독교인들이 그들의 생활에 묶여 있고 그들의 목적을 찾지 못한 것처럼 보였기 때문이다. 나는 항상 내 삶에 이러한 새로운 기회를 가져다 준 분은 하나님이시며, 그것은 그분과의 관계성의 결과라고 생각하고 있었다.

하루는 만약 내가 배운 경영훈련 중 몇 가지를 교회에 적용하여 가르치게 된다면, 모든 곳에서 엄청난 변화를 경험하게 될 것이라는 생각을 하게 되었다. 나의 가장 큰 은사중 하나는 전도이다. 나는 삶의 변화가 가장 최고의 하나님의 능력의 증거라는 것을 알았고, 이것은 하나님의 사랑을 통해 많은 사람들에게 다가갈 수 있는 큰 열쇠라는 것을 알

게 되었다

나는 이러한 새로운 가능성에 대한 기쁨으로 담임 목사님과 여러 기독교인 친구들에게 이야기를 하게 되었다. 그들은 나를 이상하게 생각했다. 그들은 마치 내가 어떤 "청량음료와 같은 주술"에 관계되어 있다고 의심을 했다. 더 깊이 공부하면 할수록, 나는 대부분의 원칙들이 성경에서 나온 것이라는 것을 알게 되었다. 그래서 왜 비지니스하는 사람들은 성경의 원칙들을 이용하여 일터의 사람들의 삶을 바꾸고자 하는 데, 교회에서는 그렇지 않을까라는 생각을 하게 되었다. 그 이후 이십 년이라는 시간이 지나버렸다.

그때부터 나의 영적인 삶은 자라게 되었고, 내 삶의 목적과 목표를 발견하게 되었다. 수년 전 하나님께서 이러한 극적인 변화에 대한 성경의 원칙들을 모으게 하셨고, 사람들을 자유롭게 하며, 성령님의 도우심으로 그들의 삶의 목적을 이룰 수 있도록 하나님과의 관계를 형성해 나갈 수 있게 되었다. 더 이상 어떻게 더 잘 할 수 있단 말인가!

긍정적 생각이 아니다

지금 내 이야기를 들으면서 당신은 혹시라도 내가 긍정적 생각의 힘과 긍정적 언어에 대해 말하고 있지 않은가라고 생각할 수 있다. 나는 뉴에이지 이론들을 교회에 들여왔다고 공격을 받기도 했지만 그것은 사실이 아니다. 나는 그 차이를 보여 주고자 한다. 온 세계를 넘어 계속되는 자아개발 혹은 인간잠재능력회복 운동이라 불리는 거대한 운동이 있다. 이 운동은 1960년대에 시작되어 긍정적 사상가들과 동기부여가들 그리고 뉴에이지의 치료자들에게 큰 영향을 미치게 되었다. 나는 분명히 이러한 관점에서 가르치기 위함이 아니다. 전체적으로 볼 때 그들의 가르침과 비슷하게 들릴 수 있는 데, 그것은 그들이 그러한 개념들을 성경에서 인용하였기 때문이며, 그들은 하나님과의 관계적인 부분은 제외시켜 버렸다. 이러한 것들은 성경적인 부분과 비슷하게 들리지만 그들의 이론은 인문주의로부터 기인했다.

긍정적 사고를 말하는 이들은 당신이 해야 하는 모든 것은 긍정적으로 생각을 하는 것이고, 그렇게 계속할 때 결과적으로 긍정적으로 생각한 것들을 받을 수 있다고 한다. 그 안에는 진리에 해당하는 요소도 있지만 결점들도 있다. 이러한 방식의 사고가 위험한 것은 우리가 추구하는 것은 반드시 하나님의 뜻과 시간 안에 있어야 한다는 것이기 때문이다. 당신이 "나는 영화배우이다, 나는 영화배우이다"라고 말을 반복하더라도 실제적으로 그 분야에서 훈련하고 자신을 발전시키지 않는다면 영화배우는 될 수가 없다. 당신은 당신이 원하는 무엇인가에 의도적으로 집중하기 시작해야 하며, 여러 가지 방법을 통해 그 일을 이루는 법을 찾게 될 것이다. 다시 말해 우리의 목표와 바람은 하나님의 뜻과 시간을 통해 이루어져야 한다는 것이다.

이 부분을 깊이 살펴보자. 성경은 긍정적인 생각과 마음을 새롭게 하는 것에 대해 가치를 두고 있음을 볼 수 있다. 여기에 좋은 예가 있다.

너희는 이 세대를 본받지 말고 오직 마음을 새롭게 함으로 변화를 받아

하나님의 선하시고 기뻐하시고 온전하신 뜻이 무엇인지 분별하도록 하라
(롬 12:2)

사도 바울은 마음과 생각을 새롭게 하고 긍정적인 것을 묵상하는 것에 대해 언급하고 있다.

끝으로 형제들아 무엇에든지 참되며 무엇에든지 경건하며 무엇에든지 옳으며 무엇에든지 정결하며 무엇에든지 사랑 받을 만하며 무엇에든지 칭찬 받을 만하며 무슨 덕이 있든지 무슨 기림이 있든지 이것들을 생각하라
(빌 4:8)

긍정적인 생각은 마음을 변화시키고 새롭게 하는 데 매우 훌륭하고 필요한 단계이다. "긍정적 생각" Positive Thinking 이라는 단어가 뉴에이지 운동에 연결되어 사용되면서, 나는 "긍정적으로 생각하기" thinking positively 라는 표현을 씀으로 말미암아 성령을 통해 하나님의 사랑과 능력으로 우리의 마음이 새롭게 된 것을 성경적 표현으로 사용하고 있다. 이 부분에 대한 나의 이론은 좀 더 후에 열거하겠다.

오즈 힐맨 Os Hillman 은 그의 기사 '긍정적 생각의 오류' The Error in Positive Thinking 를 통해 매우 훌륭한 견해를 보여주고 있다.

하나님의 사람들은 대부분 긍정적이고 기뻐하는 사람들이다. 이 기쁨은 건강의 산물이며 예수님과의 친밀함으로 기인한다. 이 시대 비지니스 세계에서는 믿는 자들에게 더욱 더 생산적인 사람이 되라는 많은 공격들이 있다. 긍정적인 생각

과 자기도움의 철학은 일터의 믿는 자들에게 그들의 잠재능력을 발휘하고 삶의 어려움을 도와주는 도구가 되었다. 하나님은 우리 각자를 비전이 있는 리더로 부르셨지만, 그 비전이 우리의 자아도움 프로그램으로 인해 나타난 것이 아니라 성령으로 말미암은 것인지 확인을 해야 한다. 이러한 경우가 아니라면, 우리를 하나님으로부터 멀어지게 하고 자기중심적인 심리학을 통해 힘과 번영 그리고 유익을 가져오게 한다.

이에 대한 결과는 이단종교이다. 하나님 안에서의 믿음이 믿음 안의 믿음이 된다. 그렇지 않고는 하나님의 영에 순종하는 것이 아닌 우리의 열심과 근면을 통해 발생되는 믿음이다. 이러한 듣기 좋은 철학에는 거짓말들이 놓여 있으며 성경 말씀을 인용할 수도 있다. 하나님보다 당신 개인의 행동에 치중하는 그 어떤 것도 조심해야 한다. 우리의 삶의 여정 가운데 하나님은 우리가 모든 산을 다 올라가기를 원하지 않는 때가 있다. 때로는 우리가 돌아가기를 원하실 때가 있다. 그러한 차이를 아는 것이 성령에 이끌림을 받은 자들이다.

하나님은 우리의 능력이 아니라 그분의 영으로 말미암아 일터에서 영향력을 발휘하라고 우리를 부르셨다. 당신은 진정한 힘의 근원인 성령에 연결되어 있는가? 하나님께 성령을 통해 드러나고 하나님의 능력을 받게 해 달라고 구하라. 그러면 당신은 진정한 긍정의 생각에 대해 알게 될 것이다.

비밀 뒤의 비밀

한 교회의 청년 리더가 내게 와서 "비밀"*The Secret*이라는 영화에 대해서 문의하였다. 그녀는 그 영화를 교회 청년들에게 보여준 후 그들로부터 놀라운 기도의 응답들을 듣게 되었다고 나누었다. 그녀는 내게 묻기를 만약 이 모든 것이 청년들이 더 기도하는 것을 돕는다면 좋은 방법이라고 할 수 있는가라는 것이었다. 그 대화는 이 부분을 쓰는 데 도움이 되었다.

아마도 당신은 "관심의 법칙"이라는 것을 들어 보았을 것이다. 이것은 책과 DVD로 만들어진 론다 버린Rhonda Byrne의 "비밀"The Secret로 인해 2007년부터 유명하게 되었다. 버린과 많은 다른 뉴에이지 그리고 긍정적 사고를 말하는 동기부여자들로 인해 우리가 생각하고 요구하는 것들이 이루어진다고 알려지게 되었다. 이것은 현대 과학의 세계에서도 상반되는 것인데, 왜냐하면 그들의 가설은 현대의 과학의 원리들을 위배한 것이기 때문이다. 그럼에도 불구하고 그들은 엄청난 간증을 통해 그렇게 하는 것이 효과가 있다고 한다.

만약 당신이 기독교인이며 관심의 법칙을 훈련하거나 아니면 그런 사람을 알고 있다면, 내가 하고자 하는 말에 귀 기울여 주기를 바란다. 만약 당신이 기독교인이 아니고 그것을 훈련 중이라면, 내가 당신을 판단하고자 하는 것이 아니라는 것을 이해해 주기 바란다. 만약 당신이 진리를 찾고자 한다면 당신의 인생을 채우시고, 평화를 주시며, 기쁨으로 가득하게 하실 하나님께 나오게 될 것이다. 나의 의도는 어떤 문제에 빛을 비추고, 그 문제를 올바른 관점에서 보게 함으로 인생여정에 대안을 제공하는 것이다.

자기도움과 긍정의 사고 전문가들이 가르치는 "관심의 법칙"의 실제적인 단계는 당신이 읽을 만한 다양한 책들을 사용하였지만 대부분의 긍정적 사고자들은 다음의 단계를 통해 사람들을 가르치고 있다.

- 당신이 무엇을 원하는지 분명히 알아야 한다.
- 그런 후에 전지자께 그것을 구해야 한다.
- 정기적으로 당신이 원한 것을 스스로 받게 되는 것을 마음속에 그려 보고, 그것을 취하고 그리고 경험하기를 시작한다.
- 어떠한 형태로 당신의 답이 오고 있다는 사실을 알려라.

당신은 이러한 단계들 속에서 많은 성경의 원칙들을 보게 되었을 것이다.

> 그러므로 내가 너희에게 말하노니 무엇이든지 기도하고 구하는 것은 받은 줄로 믿으라 그리하면 너희에게 그대로 되리라(막 11:24)

> 믿음은 바라는 것들의 실상이요 보이지 않는 것들의 증거니(히 11:1)

> 기록된 바 내가 너를 많은 민족의 조상으로 세웠다 하심과 같으니 그가 믿은 바 하나님은 죽은 자를 살리시며 없는 것을 있는 것으로 부르시는 이시니라(롬 4:17)

관심의 법칙에는 진리의 요소가 포함되어 있다. 그러나 나는 그 뒤에 숨어 있는 의도가 염려된다. 우리는 우리 삶에서 원하는 것이 무엇인지 명확해야 하며, 그것을 하나님께 이루어 달라고 기도해야 할 필요가 있다. 관심의 법칙과 성경의 주된 차이점은 당신이 무언가를 구할 때 하나님께 직접 그것에 대해 개인적인 관계성을 가지고 구해야 하는 것이지, 여기저기 어딘가에 있을 법한 "전지자"the Universe에게 구해서는 안 된다는 것이다. 우리가 구할 때, 우리는 하나님께서 들으시고 그 분의 방법을 통해 응답하신다는 것을 알 필요가 있다. 우리는 우리가 추구하는 그것 자체만을 묵상함으로 그것들이 성취되기를 원하는 것은 주의해야 한다. 왜냐하면 이러한 방법은 우리에게 쉽게 우상이 될 수 있기 때문이다. 하나님이 공급하시며, 하나님이 모든 선한 선물의 원천이라는 것을 기억하라.

> 내 사랑하는 형제들아 속지 말라 온갖 좋은 은사와 온전한 선물이 다 위로부터 빛들의 아버지께로부터 내려오나니 그는 변함도 없으시고 회전하는 그림자도 없으시니라(약 1:16~17)

비록 영화 "비밀" 가운데 진리의 요소들이 있다고 할지라도, 거기에는 성경에서 말하고 있는 하나님께 구하라는 부분이 없다는 것을 분명히 하고자 한다. 그들은 하나님을 긍정의 에너지나 힘으로 보고 있지 인격자로 보지 않는다. 만약 당신이 관심의 법칙을 훈련하고 있다면 진리의 원천과 마음을 새롭게 하는 성령님과 성경에 나와 있는 하나님을 배제해서는 안 된다. 이러한 원리들을 성경으로부터 가져와 인본주의적인 가르침으로 발전시켜 가르치는 사람들로 인해 진정한 진리를 보지 못하게 하는 위험한 상황에 이르게 된다. 그들은 하나님의 원리들을 사용할 수는 있으나 하나님의 사랑과 능력을 사용할 수는 없다.

하나님의 방법으로 행하기

하나님은 말씀으로 세상을 창조하셨다. 당신은 하나님의 형상대로 지음을 받았고, 그로 인해 당신도 말을 통하여 급진적인 변화를 가져올 수 있는 창조의 능력이 있음을 알아야 한다. 관심의 법칙이 놓치고 있는 것은 내가 언급한 하나님을 먼저 찾는 것이다. 당신은 무엇인가를 구할 때 하나님의 뜻과 시간 안에서 당신의 삶에 이루어지도록 기도할 필요가 있다. 이 균형이야말로 당신의 노력으로 원하는 것들을 시각화하려는 방법 대신에 강력한 영적 원리로 그 모든 것들이 당신의 필요에 흘러 들어오게 하는 것이다.

> 너희는 먼저 그의 나라와 그의 의를 구하라 그리하면 이 모든 것을 너희에게 더하시리라(마 6:33)

나는 비밀이라는 책이나 영화를 추천하는 것이 아니다. 하지만 만약 당신이 그것을 보았거나 관심의 법칙을 훈련 중이라면, 내가 말하고자 하는 요점을 인지하고 지혜의 말씀을 받기를 바란다. 당신은 다음과 같은 단계를 통해 하나님의 강력한 성경적 원리들을 취할 수 있다.

- 예수 그리스도를 통하여 하나님과의 관계를 발전시키고 정기적인 기도와 성경공부를 통해 시간을 보낸다. 하나님과의 관계를 통해 당신의 기도들이 응답받게 됨으로 말미암아 기존의 관계에서 벗어날 수 있다. 하나님께서 당신에게 말씀하시는 음성을 듣는 법을 배우라.

- 하나님께 당신이 원하는 것을 구할 때, 그것이 하나님께서 당신에게 하시고자 하는 일인지 알기 위하여 구하라. 지혜와 그분의 시간을 구하라.

- 당신의 삶에 있어서 하나님이 원하시는 것을 알게 되었을 때, 하나님께서 당신에게 응답하신다는 믿음과 확신을 가지라. 하나님의 방법으로 당신의 기도에 응답하신다.

- 하나님께 당신이 원하는 것과 필요한 것들을 기도하고 구하라. 기도의 응답들을 확인함을 통해 믿음을 세워라.

- 여러 가지의 방법으로 기도의 응답을 받을 준비를 하라. 당신이 기도의 응답을 받았을 때, 기대한 방법과 다른 모양으로 응답될 수 있으며 다른 사람들도 당신과 함께 하나님께 영광을 돌릴 수 있게 하라.

- 나눔(간증)을 통해 다른 사람들의 믿음을 강건하게 하고, 그들이 격려를 받게 하라.

하나님은 우리에게 최상의 것으로 주시기를 원하신다. 그분은 우리의 삶이 최상의 잠재력으로 채워지기를 원하신다. 이러한 급진적인 변화에 대한 원리는 성경에 항상 나와 있었지만, 불행히도 이 시대를 사는 기독교인들은 이러한 변화를 세상에 드러내지 못하고 있다. 대부분의 사람들은 그들의 영적 탱크를 비운 채로 달려가고 있으며, 많은 사람들 또한 하나님이 그들을 위하여 주신 것에 비해 반도 사용하지 못하고 있다. 하나님의 사랑과 능력은 무한하다. 우리를 제한하는 것은 우리가 생각하기에 우리가 이룰 수 있는 성취와 어떤 하나님을 믿는지에 대한 것이다.

지난 이십 년 동안 나는 관심의 법칙과 비슷한 돌파의 삶Breakthrough lifestyle을 발전시켜 왔다. 이것은 마태복음 7장 7절에 나와 있는 말씀으로 예수님께서 우리에게 "구하고"Ask, "찾고"Seek, "두드리라"Knock고 한 것에 기초한 것이다. 나는 성경에서 삶의 변화에 대한 많은 원리들을 실질적으로 적용해 왔고, 그로 인해 몇몇의 극적인 결과들을 보게 되었다. 더 중요한 사실은 내가 이렇게 살아온 것은 주님을 통해 하나님과의 개인적인 관계를 통해 이루어진 것들이다. 나는 이 부분에 대해 후에 좀 더 설명을 하고자 한다.

나의 친구인 제이미는 내가 말한 돌파의 삶을 살았다. 그녀는 운동을 통해 약 15파운드를 짧은 시간 동안 감량하게 되었다. 이로 인해 그녀가 뒤로 미루어 놓았던 음악 프로젝트를 시작할 수 있도록 격려를 받게 되었다. 불과 3개월이 지나 그녀는 그 프로젝트를 완성하였고 그녀의 음반을 제작하여 아이튠iTunes에서 판매를 하게 되었다.

하나님의 뜻과 시간

우리를 제한하는 것 중 하나는 우리가 이루고자 하는 목표에 있어서 실질적으로 이룰 수 있는 성취에 대한 생각으로 기인한다. 나는 이 것이 위험한 메시지라는 것을 알게 되었다. 한편으로는 우리의 삶을 바꾸는 것이 우리의 능력에 있다고 집중하지 않도록 조심해야 할 필요가 있다. 하나님만이 우리의 힘과 에너지의 근본이시다. 또 달리 말해 당신은 행동하고, 반응하면서 전진하고, 정체되고 나아가지 못하는 위험을 뛰어 넘어야 한다.

우리의 소명의 길을 찾는 과정 가운데 그때그때마다 무엇에 집중해야 하는지를 아는 것은 참 어렵다. 여기에 하나님의 때를 보여주는 세 가지의 예가 있다. 첫 번째로 하나님께서 영적으로 성숙할 수 있도록 깊어지는 시간을 통해 가르치시고자 하는 때가 당신의 삶 가운데 있다. 이때는 마치 하나님이 당신을 멀리하시는 것 같은 느낌이 들지만 사실은 하나님께서 당신을 훈련하고 계시는 것이다. 이러한 때를 아는 것이 중요한데, 이로 말미암아 하나님과 함께 할 수 있으며 당신의 때가 아직 이르지 않았으므로 이루고자 분투하는 것을 막을 수 있다. 둘째로는 하나님께서 시험을 통하여 당신이 앞으로 나아가기를 원하실 때이다. 세 번째로는 하나님께서 다음 단계로 당신이 나아가는 데 있어 나타나는 영적전쟁이며, 이는 어둠의 세력들이 당신을 목표를 하고 당신을 무너뜨리려 하는 때이다. 그래서 어떠한 일들이 그때에 일어나는지를 아는 것은 매우 중요하다.

내가 설명하고자 하는 요점은 당신의 삶을 향한 하나님의 뜻을 추측하고 그것을 원했을 때, 그것을 얻는 것이 그냥 무작정 이루어진다는 것이 아니다. 당신의 소명은 시간이 흐름에 따라 펼쳐지고, 하나님의 때에 이루어진다는 것이다. 분명한 것은 당신이 그것을 추구해야만 한다는 것이다.

나는 앞으로 나아가는 것을 두려워하는 사람들을 종종 만나는데, 그들은 실수를 하고 싶지 않고 하나님의 때에 머무르지 않기 때문이다. 만약 당신이 앞으로 나아가기를 두려워한다면, 부정적인 힘들이 지금은 하나님의 때가 아니라고 겁을 주며 당신을 뒤로 물러나게 할 것이다.

이러한 부정적인 패턴을 넘어서기 위해서는 변화가 필요하다. 이것은 마치 운동을 훈련하는 것이나 악기를 배우는 것과 비슷하다. 단지 몇 번의 연습을 통해서는 그것을 잘 할 수가 없다. 당신을 조절하고 훈련해야 한다. 곧 자연스러워지고 좀 더 쉬워지게 될 것이다.

본인의 삶에서 이루고 싶은 일을 잠깐 생각해 보라. 부동산을 하고 싶은가? 새 차를 사고 싶은가? 학교를 다시 다니기를 원하는가? 신학을 공부하고자 하는가? 등등. 본인이 원하는 것은 무엇인가?

하나를 선택하여 제2장 "하나님의 방법으로 행하기"를 따라 검토해 보라. 기록하여 본인이 보기 쉬운 곳에 두라. 적어도 다음 두 주 또는 한 달을 놓고 기도해 보라.

컴퓨터에서 작업을 하려면 웹사이트 www.personaldevelopmentgodsway.com 에서 서식을 다운로드 받을 수 있다.

CHAPTER 3

긍정적인 삶의 능력
POWER OF A POSITIVE LIFESTYLE

Personal Development God's Way

새로운 기독교인을 위한 주차 공간들

나의 교회 초기 경험은 지루하고 건조했다. 나는 하나님에 대해 지식으로만 알고 있었다. 나는 성경을 알고 하나님께서 나를 사랑하신다는 것을 알았지만 기독교인의 삶이 매우 상호적이라는 것은 알지 못했다. 그 후 나는 하나님께서 단지 마음으로만 아는 것이 아니라 성령의 임재와 초자연적인 경험을 통해 하나님의 사랑을 경험하길 원하신다는 것을 알게 되었다. 나는 내게 일어난 멋진 일들로 인해 놀라지 않을 수 없다. 한 예로 주차공간을 위해 기도하면 바로 그 앞에 빈 공간이 나타나는 것이었다. 매일의 생활이 내가 꿈꾸어 보지 못한 가능성들을 통해 하나님을 경험하고 배우는 새로운 여행과 같았다. 또 다른 예로 나는 기독교인이 아닌 친구들에게 직장을 위해 기도하고 있다고 말하였다. 그런 후 바로 전화가 왔고, 새로운 직장으로 연결되었다. 그들은 놀라서 방 밖으로 뛰어나갔는 데, 그 이유는 갑자기 하나님이 우리들의 현실 가운데로 오셨기 때문이다.

나는 내 믿음이 어떻게 현재와 같이 되었는지에 대한 간증들이 너무 많다. 이것은 마치 전화선을 이용한 인터넷에서 이제는 빠른 인터넷을 통해 하나님과 접속하는 것과 같다. 많은 사람들이 생각하는 것보다 더 많은 것들이 하나님 안에서 가능하다. 하나님과의 믿음의 여정 초기에, 나는 이러한 경험들을 교회에 있는 친구들에게 말했다. 그들은 내게 하나님께서는 초신자들에게 관심을 끌기 위해 그렇게 하신다고 했다. 그러나 그들은 내가 성장할 필요가 있고 성숙해져야 한다고 이야기를 하면서, 내가 성숙하게 되면 하나님이 그러한 기적들을 굳이 행하실 필요가 없어지고 그들의 상태와 같아질 것이라고 말했다. 곧 나는 이러한 방법으로 하나님을 경험하지 못하게 되었고, 지식이 늘어나면서 기독교인으로서의 초자연적인 관점을 잃게 되었다.

어느 날, 하나님께서는 우리 모두가 항상 초자연적으로 그분을 경험하기를 원하신다는 것을 깨닫게 되었다. 우리는 매일 기적을 보지 못하더라도 자라고 성숙하며 하나님을 신뢰할 필요가 있다. 그러나 하나님은 우리가 이런 초신자들의 경험처럼 그분을 늘 경험하기 원하신다. 나는 하나님께 내게 말씀하시며 모든 흥미로운 응답과 놀라운 일들을 제공해 달라고 구하기 시작했고, 그런 일들은 너무나 명백하게 다시 일어나기 시작했다. 늘 주차공간이 내 눈앞에 생기지는 않았지만 하나님께서 내게 말씀하신 놀랍고 흥미로운 일들이 많이 있다. 이는 나와 하나님과의 관계를 깊어지게 할 뿐만 아니라 나의 믿음을 자라게 했다.

나는 하나님께 오늘도 하나님이 현실이 되기를 규칙적으로 기도한다. 단지 머리의 지식으로 구하는 것이 아니라 "하나님, 내가 구체적으로 당신의 방법들을 보기 원합니다"라고 기도한다. 또한 하나님께 많은 사람들에게 도움을 줄 수 있도록 나를 사용해 달라고 간구한다. 나는 공공의 장소에서 계속 "놀라운 만남"들을 가지고 있다.

- 지금 당신이 이러한 방법으로 하나님을 경험하고 싶다면 간단히 그분이 당신의 삶에 현실이 되어 달라고 구하라. 당신이 알 만한 방법으로 당신을 놀라게 해 달라고 그 분께 구하라.

- 날마다 당신의 상황과 주변의 사람들에 대해 말씀해 달라고 기도하라.

- 하나님께서 말씀하신 것이나 경험한 것들을 기록하라. 다른 사람들과 나누며 그들을 격려하라.

하나님은 후하시다

나는 성경에서 하나님에 대한 사치스러운 표현들을 발견하게 된다. 황금길, 보석, 어마어마한 광채 등등. 하나님은 모든 것의 주인이시며 후하신 분이시다. 그러나 나는 다른 부류의 많은 교회를 방문하게 될 때마다 사람들에게 있는 어떤 절박함을 보게 되었고, 그것은 마치 조그만 컵을 들고 돈을 구걸하는 것과 같았다.

나는 그들을 판단하는 것이 아니다. 사실 나의 조상은 미국의 남부 출신이며 그들은 "저들의 마음을 축복하소서" *bless their hearts* 라는 말을 자주 쓰며 어떠한 판단으로 인한 참소를 피해 가는 사람들이다.

나는 많은 기독교인들이 하나님께서 그들을 향해 품고 계신 최고의 잠재력의 가능성으로 살지 않는다는 것을 알게 되었다. 그래서 나는 우리에게 가능한 강력한 약속들과 축복들 그리고 영적인 원리들을 공부하게 되었다. 추측컨대 내가 어두운 주술에 빠졌던 1980년대 이래로 쉽게 찾아볼 수 있다. 그러한 어둠에서 빠져 나와 내가 하나님의 놀라운 빛 가운데 있게 되었을 때, 나는 성령님을 통해 우리에게 가능한 하나님의 능력에 대해 놀라게 되었다. 나는 영적으로 많은 경험을 했고, 많은 것들을 본 사람이다. 그러나 내가 하나님의 나라 안으로 들어왔을 때, 내가 경험했던 그러한 주술의 경험들은 하나님의 밝은 광채에 비하면 성냥불 같은 것이었다.

> 어두운 데에 빛이 비치라 말씀하셨던 그 하나님께서 예수 그리스도의 얼굴에 있는 하나님의 영광을 아는 빛을 우리 마음에 비추셨느니라(고후 4:6)

내가 둘 다를 경험했기 때문에 말할 수 있는 것은 기독교인의 삶이 더 긍정적인 관점을 보여주고 있다는 것이다. 모든 하나님의 성품과 질적인 것들은 긍정적이다. 하나님은 사랑이시며(요일 4:8), 그분에게는 부정적인 것이 없다. 하나님께서는 우리를 향한 좋은 의도와 우리가 하기를 원하는 모든 일들이 성공하기 원하신다(렘 29:11~13). 반면에 사탄의 모든 관점은 어둡고 부정적이다.

도적이 오는 것은 도적질하고 죽이고 멸망시키려는 것뿐이요 내가 온 것은 양으로 생명을 얻게 하고 더 풍성히 얻게 하려는 것이라(요 10:10)

하나님의 방법은 우리와 반대된다

내가 주술에 빠졌을 때 나는 우울증과 질병, 반복되는 사고와 어두움에서 기인하는 트라우마 같은 일들이 있었다는 것을 알게 되었다. 기독교인이 되고 난 후, 나는 하나님의 영과 이 세상의 영의 극명한 차이를 보게 되었다. 겁을 주려고 하는 것이 아니라 나는 기독교인들이 인식하지 못하는 많은 하나님의 공급하심이 있다는 것을 통해 격려하고자 하는 것이다.

나는 하나님의 방법은 주로 우리가 경험하는 문화나 세상의 것들과 반대가 된다는 것을 인식하게 되었다. 다음의 것들은 예수님이 보여 주신 예가 얼마나 우리의 생각과 하나님의 생각이 다른지를 보여 준다. "만약 우리에게 어떤 것을 요구하면 그것을 공짜로 주어라; 우리를 참소하고 홀대하는 자들을 축복할 필요가 있다; 원수를 사랑하라; 세우고 무너뜨리지 마라; 용서해야만 용서를 받는다; 먼저 된 자가 나중 된다; 우리가 겸손해야 높임을 받는다." 당신은 내가 무엇을 말하고자 하는지 알 것이다.

이 모든 예수님의 가르침은 복수하고, 화내고, 용서하지 못하고, 개인중심적인 세상의 방법과 반대가 되는 것이다. 이런 세상의 방법들은 텔레비전의 리얼리티 쇼를 통해 많이 접하게 된다. 우리가 쉽게 사용하는 "너는 해고 되었어; 이 섬에서 당신은 떠나도록 되어 있어; 미국인이 싫어하기 때문에 당신은 떨어졌어." 등을 볼 수 있다. 카메라는 이런 수모를 받는 자들의 얼굴을 비춰 주면서, 대중적으로 모멸감과 거부감을 느끼는 것을 보여 준다. 이러한 예능 프로그램 뒤에는 영적인 못된 것이 있다. 방송국에서는 사람들을 초대할 때 이미 안정적이지 못하고, 개인의 아픔이나 약함을 드러내는 자들을 섭외한다.

또 다른 프로그램이 있는 데 제목이 "새롭게 하소서" make over 이다. 이 프로는 하나님의 마음을 가진 자들이 함께 한다. 또한 이 프로는 격려와 높임을 통해 친절함으로 사람을 세우고 실질적인 방법으로 그들을 도와준다. 우리는 이러한 프로그램을 통해 엄청난 것을 배울 수 있다. 사람들은 정말 격려를 받고 높임을 받기 원한다. 나는 급진적인 변화의 삶이 우리 모두에게 필요하다고 생각한다.

하나님의 방법이 세상과 반대되기 때문에 우리 기독교인의 삶도 그것을 반영하게 된다. 나는 단지 도덕적인 것을 말하는 것이 아니라 삶의 모든 영역에 밝은 빛이 비쳐야 한다고 말하는 것이다. 그것은 우리 삶을 향한 하나님의 변화의 능력을 나타내는 것이며, 우리는 건강함과 감정의 온유함 그리고 재정의 관리와 조건 없는 사랑으로 이를 행할 수 있다.

나는 내가 만난 많은 기독교인들이 긍정적인 것보다는 부정적인 것에 더 집중하고 있다는 것을 알게 되었다. 그들은 하나님이 그들에게 허락하신 은사를 통해 좋은 것을 보기보다는 사람들의 잘못된 것을 보곤 한다. 그들이 그러한 의도가 없음에도 불구하고 다른 사람들을 판단하게 된다. 나는 그들의 의도가 선하고 돕고자 하는 마음이지만 기독교인이 아닌 사람들에 의해 다르게 해석되는 것을 알게 되었다.

만약 당신이 기독교인들이 긍정적이라기보다 부정적이라는 나의 이론을 시험해 보고자 한다면, 하나님을 믿지 않는 사람들에게 가서 아무에게나 그들이 생각하는 기독교인과 기독교에 대해서 물어 보라. 그들의 전반적인 의견은 기독교인들은 남을 판단하며, 자기 의를 구하고, 너그럽지 못하며, 돈을 모으는 것에 관심이 있고, 세상의 일에는 무심하다는 것이다. 내가 이런 이론을 만들어 낸 것이 아니라 실제로 여행이나 노방전도를 통해서 계속 듣게 되는 사실이다. 이것은 우리가 원하는 삶의 모습이 아니며 주님과 그의 제자들이 보여 준 행동들도 아니다.

내가 기독교인이나 교회가 부정적이라는 것을 보여 주려고 함이 아니라는 것을 이해해 주기 바란다. 나는 목사이고, 나에겐 많은 기독교인 친구들이 있다. 나는 단지 정직하고자 하며, 많은 기독교인들이 다른 사람들에게 왜 그렇게 보이는지 대안을 제시하고자 한다. 예수님은 그 당시의 사람들과 어떻게 관계하셨는지를 한번 살펴보자.

격려의 힘

나는 예수님께서 다른 사람들을 대할 때 종교적이지 않았다는 것을 공부하게 되면서 그 부분에 흥미를 갖게 되었다. 먼저 예수님은 사람들을 사랑하는 대신에 탈취하는 종교적인 사람들에게 화를 내셨다. 예수님은 실제적으로 사람들을 잘 세우고 격려하셨다.

예수님께서 나다나엘을 처음 만났을 때 말씀하시기를 "보라 이는 참으로 이스라엘 사람이라 그 속에 간사한 것이 없도다." 나다나엘은 예수님께서 자신을 알고 있는 것에 놀랐다. 단지 예수님은 그에게 정직한 사람이라고 이야기를 했지만, 그 작은 사실에 대한 격려가 나다나엘로 하여금 마음을 열고 예수님을 영접하여 제자 중 한 명이 되게 했다(요 1:45~51).

예수님은 사마리아 여인과 우물가에서 만났다. 대화를 통해 예수님은 그녀의 삶에 대해 작은 부분을 이야기했다. 그녀는 다섯 번 결혼을 했고, 지금 그녀와 함께 살고 있는 남자는 남편이 아니라는 것. 예수님은 그녀를 정죄하고 판단하기 위함이 아니었다. 만약 그런 의도가 있었다면 예수님은 그녀를 음탕한 여자라고 일컬었을 것이다. 그렇기 때문에 그녀는 남편이 없다는 것을 인정했고, 예수님은 그녀의 말에 "네 말이 옳도다"라고 말씀하셨다. 예수님은 사람들 가운데 있는 긍정적인 부분을 보셨다. 그 결과 그 여인은 "주여 내가 보니 선지자로소이다"라고 고백하였다. 또한 그 당시 사마리아 동네 전체에 영향을 미치게 되었다(요 4:7~30).

유명한 격려의 한 예는 간음하다 잡혀 온 여인이 주님 앞에 있을 때였다(요 8:1~12). 그 당시의 문화에서 그녀는 돌로 쳐 죽음을 당하게 되어 있었다. 예수님은 그녀 앞에 서서 이렇게 말씀하셨다.

예수께서 일어나사 여자 외에 아무도 없는 것을 보시고 이르시되 여자여 너를 고발하던 그들이 어디 있느냐 너를 정죄한 자가 없느냐 대답하되 주여 없나이다 예수께서 이르시되 나도 너를 정죄하지 아니하노니 가서 다시는 죄를 범치 말라 하시니라(요 8:10~11)

예수님과 제자들이 사람들을 격려함으로 세상의 어둠 속에서 하나님의 긍정적인 빛으로 들어오게 한 많은 예들이 있다. 거기에는 사랑과 격려의 힘이 있다. 우리는 다른 사람들과 우리 자신에게 있는 부정적인 것들에 집중하지 않도록 조심해야 하고, 다른 사람들 안에 있는 선한 것들을 찾아야 한다. 이것은 주변의 영적 기후를 바뀌게 하는 영적 원리이다. 당신이 긍정적인 영향을 주기 때문에 그들은 당신과 함께 하고 싶어 하고, 그들의 마음을 열고 당신을 신뢰할 수 있게 된다. 당신 스스로에게 그렇게 할 때 당신의 삶에서 더 깊은 하나님의 은혜를 발견하게 될 것이다.

종말로 형제들아 무엇에든지 참되며 무엇에든지 경건하며 무엇에든지 옳으며 무엇에든지 정결하며 무엇에든지 사랑할 받을 만하며 무엇에든지 칭찬 받을 만하며 무슨 덕이 있든지 무슨 기림이 있든지 이것들을 생각하라 너희는 내게 배우고 받고 듣고 본 바를 행하라 그리하면 평강의 하나님이 너희와 함께 계시리라(빌 4:8~9)

로버트는 그의 삶에 만족하지 못했지만 그 이유에 대해 알지 못했다. 그는 직장에서 종교와 정치에 대한 의견을 나누지 못함으로 짜증이 나 있었다. 나의 "격려의 힘"의 수업을 들은 후, 직장 동료들에게 그가 가지고 있는 것으로 도움을 줄 수 있게 되었다. 그의 모습 또한 달라졌고, 그는 그의 직장을 통해 커다란 비전을 보기 시작했다. 그는 다른 사람들을 격려하기 시작했고, 그들 안에 있는 최고의 것들을 보기 시작했다. 그래서 지금은 마치 그의 직장이 사역현장과 같이 느껴지고 만족하지 못했던 것들은 다 사라지게 되었다.

긍정적인 하나님 나라의 관점을 개발하기

만약 우리가 계속해서 잘못된 것이나 부정적인 것 혹은 일이 잘 되지 않는 것에 관심을 가지고 있다면, 우리는 세상을 부정적인 견해로 보게 되며 이것이 삶의 전반에 걸쳐 나타나기 시작한다. TV뉴스만 봐도 그러한 안 좋은 일들이 세상에 만연한 것을 볼 수 있다. 그러면 두려움과 절망이 자리를 잡고 세상은 자멸하는 것이라고 생각하기 시작한다. 결국 남는 것은 무엇인가? 진실은 하나님이 아직도 함께 하신다는 것이다. 그리고 또한 그분은 기분이 좋으시다는 것이다. 그분의 사랑과 변화의 능력은 아직도 우리에게 유효하다. 우리는 예수님께서 말씀하신 "보는 눈"eyes that see을 개발해야 한다. 또한 우리는 하나님 안에서 어려운 것은 아무것도 없다는 믿음을 가져야 한다.

하나님의 사랑과 능력은 사단의 것보다 훨씬 강하다. 우리에겐 두려워할 것이 아무것도 없다. 그렇기 때문에 어둠의 세력은 하나님이 창조하신 것들을 파괴하고자 한다는 것을 우리가 이해하는 데 도움이 된다. 우리는 우리가 직면해 있는 불행들을 피할 수 없다는 거짓을 믿어서는 안 된다. 그래서 우리가 우울증이나 자살하려는 생각 혹은 질병들로 고생하고 있는 사람들을 만나게 되었을 때, 그것은 하나님의 뜻이 아니라는 것을 알아야만 한다. 그것은 그들의 인생과 그들을 향한 하나님의 소명을 빼앗으려는 사단의 계획이다. 우리를 향한 하나님의 사랑과 뜻이 진정한 진리임을 알기 때문에 어둠의 세력은 하나님의 의도를 거슬리게 한다는 것을 반드시 인식해야 한다.

우리는 예수님이 사람들과 가졌던 세 가지의 만남을 통해 주어진 격려를 통하여 예수님의 강력한 전략을 배울 수 있다. 당신이 어떠한 사람 안에서 어둠의 세력들이 역사하거나 문제를 일으키고 있는 것을 볼 때, 그 사람의 삶을 새롭게 바꿀 수 있는 하나님의 사랑으로 격려해 줄 수 있는 긍정적인 기회가 당신에게 주어졌다는 것을 알기 바란다.

> "…하나님의 아들이 나타나신 것은 마귀의 일을 멸하려 하심이니라"(요일 3:8)

나는 계속해서 부정적인 영향력으로 인해 고생하고 있는 사람들을 격려하고자 한다. 내가 사랑으로 다른 사람들을 격려했을 때 그들의 삶 가운데 엄청난 변화가 일어나는 것을 본다. 나는 이러한 전략을 "뒤집기 전략"Fliptastic 혹은 "뒤집기"Flipping라 부르고, 부정적인 상황에 하나님 나라의 긍정적인 관점을 사용하는 전략을 개발하게 되었다. 이것은 사단의 부정적인 것들을 인식하고, 하나님의 사랑과 인자하심을 부정적인 그 상황 가운데 부어주는 것이다. 갑자기 희망이 없던 곳에 빛이 들어가게 된다. 그 사람들 안에 있는 긍정적인 것들을 발견하고 이야기해 줄 때 "작은 기적"들을 경험하게 되는 것을 보게 된다.

요한1서 4장 4절을 나의 말로 표현한다면, 우리 안에 계신 성령이 이 세상의 것보다 크다는 것이다. 과학은 빛과 어둠 사이에 주된 차이가 있다고 한다. 빛은 측정을 할 수 있다. 빛은 물질이자 물체이며, 움직일 때 힘이 생긴다. 하지만 어둠은 빛의 부재이다. 예수님이 빛이시다. 사도 바울은 우리가 빛의 자녀들이므로 빛과 같이 살라고 격려했다. 우리가 이렇게 할 때 다 인식하지 못할지라도 우리가 가는 모든 곳에서 하나님의 임재와 함께 할 수 있다. 엄청난 하나님의 사랑과 빛을 통한 삶은 강력한 능력을 가지고 있다. 우리가 말 한마디 하지 않더라도 어둠을 물리칠 수 있는 데, 그것은 능력과 치유의 영이 우리 안에 있기 때문이다.

> 너희가 전에는 어두움이더니 이제는 주 안에서 빛이라 빛의 자녀들처럼 행하라(엡 5:8)

기독교인으로서 우리는 우리를 저주하는 자를 위해 기도하고, 미워하는 자들을 사랑하고, 도움이 필요한 자에게 채워 주며, 눌린 자를 도와주고, 교만하지 아니하고 겸손하며, 우리를 대적하는 사람들을 용서하는 등… 그리고 당신이 상상할 수 있는 많은 긍정적인 영적 원리들을 이해하며, 정기적으로 훈련할 필요가 있다. 이 모든 원리들이 관계성을 가지고 있다는 것을 명심하라. 그것들은 다른 사람들과 하나님과의 관계에 대해 가르치고 있다.

우리는 우리가 어디를 가든지 다른 사람들을 사랑하고 축복하므로, 그리고 격려를 통해 우리 주위의 영적 분위기를 바꿀 수 있다. 많은 사람들이 하나님을 사랑하지만 누군가 보지 않을 때, 사람들에게 부당함과 무례하게 행함으로 인해 죄의식을 가지게 될 수도 있다. 만약 당신이 정규적으로 실행한다면, 사람들을 축복하는 것의 즐거움은 뿌리고 거두는 원리가 점차적으로 결과를 본다는 것에 있다. 당신이 주위의 문제를 단순히 지적하는 것이 아니라 도와주고 바꾸려 한다면, 당신이 베푸는 것들로 인해 당신의 삶이 좋은 것들로 충만해질 것이다. 당신이 뿌린 것을 거두게 된다. 만약 당신이 불평과 의심, 두려움과 우울증, 불안감과 불평을 심는다면 그러한 것들이 돌아오게 될 것이다. 긍정적인 하나님 나라의 관점과 삶의 방법을 개발하여 우리의 삶을 참되게 변화시키고, 주변에 있는 많은 자들과 함께 공유하라.

우리 부부는 술과 여자 문제로 심각한 한 사업가를 만나게 되었다. 그는 이혼을 했고 건강에 문제가 있었지만, 위의 가르침을 듣고 나서는 그의 삶에 좋은 것들이 일어남으로 인해 기뻐하는 것을 볼 수 있었다. 그의 문제점에도 불구하고, 우리는 하나님이 그에게 허락하신 은사와 좋은 것들을 다른 사람들과 나누고자 하는 그의 긍정적인 부분을 격려할 수 있었다. 그것은 그의 삶에 하나님의 목적을 인식하고, 하나님께서 그의 삶을 살피신다는 것을 알게 되는 시작에 불과했다.

돌파하는 삶

우리는 대단하지도 않은 아주 단순한 이러한 영적 원리들을 통해서 사람들의 삶이 급진적으로 바뀌는 것을 보게 된다. 하지만 당신이 정기적으로 이러한 원리들을 훈련하지 않는다면 그러한 원리들은 책장에 꽂혀 있는 가르침으로만 남게 될 것이다. 인생에서 일어나는 일들은 하나님과의 관계 속에서조차 우연은 없다. 충만한 삶을 살기 위해서는 당신을 위한 하나님의 계획을 향해 지속하여 나아가는 삶의 스타일을 개발하는 것이 필요하다.

그 비밀은 단순히 매일의 삶 속에서 좋은 선택을 하면서 배우는 것이다. 아무리 작은 일이라도 당신의 꿈과 목표를 향해 나갈 수 있는 작은 선택들을 통해 당신의 삶을 향상시키기 바란다. 하나님의 소명은 한 걸음 한 걸음 나아갈 때마다 더 분명해진다. 만약 당신이 좀 실수를 했다면 그것을 고백하고, 다시 그 자리로 돌아와 정진하라.

당신은 "언젠가 내가 할 거야"라는 말은 해서는 안 된다. "언제라 불리는 길이 당신을 아무 곳도 아닌 곳으로 인도한다"*The road called Some day leads to a town called Nowhere*라는 옛 속담을 들어 보았을 것이다. 한 예로, 당신의 결단이 있었기 때문에 당신은 지금 이 책을 읽고 있다. 이 책을 통하여 당신의 삶의 어떤 부분이 변화될 수 있다. 그러나 만약 이 책을 통해 배운 것들을 실질적으로 훈련하게 된다면, 당신의 삶이 급진적으로 변화될 수 있는 더 좋은 기회가 생길 것이다.

사람들은 책을 사고 강의 CD를 사지만 아주 소수만이 그것을 읽고 마치게 된다. 만약에 당신이 어떠한 주제에 대해 독서를 하거나 강의를 듣는다면, 6주 후에는 약 10퍼센트 정도 밖에 기억하지 못한다. 하지만 만약 배움을 통해 경험한 것을 어떤 방법으로든 훈련하게 된다면, 그것들의 80퍼센트 이상을 당신의 것으로 만들게 된다. 이것이 수많은 사람과 당신을 다르게 만들 것이다.

적용이 없는 지식은 효과가 없다. 사람들은 세미나와 강의를 통해 많은 지식들을 구하지만 소수만이 그 배운 것을 실질적으로 적용한다. 혹시 당신은 TV에서 기적과 같은 체중관리나 운동 프로그램의 선전 광고를 접한 적이 있는가? 만약 당신이 그러한 변화를 추구했다면 그것을 구매하기로 결정을 했을 것이다. 하지만 그러한 가르침들을 행하지 않는다면 당신의 삶은 변화되지 않으며, 책장에 그런 DVD 하나를 보관하기 위해 얼마를 낭비한 셈이다.

당신이 어떠한 새로운 것을 위해 노력한다면, 그것을 꾸준히 함으로 새로운 습관에 길들여지도록 노력해야 한다. 여러 해 동안, 나는 운동을 하는 것이 건강에 도움이 된다는 것을 알면서도 핑계를 대면서 하지 않고 있었다. 너무 바쁘고 지쳐 있었기 때문에 또 다른 스트레스를 더하고 싶지 않았다. 그러나 내가 알게 된 것은 일을 방치하면 할수록 더 쌓이게 된다는 것이다. 나는 좀 더 쉽게 정상체중으로 줄일 수 있는 기회를 미루어서 더 많은 운동과 노력이 필요하다는 것을 알게 됨으로 더 낙심하게 되었다.

빨래를 하고 공과금을 시간에 맞추어 내는 것, 그리고 운동을 하고 가족과 함께하거나 친구들과 함께하는 간단한 일들을 소홀이 하게 되면 죄의식을 갖게 되며 낙심하게 된다. 당신은 아마도 그 일을 충분히 할 수 있는 하루가 주어지기를 기다릴 수 있다. 현실에서 그러한 충분한 하루는 결코 오지 않는다. 만약 오더라도 그러한 일을 하기보다는 다른 신나는 일을 하게 될 것이다.

나는 돌파하는 삶이라는 전략을 개발했다. 당신은 당신의 삶 가운데 원하는 것이 있지만 정체되었다는 느낌을 갖고 있을 수 있다. 혹은 이전에 시도해 보았지만 포기를 했거나 좋지 않은 경험을 했을지도 모른다. 여기에 당신을 위한 희소식이 있다. 과거는 당신이 그것을 허락을 했을 때에만 현재에 영향을 미칠 수 있다. 하루하루는 새로운 시작이다.

> 과거는 당신이 그것을 허락했을 때만 현재에 영향을 미칠 수 있다.
> 하루하루는 새로운 시작이다.

나의 삶을 예로 들고자 한다. 나는 매주 제 1장의 내용을 훈련했다. 내가 할 수 있는 일과 내 삶을 어떻게 좋게 변화시킬 수 있을지를 위해 기도하고 찾았다. 그런 것들이 꼭 큰 일일 필요는 없다. 때로는 관계에 있어서 조금 신경을 써야 하는 일 같은 경우, 전화를 하거나 이메일을 하면 되는 것이었다. 때로는 내가 하고 있는 프로젝트가 진전이 없어 그것에 대해 도움을 받을 수 있는 사람을 찾는 것이었다. 혹은 몸이 둔하다고 느껴져 운동을 하던가 아니면 음식을 바꾸는 것이었다. 이러한 것들을 규칙적이고 조금씩 하게 되면서 새로운 자유를 느끼게 되었다. 나는 계속 바쁘고 피곤했고, 새로운 일에 많은 시간을 할애할 수 없었다. 그러나 매일의 생활에서 작은 일들을 지속적으로 행함으로 말미암아 시간이 지나면서 좋은 결과들을 얻게 되었다.

당신이 소명의 길로 나아가는 데 바로잡아야 할 것들은 무엇인가? 뒤쳐진 것들은 무엇인가? 작은 일들을 미루지 않고 꾸준히 할 때, 당신은 당신에게 오는 큰 기회들과 도전들을 감당할 수 있게 된다. 당신은 회피하지 않고 계속 반응하게 될 것이다. 당신이 시작만 한다면 긍정적인 변화를 가져오는 것은 매우 쉽다. 모든 사람들의 가장 큰 문제는 미루는 것이다.

내가 다른 사람들이 소명의 삶을 살도록 돕는 책을 쓰고 연구하기로 생각했던 것은 2005년이다. 그 이후로 나는 많은 여행을 했고, 연구를 하거나 책을 쓸 만한 시간이 많지 않았다. 내가 할 수 있는 작은 일들을 생각하게 되었다. 그리고 몇 년이라는 시간이 걸리기는 했지만 책을 마무리할 수 있었다. 나는 이 년이라는 시간을 통해 연구를 마쳤고, 전체 원고를 썼으며, 이 책의 기본적인 코스이며 수천 명의 삶을 돕게 된 '당신의 삶의 목적을 증가시키라'를 완성했다. 내가 이 큰 프로젝트에 대해 낙심하여 돌파해야 한다는 생각을 하지 못하고 작은 일들을 행하지 않았다면 여전히 죄의식 속에 있을 것이며, 당신은 이 책을 읽을 수도 없었을 것이다.

만약 당신의 삶을 바꾸는 것이 이렇게 쉽다면 왜 많은 사람들이 그렇게 하지 못하는 것일까? 이것은 어려움의 정도나 지적인 결핍 때문이 아니다. 믿거나 말거나 그것은 그들이 그것을 할 수 있다고 인식하지 못하기 때문이다. 그들은 바쁜 일정 가운데 따로 시간을 내 앉아서 고민하지 않고 하루하루의 일과들을 달성해 가면서, 그들이 원하는 인생으로 살아갈 수 있다. 지금 당신의 삶 가운데 일어나고 있는 것들은 이전에 이루어진 결정들과 반복되는 삶의 결과물이라고 할 수 있다.

> 긍정적인 삶의 변화를 가져오는 비밀은 좋은 결정을 하는 것을 배우는 것이다. 이것은 당신의 삶을 발전시킬 새로운 단계들을 가져오게 되며, 당신에게 좋지 못한 일들을 멈추게 한다.

　당신의 삶의 환경은 또한 당신이 무엇을 할 수 있는가를 믿는 것에 영향을 받게 된다. 하나님은 무한하신 분이다. 당신이 그분의 형상대로 지음을 받았으므로 그분의 영과 사랑 그리고 무한한 능력을 통해 이룰 수 있다. 당신의 삶에 있어서 지금 당장에 이루어지는 것은 거의 없다. 한 예로 당신이 몸매를 가꾸고 싶다면 이것은 하루아침에 이루어지지 않는다. 이것은 그 목표를 향한 노력이 필요하다. 대부분의 사람에게 가장 어려운 것은 시작하는 것이다.

　나는 이 돌파의 삶의 개념을 붙잡았을 때 짧은 시간 동안에 놀라운 변화들을 보기 시작했다. 작은 일을 하루 혹은 일 중에 하나씩 하면서 당신의 원하는 목표를 위해 다가가라. 만약 당신이 "작은 하나의 일"을 몇 주 혹은 몇 달에 걸쳐 꾸준히 한다면 당신이 상상한 것보다 훨씬 더 큰 것들을 보게 될 것이다. 결과직으로 여러분은 낙심이 이닌 승리를 맛보기 시작할 것이며, 엄청난 삶의 변화를 보게 될 것이다. 가장 놀라운 일은 여러분의 주변 사람들 또한 그것에 대해 인식하게 될 것이다.

당신은 특별한 계획가나 조직가가 아니어도 된다. 나의 가장 큰 약점 중 하나는 조직하고 그것을 이끌어 나가는 것이다. 이 일에 대한 방법을 찾고 일을 하였지만 아직도 더 많은 노력이 필요하다.

때로는 내가 상황을 조정할 수 없기 때문에 희망이 없다고 느낄 때도 있었다. 예를 들면 당신은 다른 사람이나 직장 상사 때문에 일을 하기가 어렵다고 할 수 있다. 그에 대한 대안으로 당신은 다른 직장으로 옮기든지 아니면 당신의 태도를 바꿀 수 있다. 만약 당신이 그 상황에 대해 바꿀 수 있는 능력의 부재로 인하여 어려움을 겪는다면 그것에 대한 관점을 바꾸도록 해 보라.

> 하나님께서는 무한하시므로 하나님의 무한하신 능력을 통해 행할 수 있다.

당신은 삶은 성취가 아니라 질적인 변화와 목적을 찾고, 하나님께서 허락하신 우리의 소명을 찾는 것이라고 말하는 것을 이해하기 바란다. 만약 당신이 하나님의 사랑과 능력 안에서 일한다면 결코 잘못될 일이 없다.

나는 집회 강사이며 사역자인 샤넬 울버톤Sharnael Wolverton에게서 이 메일을 받았다. 그녀는 지난 이 년 동안 책을 쓰려고 노력해 왔다. 그녀는 지식과 능력이 있음에도 불구하고 책을 쓸 수 없음에 의아해 하고 있었다. 그러던 중 나의 돌파의 삶에 대한 이야기 듣게 되었다. 나는 "당신은 무엇을 미루는가?"에 대해 이야기를 했다. 그녀는 그 자리에서 책을 쓰는 것에 대해 마음의 결정을 내리고 놀랍게도 그 초본을 3주 안에 쓸 수 있었다. 그녀의 문제는 능력abliity이 아니라 어떻게 시작하는지를 몰랐던 것이다. 결정을 내리고 작은 단계들을 이행하며 또 다른 책 두 권을 쓸 수 있게 되었다.

긍정적인 삶의 변화를 가져오는 비밀은 좋은 결정을 하는 것을 배우는 것이다. 당신이 정기적으로 그렇게 한다면 금세 자연스럽게 될 것이다. 이것은 삶의 여정이지만 간단하며 동일하다. 변화를 통해 시작이 된다. 테레사 수녀가 말하기를 "큰 사랑과 함께 작은 일들을 행할 때 세상을 바꿀 수 있다"고 했다. 당신의 삶의 질을 변화시킬 수 있을 때 당신은 주변의 사람들에게 좋은 영향을 줄 수 있게 된다.

적극적인 자세는 당신이 소명의 길로 나아가는 데 있어서 더 빨리 갈 수 있게 해 준다. 하나님과의 깊은 관계, 사랑을 할 수 있는 능력의 강화, 성품의 훈련, 부르심에 대한 이해는 당신이 소명의 길로 나아가는 데 있어야 할 것들이다.

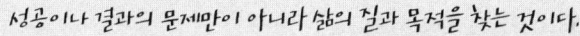
성공이나 결과의 문제만이 아니라 삶의 질과 목적을 찾는 것이다.

모든 사람들이 우리를 묶고 있는 것들로부터 자유롭게 되는 돌파의 삶을 발전시켜 가는 것에 동의를 한다. 그러한 변화를 가져오기 위해서는 그저 좋다는 생각으로 끝나는 것이 아니라 행동으로 옮겨가야 할 필요가 있다. 이것이 말로만 하는 자들과 구별되게 하는 것이다.

Exercise 3
뒤집기

부정적 상황을 하나님의 완전한 뜻에 맞추어 뒤집는 것은 중요하다. 주기도문의 "하늘에서와 같이 땅에서도"와 비슷하다. 우리 자신이 천국의 시각을 갖도록 한다. 그러므로 하나님이 우리에게 원하시는 것과 동의한다. 하나님의 길은 우리 길과 다르다. 하나님 나라에서는 모든 것이 가능하다는 진리에 근거하여 우리의 어떤 상황도 선으로 바꿀 수 있다.

1. 현재의 삶 속에 부정적이거나 바뀌는 것이 불가능할 것 같은 일을 몇 가지 적어라.

2. 그 부정적인 것의 반대가 무엇인가? 빚진 것 ? 부요함, 병- 건강. 그러한 것들을 적어 보라.

3. 하나님께 부정적인 상황을 긍정적으로 바꾸어 달라고 기도한다. 하나님의 완전한 뜻 안에 있는 자신의 모습이 부정적인 모습을 덮을 때까지 본다. 이제 하나님이 변화를 주시고 기적을 행하시는 것을 목도 한다.

컴퓨터에서 작업을 하려면 웹사이트 www.personaldevelopmentgodsway.com 에서 서식을 다운로드 받을 수 있다.

CHAPTER 4

견고한 토대를 세우라
BUILDING A GOOD FOUNDATION

Personal Development God's Way

표면 밑의 것들

이 세상의 모든 사람들은 삶에 있어서 자신의 소명이나 목적을 발견하기 원한다.

그것을 시작하기 가장 쉬운 것은 매일의 생활을 통하여 당신의 소명의 삶이 형성되고 있다는 것을 인식하는 것이다. 당신의 삶 가운데서 그것이 긍정적이든 아니면 부정적이든 규칙적으로 행해지는 것들을 통하여 삶의 토대가 형성되게 된다.

나는 좋은 예를 들기 위해 가장 최근에 나온 영화를 찾아보려고 하였지만 좀 오래된 영화인 '가라테 소년' *Karate Kid*이 적합하다고 생각한다. 스승인 미아기가 다니엘을 가르치기 위해 처음에는 차에 왁스를 칠하는 법과 담장에 페인트를 칠하는 육체적인 일을 시킨다. 차에 왁스를 칠하고 닦고 하는 운동을 통해 배운 자세를 통하여 결국 가라테 대회에서 우승을 하게 된다.

성경에서 보면, 다윗은 이스라엘 군대를 조롱하는 거인 골리앗을 대적하고자 한다. 다윗은 어렸고, 이 일을 감당하기에는 다른 사람들에 비해 몸집이 작았다. 다윗은 사울 왕에게 이야기하기를 아버지의 양을 지키기 위해 사자와 곰과도 싸웠은즉 살아계시는 하나님의 군대를 모욕한 이 할례 받지 않은 블레셋 사람이리이까 하며 골리앗을 두려워하지 않았다(삼상 17:36). 다윗은 그의 개인적인 삶을 통해 양을 지키는 일들을 했기 때문에 그 거인을 물리치고, 본인의 소명의 길로 나아갈 수 있었다.

> 매일매일의 생활을 통하여 당신의 소명의 삶이 형성되고 있다.

몇 년 전 캘리포니아의 산타모니카에 위치한 내 사무실 건너편에 아주 큰 건물이 건축되고 있었다. 나는 공사 현장에서 그 건물이 완성되었을 때의 조감도를 볼 수 있었다. 그 담장 너머로 토대를 위해 땅을 파는 가운데 많은 먼지와 소음이 있었다. 만약 그 조감도가 없었다면 결코 무엇이 세워지고 있는지 알 수 없었을 것이다. 많은 시간이 지나고, 많은 작업이 끝난 후에는 사람들을 위한 건물이 그 곳에 서게 되었다. 만약 그 일을 서두르기 위해 많은 공정을 생략하고 단축하려고 하였다면 나중에 큰 문제를 야기하게 될 것이다.

이것은 마치 우리의 인생과 같다. 우리는 결과에 대해 늘 알 수는 없다. 결과를 무시한 채 우리는 좀 더 쉽고 빠르게 갈 수 있는 유혹을 받을 수 있다. 우리의 토대가 견고해지기 위해 시간이 걸린다는 것을 아는 것은 매우 중요하다.

> 나의 이 말을 듣고 행하지 아니하는 자는 그 집을 모래 위에 지은 어리석은 사람 같으리니 비가 내리고 창수가 나고 바람이 불어 그 집에 부딪히매 무너져 그 무너짐이 심하니라(마 7:26~27)

미래를 준비하고 삶의 견고한 토대를 세우기 위해 우리에겐 우리의 개인적인 생활에서 할 수 있는 것들이 있다. 나는 매일매일을 긍정적인 것에 집중하는 것으로 시작하라고 권면하고 싶다. 만약 여러분이 잠자리에서 일어나 바로 하루에 어떤 일들을 해야 하는지에 집중하고 그것을 위해 해야 할 일들을 생각한다면 많은 스트레스를 받게 될 것이다. 나는 그래서 그런 삶을 "스트레스 오"Strees-O's라는 아침을 먹는 것과 같은 발상을 해 보았다. 나는 매일 스트레스와 아드레날린이 가득한 삶을 살았다. 그것은 그리 좋은 삶이 아니다.

더 효과적이고 좋은 방법은 하나님과 교제로 하루 일과를 시작하기 전에 긍정적인 것에 집중을 하는 것이다. 감사하게도 나는 이러한 습관을 신앙생활의 초기에 배울 수 있었다. 아침이든 점심시간이든 혹은 저녁이든지 당신에게 가능한 시간을 찾아라. 나는 개인적으로 아침형 인간이기 때문에 일찍 일어나지만 나의 아내는 반대로 늦게 일어나 내가 잠자리에 들어간 후 그녀의 일에 더 집중을 하거나 오후 시간에 한다.

많은 사람들이 분주하게 살고 있다. 그러나 몇 분이라도 시간을 떼어놓고 차분히 앉아서 그렇게 한다면 당신이 생각하는 것 이상으로 도움이 된다는 것을 알게 될 것이다. 당신에게 가장 효과적인 방법을 찾아라. 만약 집에서 그렇게 할 수 없다면 내가 몇 년에 걸쳐 했던 방법을 참조하기 바란다. 나는 집중할 수 있는 십 분이나 십오 분가량 주차시킬 수 있는 곳을 찾아 그곳에서 그렇게 했다. 하나님께 인도하심을 구하고 그 날에 당신에게 필요한 것을 구하라.

> 너희는 먼저 그의 나라와 그의 의를 구하라 그리하면 이 모든 것을 너희에게 더하시리라(마 6:33)

성경을 읽는 시간을 정하라. 기도는 형식적이거나 지루해야 할 필요가 없다. 이것은 내가 영적 삶의 초기에 배운 것으로 그렇게 나는 훈련했다. 아침묵상을 통해 그 하루 동안에 하나님께서 하신 일들이 나에겐 셀 수 없이 많다. 하나님은 우리에게 말씀하시기를 원하시며 그 방법으로 성경을 많이 사용하신다. 나는 이것이 당신의 삶에도 어떻게 적용이 되는지 알 것이라고 생각한다. 나는 많은 사람들이 기도와 성경을 읽는 것이 좋다는 것을 인정하지만 가장 중요한 것은 행함이라는 것이다.

하루는 내가 시편 37장을 읽고 있었다. 그날 나는 법적인 문제로 법원에 가야 했다. 33절을 읽게 되었는 데, 그 말씀은 "여호와는 그를 악인의 손에 버려 두지 아니하시고 재판 때에도 정죄치 아니하시리로다"였다. 내가 법정에 가서 알게 된 것은 내가 알고 있는 것보다 더 복잡한 것이었고, 변호사와 상의를 했어야 한다는 것이다. 나는 아침에 묵상했던 말씀을 기억하고 판사 앞에서 평안할 수 있었다. 판사는 이 문제가 잘못된 법정번호로 되어 있기 때문에 재판을 연장하였고, 그로 인해 나는 이것에 대해 준비할 수 있는 삼 개월이라는 시간을 얻게 되었다.

하나님과 교제하는 방법에는 여러 가지가 있다. 때로는 성경을 통해서 이루어진다. 나는 묵상집이나 교재를 이용한다. 만약 하나님께 집중하는 시간이 지겹고 메말라 있다면 그 방법을 급진적으로 바꾸어 보라. 시편이나 잠언을 다른 번역으로 읽어 보라. 혹은 교재나 묵상집을 사용해 보라. 무엇인가 변화시킬 수 있는 것을 행하기 바란다.

긍정적 변화를 향한 긍정적 단계

하나님께서 당신에게 말씀하시는 것을 들을 수 있게 잠잠하라.

하나님께서 우리에게 말씀하실 때 작은 표현 혹은 작은 목소리로 말씀하신다. 때로는 사람들이 샤워를 하다가 하나님의 음성을 듣거나 하나님이 주시는 생각을 받을 때가 있는데, 이는 그때가 다른 일들로부터 구별되어 조용할 수 있는 시간 중의 하나이기 때문이다. 만약 내가 차분히 음성을 듣지 않는다면 하나님께서 내 안에 말씀하시고 인도하시는 것에 대한 표현을 놓치기 쉽다. 하나님께서는 우리 부부에게 캘리포니아 해안의 중간쯤으로 가기를 원하셨다. 나는 대충 이 지역에 대한 감은 있었지만 정확히 어느 도시를 이야기하시는지 알 수가 없었다. 어느 하루는 기도 중에 홀연히 내 안에 하나님의 음성을 들었다. "어느 배에 콜럼버스가 타고 있었느냐? 나는 솔직히 말해 그 답을 찾기 위해 구글을 사용하여 산타마리아라는 것을 알았다. 우리는 곧 산타마리아에 있는 교회로부터 오라는 제안을 받았다.

일기를 쓰라.

당신의 삶에 일어나는 것들은 일기를 통하여 알 수 있다. 가치 있는 삶은 기록할 필요가 있다. 당신은 하나님의 말씀과 기도의 응답 혹은 이 책을 통해 변화되는 것을 관찰하고 싶어할 것이다. 많은 사람들은 관찰하지 않기 때문에 일어난 모든 일들을 잘 인식하지 못한다. 나는 개인적인 생각에 대한 일기와 꿈의 일기, 그리고 보통 일기와 아이디어와 코미디에 대한 일기를 가지고 있다. 나는 그것들을 컴퓨터에 보관하고 암호장치를 해 놓아 언제든지 검색할 수 있도록 했다. 당신에게 맞는 방법을 찾으라. 그것을 노트에 기록하거나 철을 할 수 있게 하여도 좋다. 단지 꼭 하기를 원한다.

당신의 성취들에 대한 기록을 습관화하라.

이것은 당신의 성취와 기도의 응답, 그리고 흥미로운 일들을 포함한다. 당신은 그러한 일들로 정진하게 되고 그 일들이 일어나게 되지만 인식하지 못하게 된다. 당신의 승리와 성취들을 기념하므로 인해 격려가 되고 더 즐겁게 된다. 또한 여러분의 실수를 통해 어떻게 다른 방법으로 이루어 나갈 것인지 배울 수 있게 된다.

밤에 꾸는 꿈에 집중하라.

당신이 꿈을 이해하지 못할지라도 하나님은 당신에게 자주 꿈으로 이야기하신다. 꿈을 기록하고 그 꿈을 통하여 하나님께서 당신에게 하신 말씀에 대해 참고를 할 수 있게 된다. 몇 년 동안 연구하면서 우리가 밤에 꾸는 꿈을 통해 우리 인생의 비전이 드러나는 것을 알게 되었다. 나는 후에 다른 장에서 하나님의 음성을 듣고 꿈을 통해 우리가 소명의 길로 나아가는 것에 대해 썼다.

기도하는 시간을 내라.

어떤 이들은 하루 종일 하나님과 대화를 하며 기도를 한다고 내게 말한다. 그럼에도 불구하고 시간을 내어 기도하면서 하나님과의 대화와 당신에게 집중하는 것은 유익하다. 걷거나 차를 운전하면서 기도를 하라. 대개의 사람들은 기도할 때 머리를 숙이고 눈을 감아야 한다고 믿는다. 그러나 차를 운전하면서 그렇게 하지 않기를 바란다. 하나님은 우리와 친밀한 관계를 원하신다. 당신의 기도는 늘 "오늘의 할 일" 같이 의무적일 필요는 없다. 나는 종종 그런 대화를 통해 나의 마음과 감정을 하나님께 드러낸다. 만약 당신이 쓰는 것에 더 익숙하다면 기도를 적어보는 것도 괜찮다.

긍정적이고 밝은 음악을 들어라.

음악을 고를 때 당신에게 동기와 영감을 주는 노래를 선택하라. 음악은 당신의 기분을 정하고 감정의 변화를 줄 수 있다. 나는 주로 하루를 시작할 때 빠르고 흥겨운 노래를 듣는 데, 좀 더 내게 에너지를 주기 때문이다. 내가 휴식을 취할 때는 느리고 깊은 찬양을 듣는다. 아이팟이나 MP3 플레이어 혹은 인터넷 방송을 통해 여러분이 좋아하는 음악을 어디서나 들을 수 있다.

영감을 주거나 교육적인 오디오 강의를 들으라.

할 수 있는 한 당신의 마음과 영혼에 공급할 수 있는 방법을 찾으라. 나는 늘 책을 읽을 수 있는 시간적 여유가 없지만 청취를 하는 것은 조깅 중에도 가능하고 또 출퇴근 중에도 가능하다. 마치 운전시간이 학교수업 수강중이라는 생각을 해 보라. 오디오 강의를 선택할 때는 당신의 삶의 전반적인 영역; 직업, 감정, 대인관계, 취미 등의 다양한 분야를 고려해야 한다. 모든 영역에서 자라나는 것은 좋은 것이다.

창조적인 생각을 잡으라.

좀 다른 것을 하거나 일상에서 벗어나 보라. 자주 창조적인 생각이 우리에게 흘러올 때가 있지만 우리는 금세 그것을 잃어버린다. 자그마한 노트나 녹음기를 이용해 그러한 생각이나 일들을 기억할 수 있도록 적으라. 후에 그 목록들을 일기나 일지에 적을 수 있다. 내가 쓰는 또 다른 방법은 내가 나에게 문자나 전화를 남겨서 그것을 기억하는 방법이다. 나와 같이 종이나 노트를 잘 잃어버리는 사람들에게는 그런 방법이 효과적이다.

하나님의 창조물과 함께하는 방법을 찾으라.

자연은 우리의 건강한 삶에 매우 중요한 부분이다. 집이나 사무실에서 밖으로 나가 신선한 공기를 마시라. 아름다운 것들을 발견하라. 하던 것을 멈추고 동물들과 꽃들, 그리고 하늘의 구름을 즐기라. 이런 것을 통하여 하나님께 감사와 사랑을 표현할 수 있다. 나는 주로 걸으면서 기도를 하는 데, 그러면서 하나님과 소통하고, 창조물을 즐기며, 운동을 함께하는 일석삼조의 효과를 볼 수 있기 때문이다. 햇살과 신선한 공기는 당신에게 훌륭한 일을 하게 될 것이다.

다른 사람들과 소통하라.

하나님은 사람들과 더불어 살도록 우리를 창조하셨다. 만약 혼자 시간 보내기를 원하더라도 친구나 직장 동료와 점심을 함께 하라. 다른 사람과의 소통을 통하여 우리의 역경과 여정에 혼자가 아니라는 것을 알게 될 것이다. 만약 식당에 들어가서 식사를 하는 것과 음식만 주문해서 가지고 가는 것 중에 택하라면, 나는 식당 안에 들어가서 식사하는 것을 선택할 것이다. 그것은 내가 더 노력을 하여 다른 이들을 만나고자 하는 것이다. 당신도 모르게 격려가 필요한 사람에게 다가가 위로를 하게 될지도 모른다.

현재를 즐기라.

우리는 우리의 소명을 찾고 성취하기 위해 너무 미래 지향적으로 빠지기 쉽다. 우리는 하루하루를 즐겁게 살 필요가 있다. 시간은 하나님이 주신 선물이다. 우리가 결코 되돌릴 수 없는 것이다. 우리는 우리의 삶의 목적을 이루기 위해 혹은 꿈꾸는 직장을 얻기 위해 단지 기다리는 것이 아니라, 하루하루를 살아가면서 이루어 나가는 것이다.

우리는 늘 같아 보이는 우리의 삶의 상황에서 그것이 바뀔 수 있도록 기적을 바라는 기도를 하는 가운데 믿음과 상반된 상황을 보게 된다. 믿음은 우리가 삶에 있어서 보지 못하는 것을 볼 수 있게 하는 데 필요하다. 우리는 미래를 포기하지 않지만, 우리 모두에게 있어 도전은 더 나은 미래의 삶을 찾는 동안 지금 현재의 삶을 즐겨야 한다는 균형 속에 있는 것이다.

지속적으로 간단한 일들을 꾸준히 함으로 인해 엄청한 삶의 결과를 가져오게 된다. 견고한 토대를 지을수록 더 큰 건물을 지을 수 있는 것이다. 시간이 걸리더라도 기초를 놓을 때 가장 중요한 원칙을 따라 당신의 삶의 토대를 깊고 견고하게 하라.

삶의 세 가지 사랑

좋은 삶의 가장 중요한 요소는 사랑이다. 이것에 대해 다 좋다는 것은 알고 있지만 아무도 우리의 행동을 보고 있지 않는 순간에도 적용하고 훈련하는 것이 필요하다. 한번 당신의 사랑이 어떻게 표현되는지 시험을 해 보기 위해 운전대를 잡고 있는 자신을 살펴보기 바란다. 걷거나 다른 상황에서 운전할 때, 당신은 다른 사람에게 대하는 것이 다른가? 한번 연세가 있으신 분 옆을 지나가며 "영감님, 좀 옆으로 비키시죠!"라고 소리치는 자신을 상상해 보라. 우리는 다른 사람과 떨어져 있는 차 안에서 좀 더 비인격적인 성향이 있다.

사람들에게 짜증을 내는 것이 그들을 사랑하지 않는 것일까요? 내가 이러한 문제를 좀 더 깊이 이해하고자 할 때, 나는 성경에서 예수님께서 그 부분에 대해 말씀하신 것을 보고 싶어 한다. 종교지도자들이 예수님께 묻기를 "모든 계명 중에 첫째가 무엇이니이까?"

> 네 마음을 다하고 목숨을 다하고 뜻을 다하고 힘을 다하여 주 너의 하나님을 사랑하라 하신 것이요 둘째는 이것이니 네 이웃을 네 자신과 같이 사랑하라 하신 것이라 이보다 더 큰 계명이 없느니라(막 12:30~31)

만약 가장 중요한 계명이 사랑이라면, 우리가 사랑 안에서 기초를 세운다면 무엇을 하든지 잘못될 수는 없을 것이다. 이전에도 그 말씀을 묵상했었지만 어느 하루 이 말씀에 대해 더 깊이 보게 되었고 실질적으로 세 가지의 다른 사랑을 말씀하시고 계신 것을 알게 되었다.

첫째는 하나님을 사랑하는 것이다. 거의 모든 사람들이 하나님을 사랑하지만 내적 깊은 곳에 무언가에 대한 분노를 가지곤 한다. 나는 세상에 있는 전쟁과 질병 그리고 죽음을 보면서 하나님을 원망하곤 했다. 하나님이 어떤 분이시기에 이런 일들을 허락하시는가? 그러던 중 하루는 하나님께서 우리를 너무 사랑하시기 때문에 우리에게 그분의 사랑을 수용하든지 아니면 거부할 수 있는 자유의지를 주셨다는 것을 응답으로 받았다. 만약 하나님께서 우리에게 사랑을 강요하셨다면 그것은 사랑이라고 할 수 없을 것이다.

지구상에 있는 모든 사람들은 하나님의 사랑을 선택할 수 있다. 슬프게도 사람들 중에 사랑을 받지 못한 자들이 있다. 그들은 무례하며 다른 이들을 해하려 한다. 사단과 어둠의 세력은 사랑의 능력을 알지 못하게 한다. 당신은 좋지 않은 상황들을 통하여 당신의 성품을 개발해 나아갈 수 있다.

나는 나에게 있었던 많은 어려운 시간들이 나를 훈련시키는 선물들이었다고 생각한다. 그러한 것들을 다시 경험하고 싶지는 않지만, 그러한 일들을 극복하지 못하고서 어떻게 내가 다른 사람들을 돕는 것이 가능하겠는가? 사실은 "하나님은 사랑이시다"(요일 4:8)이며, 당신이 하나님의 이러한 성품을 이해할 때 하나님의 동기에 대해 의심하지 않게 된다.

두 번째로 예수님께서 언급하신 사랑은 이웃 사랑이다. 내가 생각하기로는 이웃보다도 더 사랑하라는 말씀으로 들리지만 다른 이들에게 사랑을 보여 주는 것을 배우라는 것 같으며, 그것은 당신 차량 옆에 있는 차에 있는 사람들도 포함한다. 다른 사람을 사랑한다는 것은 친절하고, 인내하며, 이해하는 것을 의미한다. 만약 모든 사람이 사랑을 드러낸다면 전쟁은 줄어들 것이고, 폭력과 질병으로부터 오는 죽음도 줄어들 것이다.

사람들에게 친절을 베풀고 사랑한다는 것은 노력이 필요하고, 그 노력은 당신을 불편하게 할 것이다. 내가 좀 전에 언급한 대로 진정한 사랑이 가능한지 아닌지는 운전대 뒤에서 어떻게 당신이 행동하는가를 보면 알 수 있다고 했다. 나는 샌프란시스코와 L.A.에서 이십 년이 넘게 살았다. 아마도 내 인생에 삼분의 일은 교통체증에서 보냈던 것 같다. 어떤 사람이 무례하게 당신 앞으로 끼어들어 온다면 첫 번째 드는 생각은 그렇게 좋은 것이 아닐 것이다. 그러나 만약 그 사람의 가족 중에 한 명이 병원에서 위독한 상황이라면 당신의 태도가 달라지겠는가? 그렇다, 그 일은 당신의 태도를 바꾸게 될 것이다. 나라면 그들에게 더 빨리 갈 수 있도록 도움을 줄 것이다.

그럼에도 불구하고 세상에는 무례한 사람들이 여전히 있다. 그들은 인생에 있어서 상처와 분노, 그리고 좌절을 통해 그렇지 않은 우리에게 까지 영향을 주게 된다. 나는 그러한 사람들을 위해 기도할 때 그러한 부정적인 영향력에 걸려들지 않도록 최선을 다한다. 명심할 것은 다른 사람으로 인해 당신의 평안을 빼앗기지 말기 바란다.

세 번째 사랑으로 예수님께서 말씀하신 것은 당신 스스로를 사랑하는 것이다. 많은 사람들이 이 구절을 읽으며 놓치는 부분일 것이다. 우리가 우리 스스로를 사랑하는 것은 매우 중요한 일이다. 이것을 이해하지 못하는 사람들은 낮은 자존감으로 고생을 많이 한다. 또 어떤 사람들은 자신을 너무나 사랑한 나머지 겸손을 잃고 자만하게 된다. 모든 것이 그렇듯이 여기도 균형이 있어야 한다.

그러나 요한복음 13장 34~35절에서(15장 12~14절까지 반복) 예수님께서는 그의 제자들에게 새로운 계명을 주신다.

> 새 계명을 너희에게 주노니 서로 사랑하라 내가 너희를 사랑한 것같이 너희도 서로 사랑하라 너희가 서로 사랑하면 이로써 모든 사람이 너희가 내 제자인 줄 알리라(요 13:34~35)

내가 믿기로는 이 구절이 너무 오래 간과되어져 왔고, 이제는 실천에 옮겨야 한다는 것이다. 주님이 우리를 사랑한 것 같이 다른 사람들을 사랑하는 것이 부활의 능력이요 진정한 마음의 변화의 계시이다. 나의 의견을 말하는 것이다.

불행히도 어떤 말씀은 일부 기독인들을 너무 난해하게 만드는 경우가 있다. 한 예로 세례 요한이 예수님이 흥해야 하고 자신은 쇠하여야 한다는 말씀이다(요 3:30). 이 말씀은 우리 자신이 의미 없는 존재로 남아야 한다는 것이 아니다. 현실 속에서 만약 당신이 선하신 하나님의 임재로 더 채워지지 않는다면 쇠하여질 수 없다는 것이다. 만약 하나님이 없이 쇠하여지기를 노력한다면 결국 당신은 아무것도 없는 텅 빈 결과를 보게 될 것이다. 그것은 잘못된 겸손이다.

우리 스스로를 사랑하는 것이 중요한 이유는 우리가 하나님의 사랑을 받지 못하면 사랑을 남들에게 줄 수 없기 때문이다. 만약 당신이 당신 스스로를 얼마나 사랑하고 있는지를 알기 원한다면 속사람과 대화를 통해 알 수 있다. 당신은 잘 인식하지 못하겠지만 당신이 속사람에게 계속해서 말해 온 것이 설령 사실이 아닐지라도 당신 스스로가 진실로 믿고 있는 것이다. 다른 장에서 이 속사람과의 대화를 어떻게 바꾸는지와 생각의 패턴을 통해 우리의 소명으로부터 어떻게 멀어지게 하는가에 대해 언급할 것이다.

세 가지의 G 나무

자, 이제 여러분의 토대를 견고하게 해 줄 세 가지의 영적 원리들을 살펴보고자 한다. 나는 그것을 G나무라고 한다(이 세 가지 원칙의 알파벳 시작이 G이기 때문, 역자 주).

첫 번째는 은혜Grace이다. 은혜는 단지 침착함이나 완전한 균형을 이야기하는 것이 아니다. 또한 식사하기 전 기도하는 것도 아니다. 그것은 실질적인 삶의 질적 영역으로서 세상을 바꾸는 것이다. 은혜는 사람을 끊어내는 것이 아니라 사람들의 태만함을 끊어버리는 것이다. 이것이 우리로 하여금 사람들을 용서하게 해 주는 강력한 영적 원리이다. 은혜는 우리가 다른 사람들이 어떻게 견디어 왔고 느끼는지에 대해 이야기를 듣고 이해하도록 우리를 침착하게 해 준다. 은혜는 우리가 인내할 수 있도록 도우며 훌륭한 성품을 갖도록 하게 하는 출발이다.

우리를 향한 하나님의 사랑은 어떠한 조건이 없는 선물이다. 이것을 일컬어 하나님의 은혜라 말하곤 한다. 우리는 이러한 은혜를 다른 사람에게도 끼쳐야 한다.

> 그러므로 무엇이든지 남에게 대접을 받고자 하는 대로 너희도 남을 대접하라(마 7:12)

두 번째로는 감사 Gratitude이다. 우리의 삶에 감사가 있을 때 모든 것에 감사할 수 있다. 당신은 하루하루가 그냥 주어지는 것이 아니라 선물이라는 것을 알아야 한다. 당신은 당신에게 주어진 것에 대한 감사로 인하여 사랑할 수 있는 방법을 찾아보기 시작해야 하며 다른 사람들과 소통해야 한다.

감사는 마치 하나님과 주위의 사람들에게 빚을 진 것과 같은 것이다. 당신은 하나님께 그 빚을 갚을 수 없기 때문에 그것을 다른 사람들에게 무상으로 환원하는 것이다. 감사는 각각의 상황에 대해 최고의 것을 볼 수 있게 하며, 그러므로 모든 삶의 부분에 감사할 수 있게 되는 것이다. 영화 '아름다운 세상을 위하여' Pay it Forward를 기억하는가? 열두 살짜리 소년 트라보는 사람이 선하다는 것을 믿고 선행을 통해 세상을 바꾸고자 한다. 다른 이들에게 친절을 받은 사람이 또 다른 도움이 필요한 사람을 도움으로 인해 결과적으로는 엄청난 변화를 가져오게 된다.

사도 바울이 말한 비밀은 바로 감사이다

내가 비천에 처할 줄도 알고 풍부에 처할 줄도 알아 모든 일 곧 배부름과 배고픔과 풍부와 궁핍에도 처할 줄 아는 일체의 비결을 배웠노라(빌 4:12)

감사를 통해 세 번째 G인 관용Generosity으로 연결이 된다. 관용은 영적인 원리인 드림giving을 넘어서는 것이다. 당신은 "주는 것이 받는 것보다 복이 있다"(행 20:35)라는 말씀을 들어왔을 것이다. 이 원리가 당신의 삶의 뿌리가 되어, 받기 위해 주는 것에서 주는 것이 선한 일이기 때문으로 바뀌어야 한다. 그렇게 드리는 것은 참 기분이 좋다. 그러므로 당신은 남을 돕는 자리로 나올 수 있고, 그러한 삶에는 풍요로움이 있다. 주는 것을 인하여 당신의 삶에 매력이 창출되고, 축복을 당신의 삶으로 가져올 수 있다.

불행하게도 몇몇 설교자와 TV복음전도자들이 헌금을 위해 이것을 악용하는 경우가 있다. 이러한 일로 인해 자유롭게 헌금을 드리고자 하는 사람들에게 좋지 않은 경험을 하게 하는 경우가 있다. 이 관용의 원칙과 드림은 돈을 넘어서는 일이다. 당신의 시간과 에너지, 사랑과 관심, 그리고 자원을 드리는 것이다. 이것은 단지 당신이 그런 것을 가지고 있어서 도움이 필요한 남들을 돕는 것이 아니라 그들이 그것을 필요로 하기 때문이다.

주라 그리하면 너희에게 줄 것이니 곧 후히 되어 누르고 흔들어 넘치도록 하여 너희에게 안겨 주리라 너희의 헤아리는 그 헤아림으로 너희도 헤아림을 도로 받을 것이니라(눅 6:38)

심고 거두는 법칙

은혜와 감사와 관용은 매우 중요한 영적 원리들이다. 당신은 심은 대로 거두게 된다(갈 6:7). 당신이 한 행동이 당신에게 되돌아온다. 이것은 우리가 회개한 죄에는 해당되지 않는다. 많은 사람들이 이 사실이 그들에게 얼마나 큰 영향력을 미치고 있는지 잘 모르는 데, 그 이유는 돌아오는 데 시간이 걸리기 때문이다. 당신은 심은 식물을 통해 수확을 하기까지는 일정 기간이 걸린다. 매일매일 하는 일들이 현재에는 영향을 주지 않지만 나중에는 영향을 미치게 된다. 당신이 사랑과 감사와 관용에 기인한 선한 일들을 매일의 삶에서 행하기 시작한다면 그러한 양질의 삶으로 넘치게 될 것이다. 이것은 당신이 드리는 삶을 계속하는 한 멈추지 않는다.

이것이 당신의 삶에 있어서 가장 **빠른** 변화를 체험할 수 있는 것이다. 지금부터 의도적으로 사랑과 은혜 그리고 감사를 드리고, 가능한 할 수 있는 만큼 관용을 베풀라. 만약 그것을 계속 하면 사람들이 당신을 다르게 대할 것이고, 모든 것들이 당신에게 흘러올 것이다.

내 친구 탐Tom은 매번 출장을 다닐 때마다 비행기 좌석으로 인해 불평을 하곤 했다. 그는 늘 불편한 중간 좌석이며, 뒤에서는 갓난아이가 울었다. 그에게 내가 여러분에게 나눈 이 원칙을 설명해 주었다. 그는 승무원들에게 칭찬을 하기 시작했고, 운전하지 않고 비행기로 갈 수 있음에 감사하기 시작했다. 단지 그의 태도만 변한 것이 아니라 일 년에 스물다섯 번 이상 일등석으로 업그레이드가 되었는데, 그것은 불평이 아니라 그의 영적 기후를 바꿨기 때문이다. 탐은 사랑과 은혜 그리고 관용과 같은 긍정적인 것들을 주기 시작했다. 그의 토대는 견고해졌고 좋은 시간들을 보내게 되었다.

당신은 당신의 삶을 통해 너무나 많은 것을 이룰 수 있다. 사업을 시작하고, 학교에 다니고, 결혼을 하며, 가정을 꾸리고, 집을 구입하며, 책을 쓰고, 빚을 갚고, 체중을 감량하고, 또 여러분이 원하는 그 무엇을 말이다! 명심할 것은 사랑과 은혜와 감사의 토대 위에 세워져야 한다는 것이다. 하나님과의 친밀한 관계 가운데 인생의 토대를 만들어 당신의 계획을 이루고 의미 있는 것들로 채우라.

**Exercise 4
토대를 견고히 하라**

당신의 삶의 토대를 견고히 하기 위해서 오늘 할 수 있는 일이 무엇인가? 오늘 하는 일을 통해서 당신의 소명이 결정되는 것을 기억하라. 이 장에서 언급한 일이 습관화 되려면 연습이 좀 필요할 것이다. 정기적으로 하게 되면 그것들은 자동적이 될 것이고, 생각을 안 해도 행하게 될 것이다.

이런 질문을 하면서 시작하라.

1. 오늘 누구에게 사랑을 보여 줄까?

2. 오늘 누구에게 은혜를 베풀까? 나를 괴롭히는 사람을 생각해 보라. 단순하게 축복할 방법을 찾으라.

3. 오늘 무엇이 감사한가?

4. 누구에게 너그러움을 베풀까?

5. 하나님과 함께 하기 위해서 내가 정기적으로 하는 것은 어떤 것이 있는가? 나의 체험을 더 풍요롭게 하기 위해 내가 바꿀 수 있는 것이 있을까?

6. 지금까지의 배운 내용을 적어도 세 사람과 나누라. 새로운 일을 결단할 때마다 누군가에게 말하라. 누군가가 지켜준다면 변화가 더 빨리 올 것이다.

컴퓨터에서 작업을 하려면 웹사이트 www.personaldevelopmentgodsway.com 에서 서식을 다운로드 받을 수 있다.

CHAPTER 5

목적과 소명
PURPOSE AND DESTINY

Personal Development God's Way

나는 집회와 강의를 통해 많은 사람들을 만난다. 나는 그들의 삶의 여정과 이야기를 들음으로 사람들을 관찰할 수 있는 기회가 많이 있다. 사람들의 질문 중 가장 많은 것은 어떻게 그들의 소명의 길을 알 수 있느냐 하는 것이다. "어떻게 내 삶에 있어서 해야 할 일들을 명확하게 알 수 있죠?" 많은 사람들이 정체되어 있고, 무엇을 해야 할지 모른다고 말을 한다.

사람들은 자주 내가 진행하는 세미나에 오거나 그들의 코치로 나를 고용하고 그들의 소명이나 무엇을 해야 하는지에 대해 말해 달라고 한다. 만약 내가 그것을 알고 그들에게 말할지라도 그들의 인생은 그렇게 많이 바뀌지 않을 것이다. 왜냐하면 우리는 대부분 경험으로부터 배우며, 여정을 통해 자라게 된다. 하나님의 부르심을 스스로의 삶에서 발견하게 될 때, 그것에 대한 주인의식을 가지게 되며 무엇을 하여야 하는지를 알게 된다. 당신만이 그것을 이룰 수 있는 사람이다. 내가 아는 것은 많은 사람들이 벌써 시작을 했거나 그 다음 단계로 나아가고 있다는 것이다. 단지 그들이 필요한 것은 앞으로 나아갈 수 있도록 격려를 하는 것이다.

삶의 목적과 소명의 길은 마치 "점선 잇기"를 하는 것과 같다. 전체 그림을 볼 수는 없으나 당신이 할 수 있는 것은 다음 점으로 선을 그리는 것이다. 결과로 바로 건너뛸 수는 없다. 내가 격려하고자 하는 것은 만약 당신의 삶이나 현재 상태에 있어서 혼란스럽거나 만족하지 않는다면 그것은 여러분이 매우 잘 가고 있다는 것이다. 불만은 당신이 더욱 더 갈망하게 만들기 때문에 나쁜 것만은 아니다. 대부분의 사람들은 삶에서 무언가를 찾기 위해 영감을 받고 열정적으로 성취하는가 하면, 다른 이들은 그들의 목적을 찾는 여행을 힘겨워 한다. 영감을 통해서든 또는 만족하지 못하든지, 무엇을 통해 동기부여를 받는가는 중요하지 않다. 중요한 것은 무엇인가를 하는 것에 있다.

불만은 당신이 더욱 더 갈망하게 만들기 때문에 나쁜 것만은 아니다.

성경에는 불만을 통해 그들의 큰 목적을 발견한 예가 몇 가지 있다. 야곱은 라반으로부터 부당한 대우를 받게 되면서, 그의 형을 만나기 위해 고향으로 돌아가기로 결정하게 되었다. 다니엘은 바벨론의 포로된 것에 불만을 품고, 예레미야 선지자의 글을 읽다가 포로생활이 곧 끝나게 될 것을 알게 되었다. 그래서 그는 회개의 기도를 하고, 이스라엘 민족을 풀어 달라고 하나님께 기도를 드렸다. 느헤미야 또한 예루살렘의 성벽이 재건되지 못하는 것을 보고 불만족하여 왕에게 그것을 할 수 있도록 허락을 받았다. 그리고 그 성벽은 오십이 일 만에 재건되었다.

나는 성경에 있는 이야기를 통해 만족하지 못함으로 혼란스러운 상황을 어떻게 급진적으로 바꾸게 되었는지 말하고 있다. 다윗과 그의 군사들을 보고자 한다. 다윗의 소명은 이스라엘의 왕이 되는 것이었지만 그를 반대하는 악한 왕을 통해 그는 죽음의 위기도 경험하게 된다. 다윗은 그의 부르심으로 나아가기 위해 도움이 필요했다. 그에게 있는 것이라고는 사회로부터 소외된 무리뿐이었으며, 그들은 아직 다윗과 함께 어떤 큰 일을 할 수 있는 상태는 아니었다. 그들에 대한 표현을 보면 그다지 근사해 보이지 않는다.

> 환난 당한 모든 자와 빚진 자와 마음이 원통한 자가 다 그에게로 모였고 그는 그들의 우두머리가 되었는데 그와 함께한 자가 사백 명 가량이었더라(삼상 22:2)

그들이 단지 사백 명이라는 숫자에도 불구하고 큰 상대를 무찌를 수 있었던 것은 하나님께서 그들에게 주신 비전에 집중했기 때문이다. 참 재미있는 것은 말씀에서 언급하고 있는 환난당하고 빚지고 마음이 원통한 자들이 현대인들과 비슷하다는 것이다.

하나님께서는 우리가 좀 더 확실하게 비전과 열정, 그리고 삶의 목적을 보며 그 가능성에 다가가기를 원하신다. 하나님은 우리가 삶의 목적을 통하여 힘을 얻기를 원하신다.

결과는 우리가 무엇을 위해 사는가에만 있는 것이 아니라 무엇을 위해 죽을 수 있는지를 찾는 것이다. 소명과 목적을 찾는 것은 우리가 누구이며 왜 창조되었는지를 이해하는 것이기에 매우 중요하다. 그것은 우리 자신보다 더 큰 무언가에 속하게 되는 갈망을 만든다. 아마도 당신은 다른 사람의 필요를 채우거나 언어의 표현으로 도와야만 한다는 느낌을 가질 수도 있다. 특별히 현재 고난 속에 있다면, 모두가 자신의 삶의 목적을 알기 원할 것이다. 우리의 고통이 헛된 것이 아니라 우리와 같은 고난을 받는 자들을 도울 수 있기 위함이라는 것을 안다면 얼마나 좋을까?

당신의 삶의 목적은 무엇인가?

나는 삶의 목적에 대해 아주 다르게 정의하는 것을 들어왔다. 요약해서 말하자면, 당신의 삶의 목적은 당신의 영적 개발과 하나님의 성품으로 성숙해 나아가는 것을 포함하는 독특한 과제이다. 그런 과정에서 당신은 남들을 동일하게 도울 수 있다. 만약 우리 모두가 이 일에 헌신을 한다면 우리는 양질의 삶을 살게 되고 이 세상은 더욱더 살기 좋은 곳이 될 것이다.

당신이 삶에서 무엇을 하고, 어떤 직업을 원하며, 무엇을 위해 일하는 것이 중요한 것이 아니라 당신의 목적이 분명해지고 삶의 영적, 감정적, 그리고 관계적인 모든 과정에서 성숙해지는 것이 중요하다. 당신의 개인적인 성숙이 우선이 되어야 하며, 이것은 마치 교회에 가끔 가는 것처럼 해서는 안 된다. 예수님은 이러한 개념을 세 가지 성경 구절을 통해 말씀하고 계신다.

> 인생에 있어서 무엇을 하고, 어떤 직업을 원하며, 무엇을 위해 일하는 것이 중요한 것이 아니라 우리의 목적이 분명해지고, 성품이 나아지고, 다른 사람들도 그와 같이 되도록 돕는 것이 중요하다.

- 예수님께서 말씀하시기를 "나를 따라오라…"(마 4:19). 당신은 삶의 어떤 변화 없이 주님을 따를 수 없다. 우리가 주님을 따르기 시작할 때 우리 자아의 성숙이 우선순위가 된다.

- 예수님께서 말씀하시기를 "네 마음을 다하고 목숨을 다하고 뜻을 다하여 주 너의 하나님을 사랑하라"(마 22:37~40). 우리가 하나님과 우리 자신 그리고 다른 사람을 사랑할 때 하나님의 성품이 우리 안에서 개발된다.

- 예수님의 마지막 말씀 중에 "…분부한 모든 것을 가르쳐 지키게 하라"(마 28:19~20). 만약 당신이 예수님을 따르기 위해 무언가를 배웠다면 다른 사람들을 도울 수 있다.

예수님은 목적에 대해 어떻게 말씀하셨나?

예수님께서 사역을 시작하실 때 하신 말씀을 보면 많은 사람들이 알고 있는 것보다 더 강력한 말씀을 전하셨다.

나를 따라오라 내가 너희로 사람을 낚는 어부가 되게 하리라(막 1:17)

이 말씀에는 공통된 점이 있는 데, 예수님의 제자가 된 어부들은 결국 리더가 되었다. 예수님은 종교적인 선생이었지만 그들이 예수님을 따르기 위해 전문적인 선생이나 랍비가 되어야 한다고 말씀하시지 않았다. 하나님은 그들을 창조하신 모습 그대로 사용하기를 원하셨다. 당신의 목적과 여정은 특별한 여러분의 성품과 인생의 경험에 기초가 된다.

당신은 특별하게 창조되었다.

하나님은 우리 각자를 독특하게 만드셨다. 같은 유전자도 없고, 각자 지문도 다르며, 내리는 눈송이까지도 틀리고, 어떤 두 가지도 같은 것이 없다. 당신의 창조 과정을 한 번 생각해 보라. 아버지의 정자와 어머니의 난자가 수정이 되는 확률은 대개 5억 분의 1이다. 그런 경주에서 여러분은 승리를 했다. 만약 다른 정자가 먼저 수정이 되었다면 아주 다른 사람이 되었을 것이다. 당신은 특별할 뿐만 아니라 승리자로서 태어난 것이다.

우리를 특별하게 하는 것은 우리의 창조과정뿐만 아니라 우리가 어떻게 성장했는가와 무엇을 경험했는가를 포함한다. 사람들이 항상 성공할 만한 올바른 가정교육과 교육과정, 그리고 환경을 통해 인생을 살아가는 것은 아니다. 나는 대학을 가지 못했기 때문에 성공할 수 없을 것이라고 생각했었다. 내가 자라온 환경은 대학을 졸업한 사람을 더 인정해 주는 그런 곳이었다. 그것은 내게 큰 걸림돌이 되었지만, 그것이 나를 더 이상 나아가지 못하게 한다는 생각을 멈추있을 때 하나님께서 나를 특별하게 지으셨다는 것에 집중하게 되었고, 내가 하는 대부분의 일에 성공을 하기 시작했다.

우리가 하나님의 목적에 따라 특별하게 지음을 받았으므로, 왜 우리가 지음을 받았는지를 더 깊게 살펴보자. 이것이 하나님께서 우리에 대한 의도와 어떻게 더 깊은 관계를 유지하는지를 알려 준다. 우리는 하나님의 형상대로 지음을 받았고, 하나님이 세상을 창조하신 이래로 우리 역시 그 창조의 유산을 간직하고 있다. 우리는 우리의 목적과 소명이 하나님과 함께 동역함에 있다는 것을 알 필요가 있다

우리가 창조된 다섯 가지 이유

1. 하나님께서는 당신을 특별하게 지으셨다. 만약 하나님께 사랑받기 위함 그 이상의 다른 이유가 없다면 당신은 하나님께서 허락하신 삶을 그분께 되돌려 드리지 않아도 된다. 단지 하나님께서는 당신께 그 삶을 주기를 원하신다. 하나님께서는 당신에게 화가 나 있지도 않고 당신을 싫어하시지도 않는다는 것을 아는 것은 중요하다. 요한1서 4장 16절 말씀은 하나님은 사랑이시라고 하고 있다.

2. 당신은 공동체의 구성원으로 살도록 창조되었다. 당신은 친구, 가족, 동료 등의 다른 사람들을 통해 영적으로나 감정적으로 그리고 관계적으로 건강함을 유지할 필요가 있다. 그들도 당신이 필요하다(롬 12:4~5).

3. 당신이 창조된 주된 이유는 자라고 성숙하기 위함이다. 불행히도 많은 사람들이 학교를 마치면 배우는 것을 그만두게 된다. 하

나님은 우리가 발전하고 계속 자라도록 창조하셨다. 지속적인 발전을 위하여 스스로를 헌신한다면 당신이 소명의 길로 더 빨리 나아가게 될 것이다(빌 3:12~14).

4. 당신은 당신 자신보다 더 크게 기여하기 위하여 창조되었다. 나눔은 우리 인간의 필요에 가장 큰 요소이다. 당신이 당신 자신의 역량을 넘어 앞으로 나아간다면 당신 안에 있는 하나님과 만나게 된다(눅 10:30~37).

5. 당신은 궁극적으로 당신의 목적과 소명을 찾고 그것을 이루기 위에 창조되었다(엡 2:10).

목적과 소명의 차이점

때로 목적과 소명을 구분하는 것은 어렵다. 여러분은 내가 이 두 단어를 교대로 쓰는 것을 인식했을 것이다. 여러분을 혼란스럽게 하려고 한 것은 아니다. 사실은 소명과 목적은 굉장히 친밀한 관계이다. "목적" Purpose은 하나님으로부터 우리 스스로가 자라고 발전하는 것과 다른 사람을 도와 동일하게 살도록 하는 과제와 같다. 목적은 당신의 삶에 무엇을 하고 어떤 사람이 되는가 하는 것에 더 치중한다. "소명" Destiny은 당신이 가는 방향을 이야기한다. 당신의 소명은 그것이 긍정적이든 부정적이든 당신의 "목적지" Destination 혹은 "마지막 도착지"를 말한다.

이것은 엘비스 프레슬리의 삶에서 쉽게 볼 수 있다. 그는 복음성가 부르기를 좋아했고, 그의 삶의 목적은 그의 음악적 은사를 통해 다른 사람들을 격려하는 것이었다. 엘비스가 그의 재능으로 선택한 방향을 통해 많은 사람들을 축복하고 격려했다. 이것은 그를 향한 하나님의 뜻에 대한 영적 깊이를 말하는 것이 아니다. 그러나 그의 소명은 결국 그를 약물 중독으로 인하여 다다르지 못했다. 그는 삶의 목적을 품고는 있었지만 방향성에 있어서는 파멸을 향해 갔다. 만약 엘비스가 하나님 안에서 그를 향한 더 높은 목적을 알았다면 더 행복한 삶을 살았을 것이며, 아마 지금까지도 살아 있었을 것이다.

당신의 소명과 목적을 찾는 것은 여행 혹은 과정이며, 그것에 우선권을 둔다면 당신은 그 곳에 다다를 수 있는 길을 찾게 될 것이다. 실천이 없다면 당신에게는 불만족과 실패의 감정만이 오게 될 것이다. 소명과 목적은 하나님께서 당신을 통해 이루고자 하시는 것이다. 하나님께서는 모든 사람에게 큰 부르심과 목적을 가지고 계신다.

당신의 소명은 하나님께서 여러분에게 소원하고 있는 것에 대해 어떻게 반응하느냐에 기인한다.

소명에 대해 자주하는 질문들

여기에 내가 자주 듣는 소명에 대한 질문들이 있다.

가장 많은 질문 중에 하나는 "우리 모두에게 삶 가운데서 이루어야 할 특별한 소명이 있느냐?"하는 것이다. 대답은 그렇다. 하지만 그것은 우리의 자라고 성숙하는 능력에 따라 변하게 된다. 우리 삶의 목적은 개인적 그리고 영적인 성숙과 다른 이들이 그렇게 되도록 돕는 것임을 기억하라. 당신을 향한 하나님의 소원이 학대의 고통에 있는 수천 명의 사람들을 도와 자유하게 하는 것이라고 해보자. 많은 사건과 시험들을 통해 당신이 그 일을 감당할 수 있을 만큼 성숙하지 못한다면 하나님께서는 당신의 소명을 가능한 수준으로 바꾸실 것이다. 당신은 다른 사람들을 돕게 되겠지만 처음의 의도에는 미치지 못하게 될 것이다. 그래서 당신은 수십 혹은 수백 명 정도를 돕게 될 수 있다.

사람들은 어디엔가 무엇이 그들의 삶 가운데 있는 것은 같은 데, 그것이 무엇인지 알 수가 없다고 말한다. 이것은 소명의 길이 시간에 걸쳐 완성되기 때문에 그렇다. 나는 하나님께서 우리의 삶에 있어서 그분의 부르심이 무엇인지 가르쳐 주고 계신다고 믿는다. 종종 그것은 우리가 자연적으로 잘하는 것이거나 그것에 열정을 가지고 있는 것일 수도 있다. 그것은 여러분이 원하여 달려가면서 이루고, 그것이 하나님의 뜻이라고 추측하라는 것이 아니다. 하지만 많은 시간 여러분의 특별함이 당신을 당신의 삶의 목적으로 이끌게 된다.

소명은 당신이 그것에 대해 흥분함으로 발견이 될 수도 있고, 때로는 불만족과 실패 그리고 갈망과 직관, 비전 그리고 그 이상으로 나아가려는 것으로 인해 발견이 되기도 한다. 불만족과 갈망은 종종 어떤 새로운 것을 찾게끔 한다. 그것은 훈련이나 교육, 직장의 전환 혹은 상남을 통해 당신의 진정한 길을 찾게 한다.

내가 소망에 대해 언급할 때마다 결혼에 대한 질문을 받는다. 사람들로부터 나는 그들이 어떤 특정한 사람과 결혼을 해야 한다는 느낌을 받는다고 이야기를 듣는다. 우리에게 소울메이트Soul Mate가 있다는 것이 사실인가요? "소울메이트"Soul Mate는 약 2000년 전 그리스 철학자 플라톤에 의해 유명해졌다. 그가 추측하기로는 완벽한 사람이 비극적으로 둘로 나뉘어져서 결국에는 그의 삶을 통해 다른 반쪽을 찾아 온전케 된다고 했다.

나는 다른 사람을 통해 우리가 완전해진다는 철학에 동의하지 않는다. 하나님께서는 우리를 만드셨고, 이미 완전하게 창조하셨다. 하나님께서는 우리에게 이상적인 상대를 주실 수 있다. 내가 이야기하고 싶은 것은 만약 하나님의 의지와 의도하심이 어떤 특정한 사람과 결혼을 하는 것이고 그 사람이 거부를 한다면, 그것은 아무가치가 없고 허무한 것이다. 하나님께서 당신에게 어떤 사람에 대한 관심을 갖게 하실 수는 있지만 다른 사람들에게 하나님의 뜻을 강요하시지는 않는다. 사람은 선택의 권리가 있다. 만약 그 상대가 긍정적인 대답을 하지 않는다면 하나님께 하나님의 뜻이 있는 다른 사람을 보내달라고 할 수 있다.

어떤 사람들은 하나님께서 보내주시는 상대가 올 때까지 어떤 누구와도 데이트를 하지 않고 기다리겠다고 말하는 사람들도 있다. 이들 중 어떤 이들은 아무도 만나지 못한 채 수년을 기다린 사람도 있다. 그 부분에 대해서 두려움으로 기인한 것이 아니라 하나님께서 말씀하셨다는 확신이 있는지 확인해 보라. 데이트는 건강한 만남이 될 수 있으며, 그것을 통해 당신이 좋아하고 싫어하는 것이 무엇인지 알 수 있다. 사람들은 종종 내게 묻기를 우리가 소명을 잃어버릴 수 있느냐고 묻는다. 우리는 소명을 잃어버릴 수 있다. 그러나 우리가 그분께 돌아와 그에 맞는 삶을 살고자 추구한다면, 하나님께서는 항상 새로운 것을 주시는 신실하신 분이다. 소명은 항상 어떤 희생과 노력을 요구한다. 그것은 몇 년에 걸친 공부와 훈련 혹은 쫓고 있는 어떤 다른 꿈을 포기하는 것일 수도 있다.

성경에 소명을 잃어버린 좋은 예가 있다. 누가복음 18장 18-25절에서, 예수님께서 이 땅에서의 사역이 끝나고 십자가에 달려 죽음을 맞기 몇 주 남지 않았을 때이다. 한 젊은 부자 청년이 나와 묻기를 영생을 얻으려면 무엇을 해야 되느냐고 물었다. 예수님께서는 그에게 해야 할 여러 단계들이 있고, 그는 이것을 다 행하였으며, 한 가지 부족한 것이 있는 데, 그에게 필요한 것은 돈을 가난한 자에게 나누어 주고 따르라는 것이었다.

예수님께서 "나를 따르라"고 말씀하신 것은 베드로나 야곱 그리고 요한을 부르실 때 사용하신 단어와 같다는 것이 흥미롭다(마 4:19 참조). 그 청년은 그의 모든 재산을 희생해야 하는 것 때문에 실망하고 떠나갔다. 어떤 이는 예수님께서 우리에게 재물을 가질 수 없다고 말씀하신다고 생각하는 사람들이 있다. 좀 더 다른 견해로 보고자 한다. 나는 이 부자 청년이 예수님의 사역에 재정을 담당했던 유다를 대신할 만한 사람으로 생각을 한다. 유다는 예수님을 배반하고 결국 스스로 목을 매어 죽는다. 예수님은 아마도 열두 명의 제자 중 유다를 대체할 "헤드헌터" Headhunt의 역할을 잘 하려고 하셨는지도 모른다.

그 젊은 청년이 예수님의 공생애 삼 년을 함께하지 않았음으로 좀 더 빠르게 그를 제자화 하려 하셨는지도 모른다. 이것은 그 사람을 묶고 있는 것을 뚫고 나와야 하는 것이었다. 그의 경우는 돈에 대한 사랑이었다. 그 젊은 부자 청년은 그를 향한 하나님의 소명을 놓치고 말았다. 그는 그의 세상적인 소유를 잃는 것이 두려웠다. 그가 떠나갈 때 예수님께서 약속하셨다.

> 이르시되 내가 진실로 너희에게 이르노니 하나님의 나라를 위하여 집이나 아내나 형제나 부모나 자녀를 버린 자는 현세에 있어 여러 배를 받고 내세에 영생을 받지 못할 자가 없느니라 하시니라(눅 18:29~30)

하나님께서 함께 하신다면 항상 다른 기회가 있다. 많은 사람들이 목표와 꿈을 포기함으로 그들의 진정한 뜻을 이루지 못한다. 하나님께서 우리를 향하신 부르심은 우리가 그것을 이루기에 너무 커서 버겁게 느끼게 된다. 높은 소명의 길을 가기 위해서는 시간과 노력을 통해 앞으로 나아가게 된다. 대부분의 사람들은 훈련과 시험의 과정에서 포기한다.

> 높은 소명의 길을 가기 위해서는 시간과 노력을 통해 앞으로 나아가게 된다. 대부분의 사람들은 훈련과 시험의 과정에서 포기한다.

내 삶 가운데 성취한 것들은 그 일을 시작할 때에는 가능하리라고 생각한 그 이상의 것들이었다. 사실은 모두 불가능하게 보였다. 나는 그 과정에서 많은 실수를 했고 또 지금도 실수를 한다. 그러나 나의 소명의 길을 걸어가는 과정에 잘 서 있고, 신중한 결정들을 내리면서 이곳까지 오게 되었다. 나는 나의 부르심의 길로 들어오기 전에 많은 실패를 했고, 또 포기를 했다. 1991년 나는 다시는 이전으로 돌아가지 않으며 결코 포기하지 않겠다고 결심을 했다. 그것이 하나님 안에서 내가 한 모든 것이었다. 그 후 나의 인생은 급진적으로 바뀌기 시작했다.

당신을 위한 하나님의 선한 의도

우리는 자주 우리의 목적과 소명을 보지 못하여 믿음에 의지할 필요가 있게 된다. 믿음의 원칙은 우리에게 반대되는 상황을 경험할지라도 우리에게 특별한 것이 있다는 것을 믿게 한다. 때로는 굉장한 반대나 하나님께서 우리에게 소원하시는 온전함을 이루기 전 뒤로 물러나게 하는 것들이 있다.

> 믿음은 바라는 것들의 실상이요 보이지 않는 것들의 증거니(히 11:1)

우리는 아직 실상을 보지 못할지라도 이 말씀의 원리대로 인생을 살 필요가 있고, 우리를 위한 하나님의 의도는 분명하다는 것을 알아야 한다. 여기 또 다른 하나님의 강력한 원칙이 있다.

> 여호와의 말씀이니라 너희를 향한 나의 생각을 내가 아나니 평안이요 재앙이 아니니라 너희에게 미래와 희망을 주는 것이니라(렘 29:11)

우리를 향하신 하나님의 의도가 있다. 우리를 향한 그분의 계획은 우리에게 형통한 삶과 희망을 주며, 미래를 주는 것이다. 만약 계속 다음 구절을 읽는다면 이것을 잡는 것이 얼마나 유익한지를 보게 될 것이다.

너희가 내게 부르짖으며 내게 와서 기도하면 내가 너희들의 기도를 들을 것이요 너희가 온 마음으로 나를 구하면 나를 찾을 것이요 나를 만나리라
(렘 29:12~13)

당신이 하나님의 계획과 목적을 찾고 포기하지 않을 때, 당신은 그것들을 분명히 볼 수 있는 곳에 다가서게 될 것이고, 그 과정을 통하여 하나님과의 깊은 관계를 가지게 될 것이다. 하나님의 목적에 부합한 삶을 사는 당신에게 기도가 더 응답될 것이다. 그러므로 무엇을 기도해야 하며, 언제 기도해야 할지 알게 될 것이다. 기도의 응답과 하나님과의 친밀한 관계는 당신의 목적과 소명을 추구하는 것과 연결이 되어 있다.

하나님의 눈으로 우리를 보기

만약 과거의 부정적인 것이 당신의 현재와 미래를 조정하는 것을 정지시킨다면 그것은 오랜 생각의 패턴을 변화시킬 것이다.

너희는 이 세대를 본받지 말고 오직 마음을 새롭게 함으로 변화를 받아 하나님의 선하시고 기뻐하시고 온전하신 뜻이 무엇인지 분별하도록 하라
(롬 12:2)

당신의 마음을 새롭게 한다는 것은 오래된 생각을 새 것으로 바꾸는 것을 포함한다. 당신의 새로운 생각은 과거의 당신이 아니라 새로 거듭날 당신을 의미한다. 기쁜 소식은 이것이 바로 하나님께서 당신을 보는 관점이라는 것이다. 당신이 하나님의 의도와 부합한 선상에 있을 때, 실질적으로 무한한 하나님의 능력으로 당신의 삶이 변화되기 시작할 것이다.

내가 이전에 언급했던 하나님의 의도는 당신이 형통한 삶을 살고, 희망과 미래를 주는 것이며, 재앙을 주려는 것이 아니라고 했다(렘 29:11). 만약 당신이 무엇을 하지 말아야 한다는 것에 집중한다면 그것은 율법으로 말미암아 사는 것이지 하나님과의 관계로 인한 것이 아니다. 하나님은 관계적이시다. 그분 스스로 아버지라고 말씀하시고 그것을 통하여 우리와 가족이 되기를 원하신다는 것을 알 수 있다.

성경에서는 이러한 변화를 위해 이전의 모습을 버리고, 새로운 그림을 넣으라고 말씀하신다. 하나님의 관심은 당신이 창조된 그 본래의 모습이 되는 것이다. 하나님은 이 창조된 형상에 기인해 당신과 관계를 하신다. 이렇게 당신이 스스로를 보는 것은 매우 중요하다.

사도 바울은 훈련을 통해, 성도들의 마음눈이 밝아져 그들을 부르신 소명을 알게 되기를 기도하고 있다(엡 1:18). 헬라어로 "알다"는 "보다 혹은 인지하다"라는 뜻이다. 이것은 머리의 지식보다 더 깊이 가는 것이다. 당신이 당신을 부르신 소명을 발견하고 그것의 희망을 보고 인지할 때, 그 소명의 길이 더 분명해지고 실제적이 되며 당신으로 하여금 행동을 취하게 한다.

하나님은 우리가 잠재력으로 가득하고 그렇게 되어져 가는 것을 바라보신다. 그러한 개념에 대한 성경의 예를 보자.

사사기 6장: 기드온은 두려움으로 숨었고 천사가 나타나 그를 용맹한 군사로 부르신다. 하나님은 그의 미래를 보고 그렇게 대하시고자 했다.

요한복음 1장 40~42절: 시몬은 이제 막 예수님을 만났고, 그는 아직도 좀 괴짜였다. 예수님은 시몬을 게바('반석'이라는 뜻의 베드로)라고 부를 것이라고 말씀하셨다. 예수님은 시몬을 만난 그 순간의 모습으로 대하지 않으시고, 미래의 모습으로 시몬을 바라보셨다.

사도행전 9장: 사울은 기독교인들을 살해했고 다메섹으로 가는 길에서 예수님은 그를 만나신다. 사울의 삶이 변화되기 전, 아나니아에게 사울은 하나님께서 택하신 자요 형제라는 것을 말씀하신다.

마치 낸시Nancy처럼 실제의 삶에서 보면, 그녀는 한 번도 스스로를 리더라고 생각해 본 적이 없는 사업가였다. 그녀는 집에서 살림을 하는 주부였고, 그녀의 아들이 대학으로 떠나자 그녀의 삶에 더 큰 목적을 찾아야 한다는 도전을 받게 되었다. 그것을 찾기 위해 많은 사람들과 대화를 했다. 하루는 그녀가 무한하신 하나님께 답이 있을 것이라는 생각을 하게 되었다. 그녀는 동네 코너에 가게를 여는 꿈을 꾸기 시작했다. 그녀는 사업을 구상하게 되었고, 이 년 동안에 걸쳐 중소기업융자를 받게 되었다. 그 과정 중에 그녀는 커피숍의 매니저로 일을 하며 경험을 쌓았다. 그러면서 고등학교 이후 어떤 일을 한 번도 이끌어 보지 못한 그녀였지만 이제 스스로를 리더라고 보기 시작했다.

중요한 것은 당신 자신이 하나님 안에서 충분한 가능성이 있는 사람이라고 보기 시작하는 것이다. 당신을 이전의 모습이나 현재의 모습이 아닌 하나님이 보는 관점으로 볼 때, 하나님 안에서 이루어질 수 있는 모습에 대한 믿음을 갖게 된다. 아직 그렇지 못할지라도 당신이 그렇게 된 것을 보기 시작하면 당신의 행동은 변화될 것이다. 당신은 하나님께서 당신의 삶에 부르신 소명에 동의하기 시작하게 될 것이다.

하나님은 당신을 특별한 목적을 위하여 독특하게 지으셨다. 당신을 위해 하나님은 최고를 계획하고 계시다. 우리가 중요시하는 것, 잘하는 것 속에 하나님의 힌트가 숨겨져 있다. 그렇다고 내가 좋아하는 모든 것이 다 하나님의 뜻이라는 것은 아니다.

조용한 곳에 가서, 내가 어디에 있고 무엇이 나를 감격하게 하고, 흥분하게 하는지 살펴보라. 형식적으로 하지 말고 생각나는 대로 우선 적어보고, 그 중에 마음에 드는 것을 하나 택하라.

1. 자신에 대해 독특한 면을 나열하라. 긍정적으로 표현하라.
   -예: 나는 창조적이다. 나는 재미있는 사람이다. 나는 긍정적인 영향을 준다.

2. 현재 장점에는 어떤 것이 있는가?
   -예: 돕는 것을 좋아한다. 다른 사람들을 격려한다. 정리를 잘한다.

3. 단점은 어떤 것이 있는가?
   -예: 거절을 잘 못한다. 너무 분주하다. 정리를 못한다.

4. 업적, 자랑할 만한 것을 적어보라. 격식을 따지지 말고 생각나는 대로 적으라. 만약 생각나는 것이 없다면 아주 어릴 때 받은 상이라도 좋다. 그리고 직업, 관계, 가정, 결혼, 영적인 것들을 살펴보라. 적어도 25가지를 적고 그 중에 5가지를 선택하라.

5. 내가 즐겨하는 것을 적으라. 열정적인 것? 인생의 사명서를 적으라는 것이 아니다. 이 훈련은 당신이 삶의 목적에 대한 지난 생각들을 지우며, 모든 프로그램화

된 것을 없애는 것이다.

-예: 윈드서핑, 롤러코스터, 친구 사귀기, 그림 그리기, 글쓰기, 사업 등. 구체적으로 적으라. 내 가족에게 열정이 있다는 식으로 쓰지 말기 바란다. 나의 자녀들이 그들의 소명의 길로 나아가기를 원한다는 식으로 좀 더 구체적으로 열거하라.

6. 이 연습을 통해서 자신에 대해 배운 것이 있다면 무엇인가? 훈련을 통해 배운 것들과 성취한 것, 그리고 당신의 특별함과 훈련을 통해 발견한 여러분의 것들을 한 두 문장으로 정리하라. 자기 자랑을 좀 하라. 내가 되고 싶은 사람이 아니고, 그리스도 안에서 내가 누구인가가 아닌 지금의 나를 자랑한다. 이것이 하나님의 창조하신 당신이다.

컴퓨터에서 작업을 하려면 웹사이트 www.personaldevelopmentgodsway.com 에서 서식을 다운로드 받을 수 있다.

CHAPTER 6
장벽을 제거하라
REMOVING OBSTACLES

Personal Development God's Way

우리가 인생의 길에서 소명을 향해 나아갈 때, 그 길에 있는 장애물들을 만나게 된다. 그 장애물들은 그것을 극복하고 나아갈 수 있기 위해 준비되어진 것이다. 어떤 것은 우리 스스로가 세운 장벽들이며 다른 것들은 사회적으로 세워져 있어서 초기에는 그것들이 우리에게 문제가 될 것이라고 인식하지 못한다. 후에 어떻게 그러한 장벽들을 최소화하며, 더 빠르게 지름길을 이용하여 나아갈 수 있는지 알아보도록 하자.

보통을 넘어서야 한다

우리는 많은 사람들이 자라지 못하고, 성숙하지 못하게 하는 심각한 패턴을 보기 원한다. 이것은 당신의 행동과 삶에 온전한 책임을 지는 것을 배우는 것이다. 듣기는 간단해 보이나 많은 사람들이 이것을 놓친다는 것을 알기 원한다. 너무나 많은 사람들이 보통의 평균적인 삶에 만족한다.

그러나 당신에게 의미로 가득하면서도 균형 있고 건강한 삶을 추구할 수 있는 것들이 여기에 있다. 내가 나누고자 하는 원칙들을 당신이 적용한다면 당신의 삶은 다른 이들과 구별되게 될 것이다.

사도 바울은 우리의 영적인 삶을 경주에서 이기는 것으로 표현을 했다.

> 운동장에서 달음질하는 자들이 다 달릴지라도 오직 상을 받는 사람은 한 사람인 줄을 너희가 알지 못하느냐 너희도 상을 받도록 이와 같이 달음질 하라(고전 9:24)

다른 말로 하자면 당신 스스로를 낮게 보지 말라. 자신을 온전히 삶에 드려라. 불행히도 우리가 살아가는 사회는 우리가 성공하는 것을 좋아하지 않는다. 혹시 학교에서 공부를 잘하는 학생을 보면서 느낀 것이 없는가? 다른 이들은 그를 놓고 이야기할 때 선생님의 애완동물 혹은 애교쟁이라고 이야기하는 데, 그가 남들보다 성공했기 때문에 그것을 보면서 자기들의 삶에 죄책감을 가지게 되는 것이다. 그래서 그들의 잠재의식 가운데 성공한 사람들을 그들의 기준 밑으로 끌어내리려 노력하게 된다.

이전에 언급한 나의 이야기 중, 내가 중간관리자로 회사에서 일하고 있을 때 리더 개발 코스로 교육을 받게 된 것을 말한 적이 있다. 그들은 내게 묻기 전 많은 사람들에게 제안을 했었지만 주말을 포함하고 있고, 많은 시험과 준비를 해야 하기 때문에 참석하기를 원하지 않았다. 나는 그 교육을 좋아했고, 배우고 난 후 일터로 돌아와 배운 것을 실천하기 시작했다. 그러자 갑자기 회사에서 내가 "일을 마무리하는 자"로 알려졌다. 사람들이 내게 와서 일의 문제점을 해결할 수 있도록 도와 달라고 하였다. 그리고 어느 순간, 부서에서 전체 그림을 보는 눈이 생김으로 인해 상황을 바꾸는 전문가가 되었다. 그 후 연말에는 회사에서 생산력 향상에 기여했다고 상을 주었다. 그리고 회사에서 최고의 직원과 큰 보너스 등을 포함해 거의 모든 포상을 받게 되었다. 갑자기 동료들이 나를 대하는 태도가 달라졌다. 어떤 이들은 나와 관계를 단절하였고, 점심을 먹으러 식당으로 들어가면 나가버리는 일도 생겼다.

이 년 뒤 회사의 소유주 가족들이 회사공금을 횡령하면서 회사가 부도가 났다. 은행은 모든 자산을 압류하고 상황을 바꾸기 위해 전담자를 투입하여 회사가 문을 닫는 것을 막고자 했다. 거의 모든 중진들이 회사에서 쫓겨났지만, 나는 새로운 경영팀을 맞게 되었는 데 그 이유는 내가 최선을 다하고자 했기 때문이다.

그때 얻은 경험을 통해 나는 전혀 새로운 업무인 컨설팅하는 일로 옮겨 가게 되었다. 시간당 25달러로부터 125달러를 받으며 밤늦도록 일하게 되었는 데 참고로 나는 대학 졸업장이 없었다. 이것은 당신에게도 적용이 되며 좋은 태도를 가지게 한다. 나는 승진이나 돈을 더 벌기 위해서 그렇게 하지 않았다. 나는 그들에게 그들이 무엇이든지 원하는 대로 다 하겠다고 말을 했다. 나의 동기부여는 하나님께서 내가 나의 최선의 능력으로 일하기를 원하신다는 것이었다.

만약 당신이 정말로 인생에 변화를 가져오고 싶다면 하나님께 일하듯 현재의 일에 충실하라. 이것이 강력한 영적 원리이다.

> 무슨 일을 하든지 마음을 다하여 주께 하듯 하고 사람에게 하듯 하지 말라 이는 기업의 상을 주께 받을 줄 아나니 너희는 주 그리스도를 섬기느니라(골 3:23~24)

당신의 주변에 있는 대부분의 사람들은 보통의 삶에 만족하고 있다. 사람들은 그들의 삶이 지루하다고 느낄 때, 생산적인 일을 하기 보다는 너무 쉽게 앉아서 그것에 대해 불평을 한다. 라디오 토론은 이 나쁜 버릇의 좋은 예이다. 부정적인 것의 결론은 어떠한 문제 해결점을 주지 않은 채, 그 일에 대해 비평만 늘어놓는 것이다. 라디오 토론은 대개 어떠한 일에 화가 나 있는 사람을 위해 만들어졌다. 나는 부정적으로 나아가는 프로는 보지 않는다. 만약 계속 보게 되면 화가 나고 희망이 없어 보이는 데, 그 이유는 불공평한 일처럼 보이며 답이 없어 보이기 때문이다.

더 이상 희생자가 아니다

우리는 대개 꾸중을 들으며 자라는 환경에 있었다. 이것이 너무 일반적이기 때문에 우리가 인식하지 못할 수도 있다. 사람들은 다른 방법이나 그 일을 마치기보다는 불평거리나 불평할 사람을 찾게 된다. 우리는 그것을 해결하기보다 핑계를 대는 것을 어려서부터 배웠다. 성인이 된 지금, 우리가 그 일에 대해 의도적으로 바꾸려 하지 않는다면 그 일은 계속될 것이다.

첫 번째 단계로 변화를 위해 투덜대고 핑계를 대는 것에 문제가 있다는 것을 인식하는 것이다. 핑계는 우리가 그것을 믿기 시작할 때 우리를 무력하게 만든다. 그러므로 우리는 문제를 해결하는 창조성을 잃어버리고 희생자가 되어 버린다. 당신은 다른 사람이 주는 충고를 피하려고 할 때, 그렇게 행한다는 것을 인식할 수 있을 것이다. 누군가 당신을 돕고자 하는 시도에 친절하게 감사하는 것이 좋다. 그리고 그들이 언급한 것을 볼 수 있는 눈을 달라고 기도하라.

나의 아내는 결혼과 가족 상담가이다. 그녀는 나의 상담가는 아니지만 나를 많이 도운 것은 사실이다. 우리가 결혼을 했던 초기에 나는 "당신은 나를 화나게 한다"고 말했다. 그녀는 대답하기를 "나는 당신의 감정을 그렇게 만들 수 있는 능력이 없어요. 당신이 그렇게 하기로 선택한 것이에요"라고 하였다. 와, 그 말은 내게 돌파를 가져왔다. 내가 알게 된 것은 내가 그렇게 하기로 선택을 했기 때문에 어느 누구도 나의 감정이나 행동을 조정할 수 없다는 것이다. 나에게 그런 선택권이 있다는 것을 알게 된 후 다른 사람들과 다른 방법으로 관계를 맺게 되었다.

여기에 몇 가지 불평의 형태가 있다. 어떤 사람들은 그들의 경제적 책임을 말하기보다는 고지서 비용이 너무 많아서 돈을 저축할 수 없다며 고지서를 욕하는 경우가 있다. 현실적으로 그들은 적게 지출하고 더 저축을 할 수 있다. 어떤 이들이 내게 렌트비용과 세금이 너무 많아 경제적으로 어려움이 있다고 말할 때, 내가 그들에게 건의하는 것은 좀 더 저렴한 곳으로 이사를 가고 세금전문가와 상의를 해서 적은 세금을 내도록 하라는 것이다. 시간이 없어서 운동을 하지 못한다고 하는 사람에게는 어떻게 하는가? 나는 그들이 TV를 얼마나 보는지 모른다. 당신은 TV 앞에서 몇 가지의 운동을 항상 할 수 있다. 우리에게 동일하게 주어진 것은 시간이다. 당신은 아이디어를 내야 한다.

우리가 우리의 행동과 상황에 대해 책임을 질 때, 우리가 그것을 조정할 수 있게 된다. 우리는 항상 선택을 하게 된다. 만약 당신의 상황을 바꿀 수 없다면 적어도 그것에 대한 반응의 방법을 바꿔 보라. 당신은 선택할 수 있다.

우리는 모두 과거가 있다

어떤 사람들이 드라마에 심취하여 거기에 빠지는 사람들을 보았는가? 이것은 사랑받기를 원하는 것이다. 우리는 매우 "치료적인 사회" *therapeutic society*에 살고 있다. 우리는 모든 부분에 증상을 가지고 있다. 어떤 사람은 과거의 사건으로 인해 그들의 건강하지 않은 행동을 정당화한다는 주의를 의사로부터 받는다. 모두들 과거가 있고, 어떤 이는 다른 사람들보다 좀 더 좋지 않을 수 있다. 나는 감정이나 학대로 인해 오는 문제를 간과하자는 이야기가 아니다. 내가 하고자 하는 이야기는 우리가 치유를 통해 온전하고 강해질 수 있는 선택을 하든지, 아니면 우리의 상황에 대해 핑계와 불평으로 자신을 희생자로 보며 그 생활 속에 남아 있기를 선택할 수도 있다. 나는 핑계를 대며 불평하는 나의 행동들을 보게 되었다. 어떤 이들은 나는 목회자의 자녀야, 나는 육체적인 학대를 받았어, 나는 성추행을 당했어, 나의 부모는 알콜 중독자였어, 나는 좋지 못한 동네에서 자랐어, 나의 가정은 내가 대학을 갈 수 있는 경제력이 없었어, 혹은 내 개가 도망가 버렸어라고 말을 한다. 우리의 이야기는 마치 차단 스위치와 같이 우리가 어떤 눌림에 있을 때 자동적으로 우리를 닫아버리고 숨게 한다. 이것은 우리가 성장할 때와 성공을 하고 나서도 나타난다.

차단 스위치는 전기나 현재 흘러 들어간 파워를 조정할 수 있다. 만약 너무 많이 흘러 들어왔다면 스스로 단전되어 버린다. 나는 사실 굉장히 비극적인 과거를 가지고 있다. 나는 감정과 육체 그리고 성적 학대를 받으며 성장했다. 나는 나의 부모를 사랑하고 존경하며 나를 위해 너무나 좋을 일을 많이 하셨지만, 나는 알코올 중독자와 함께 집에서 살아야 했고, 초등학교를 다니는 동안 열일곱 번이나 이사를 다녔다. 나는 부정적인 이야기를 한없이 할 수 있다. 그쪽 분야에는 박사 수준이다.

나는 나의 문제들로 인해 10년을 넘게 치료 상담사와 상담을 했다. 아주 긴 시간 동안 나는 무의식중에 나의 나쁜 행동을 정당화하기 위하여 과거를 이야기하며, 왜 내가 성공하지 못하는지를 말하고 있었다. 어떤 사람이 나의 상처를 건드릴 때면 나는 학대를 받았었기 때문에 내가 원하는 대로 행동을 하는 것이 나를 정당화하는 것이라고 느꼈다. 이러한 태도는 다른 사람과의 관계와 성공할 수 있는 능력을 감소시킨다.

> 당신은 과거를 바꿀 수는 없지만 그것이 현재 당신에게
> 어떻게 영향을 미치게 하는지는 바꿀 수 있다.

어떤 면으로 보면 우리는 과거를 통해서 우리의 소명으로 나아가지 못하게 하는 요소들을 찾아볼 수 있다. 치유와 회복의 시간이 필요하지만 그 감정의 치유의 방에서 너무 오래 머물지는 말라. 당신이 현재의 행동을 바꿀 때 미래를 바꿀 수 있다.

당신이 하는 모든 것에 책임을 지라

우리가 핑계를 댈 때 우리는 희생자가 된다. 희생자는 그들에게 일어나는 일들에 대해 조정을 할 수 없다고 생각한다. 그들은 그들 주변에 일어나는 일들로 인해 조정을 받는 것을 허락한다. 희생자들의 생각은 자신의 잘못을 보지 못하고, 다른 사람들이 자신을 그렇게 만들며, 그들의 결정으로 인하여 이러한 문제가 생겼다고 끝없이 불평한다. 이와 같은 생각은 계속 같을 사이클을 돌게 하며, 당신이 같은 관심을 가지는 최근에 나오는 드라마에 집중하게 되고 중독이 된다.

당신이 희생자라고 생각할 때, 당신의 과거가 당신을 계속 조종하게 한다. 당신이 책임을 질 때, 당신의 삶에 조정의 주도권을 되찾을 수 있다.

우리는 우리에게 일어나는 "일들"을 절대 멈출 수는 없지만 그것에 대한 반응은 바꿀 수 있다. 한번 보자. 인생은 고통과 문제로 가득하다.

그것들은 절대 없어지지 않지만 그것으로 인해 부정적인 영향이 우리 삶 가운데 적어질 수 있도록 조절을 할 수는 있다. 우리의 삶에 온전한 책임을 지는 첫 번째 단계는 모든 핑계를 없애는 것이다. 과거는 과거 일 뿐 고통이 계속될 필요는 없다.

바른 질문을 하는 것을 배우라

하나님께서 사람의 두뇌를 창조하실 때 엄청난 슈퍼컴퓨터로 창조하셨다. 우리의 뇌는 기억과 법칙과 경험들을 통하여 프로그램화 되도록 준비되었다. 그렇다, 우리는 혼과 영이 있지만 교육적 측면에서 보면 우리의 생각하는 마음은 컴퓨터 화면과 같다. 당신이 스스로에게 질문을 할 때 이것은 마치 컴퓨터에 글자를 입력하고 검색 버튼을 누르는 것과 같다. 그러면 당신의 뇌는 그것을 기억창고에서 찾아 그러한 질문에 답으로 주게 될 것이다.

한 예로 당신이 스스로에게 "나는 왜 이렇게 어리석지?"라고 묻는다고 하자. 당신의 뇌는 기억 속에서 그에 합당한 답이 되는 부정적이고 창피한 기억과 경험들을 찾게 될 것이다. 어떤 일로 당신이 상처받게 될 때 보통 "내게 왜 이렇게 좋지 않은 일들이 일어나지?"라고 질문을 하게 된다. 당신의 뇌는 그 부정적인 사이클에 있는 아주 좋은 답들을 찾아내게 될 것이다.

좀 더 나은 질문은 "어떻게 이런 일이 일어나도록 내가 허락했지?" 혹은 "이런 일이 미래에 일어나는 것을 내가 어떻게 하면 방지할 수 있을까?"이다. 당신이 문제에 대한 인식을 바꿀 때 우리는 예전의 행동이 정당화되지 못하게 새로운 해답을 찾게 된다. 이것은 훈련이 필요하지만 이러한 질문이 생각을 바꿀 수 있고, 당신의 마음이 하나님께서 허락하신 것에 합하도록 돕게 된다. 매일 당신이 이러한 질문의 답을 찾도록 훈련을 시작하라.

소명은 성공과 실패를 통해 온다

성공과 실패는 그것을 우리가 어떻게 보느냐에 달려 있다. 나는 내가 하기로 한 어떤 일을 이루지 못했을 때 내가 실패했다고 생각하곤 했다. 마치 21일 금식을 하기로 해 놓고선 맥도날드 햄버거를 3일 동안 먹어버리는 일을 했을 수도 있다. 당신은 정말 실패한 것입니까? 아니면 유혹과 배고픔이었습니까? 일어나 가서 이에 낀 것들을 빼고 18일 금식을 하라.

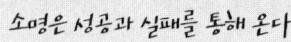
소명은 성공과 실패를 통해 온다

토마스 에디슨은 수년에 걸쳐 수천 개의 실패를 통해 불을 밝히는 전구를 만들 수 있었다. 그는 한 번도 그러한 경험이 실패라고 생각하지 않았다. 그 대신 성공하지 못한 모든 경험을 통해 전구를 발명하는 쪽으로 점점 다가가고 있다고 믿었다.

KFC의 창업자인 코넬 샌더스Colonel Sanders도 천 개가 넘는 식당으로부터 거절을 당하고 나서야 그의 "Finger lickin' good"이라는 레서피에 대해 인정을 받게 되었다. 그 열쇠는 포기하지 않은 것이다.

내 삶에도 성공보다는 실패가 많았지만 절대 포기하지 않기로 결심을 했다. 지금 나는 그 실패를 미래를 위한 준비과정으로서 필요한 훈련이라고 본다. 사실 나는 실패로부터 영향을 받지 않도록 생각의 방법을 바꾸었다. 내가 그러한 과정을 통해 나의 소명으로 나아가는 것을 배워 왔다면 현재의 나는 성공한 것이라고 믿는다. 그러므로 당신이 실수를 좀 하더라도 큰 그림으로 보면, 그럼에도 불구하고 성공을 할 수 있는 것이다.

조이 그린Joey Green의 책 《성공으로 가는 길은 실패들로 만들어졌다》The Road to Success Was Paved With Failures에서 처음부터 성공하지 못한 사람들의 예는 흥미롭다.

만약 당신이 처음부터 성공을 하지 못했다면… 이 클럽에 참여하시게 된 것을 환영합니다. 인생이 끝났다고 생각하십니까? 당신이 실패하는 동안 다른 사람들은 다 성공을 했다고 보십니까? 절망하지 마십시오. 부와 명성이 아직 당신의 미래에 있습니다.

어쨌든 여기의 경험들을 참고해 보시기 바랍니다.

- 월트 디즈니의 첫 만화제작회사는 부도가 났다.
- 바바라 스트라이젠트Barbra Streisand의 무대 데뷔는 하루의 시작과 끝을 알리는 것이었다.

- 애드거 앨랜 포Edgar Allan Poe는 미국육군사관학교West Point에서 쫓겨났다.
- 엘비스 프레슬리는 고등학교 음악 선생님으로부터 노래를 잘 부르지 못하기 때문에 C라는 점수를 받았다.
- 제인 폰다는 걸스카우트에서 좋지 않은 농담을 했기 때문에 쫓겨났다.
- 존 에프 케네디는 대학에서 학생회장으로 나갔지만 낙선되었다.
- 존 그리삼John Grisham의 첫 소설 《타임 투 킬》A Time to Kill은 16명의 에이전트와 12개의 출판사로부터 거절을 당했다.

> 우리 모두에게는 인생레슨이 있고 그것을 빨리 배우면 우리의 소명으로 가는 시간을 훨씬 줄일 수 있다.

많은 사람들이 그들의 소명을 인생 후반에서야 찾은 것 같아 보인다. 꼭 그런 것만은 아니다. 우리 모두에게는 인생레슨이 있고 그것을 빨리 배우면 우리의 소명으로 가는 시간을 훨씬 줄일 수 있다. 이에 대해서 좀 더 후에 이야기를 하지만 내일을 위해서 오늘 당신이 해야 할 일이 있다.

맴돌기

우리가 목적과 소명 혹은 인생을 발전시키기 위해 무엇인가를 시작하면 우리를 옆으로 빠지게 하는 무엇인가가 있다는 것을 알게 될 것이다. 이전에도 이미 노력을 했지만 그것을 떨쳐버릴 수가 없었을지도 모른다. 혹은 한 달 정도 신나게 하다 흥미를 잃거나 너무 바쁜 일이 생기고 의심하기 시작하는 등의 일이 생긴다.

나는 몇 가지 우리를 멈추게 하는 일들의 유형을 발견하였다. 나는 이것보다 더 많다는 것을 알지만 가장 흔한 것들을 열거하고자 한다. 나는 이것을 맴돌기SPIN Cycle라고 한다. 영어로 "돌다"SPIN는 네 가지의 첫 글자 알파벳acronym으로 표현한 네 가지의 행동으로 우리의 안에 함께하는 것들 그리고 무해하고 삶의 일부가 되어버린 것들이다.

- 과거에 묶임Stuck in the past
- 미룸/연기Procrastination
- 내면의 부정적 생각Internal negative thinking
- 명확하지 않은 비전No clear vision

과거에 묶임

나는 우리가 모두 다 힘든 과거가 있다는 것을 언급하였다. 정리되지 않은 실패한 과거와 상처들은 우리를 앞으로 나아가지 못하게 한다. 실패는 그것을 당신이 어떻게 보느냐에 있다. 만약 그것으로 배운 것이 있다면 미래에 하지 말아야 할 교육적인 과정으로 볼 수 있다.

당신이 과거는 바꿀 수 없지만, 그것이 현재에 미치는 영향은 바꿀 수 있으며, 당신이 현재를 바꿀 때 미래에 엄청난 변화가 온다는 것을 기억하라. 여기에 과거로부터 영향을 받는 증상들이 있다.

- 당신이 복수의 감정이나 그 상처를 마음에서 잊지 못한다.
- 당신이 해야 되는 일을 피한다.
- 당신은 한두 번 시도해 보고 그만둔다.
- 당신은 실수를 하거나 거절당하는 것이 두렵다.
- 당신은 새로운 일을 하기를 원치 않는다.

과거의 실패와 상처로 고통스러워하거나 계속 그것이 지속되어야 할 필요는 없다. 당신은 당신의 여정에서 곁길로 빠지게 하는 그러한 행동을 인식한다면 반은 성공한 것이다.

> 그런즉 누구든지 그리스도 안에 있으면 새로운 피조물이라 이전 것은 지나갔으니 보라 새 것이 되었도다(고후 5:17)

당신의 영적인 성숙은 하루아침에 이루어지는 것이 아니다. 사실은 인생 전반에 걸친 과정이라고 말할 수 있다. 우리가 하나님의 목적에 다가갈수록 하나님의 완전하심과 우리의 완전함이 얼마나 다른가를 보면서 죄의식을 느낄 때도 있다. 하나님의 초청으로 나아가는 돌파의 열쇠는 불완전함에 있다. 죄의식이나 온전치 못하다고 생각하는 것이 아니라 "하나님, 제가 당신의 자녀입니다. 그러므로 오늘도 저를 도와주시옵소서"라고 하나님께 고백하라. 혹시 당신이 실족하였다면 거기에는 용서함이 있고, 매일매일이 새로운 시작임을 알아야 한다.

우리는 너무 자주 실패라는 감정을 통하여 삶과 하나님의 사랑으로부터 멀어지는 것을 허락한다. 하나님은 당신이 스스로를 알고 있는 것보다 더 당신을 잘 알고 계신다. 하나님은 당신의 옛 습관이나 파괴적인 행동이 나오더라도 놀라지 않으신다. 성경 안에서 나는 많은 문제로 인하여 온전하지 못한 사람들을 보지만, 그들이 하나님의 일을 훌륭히 해내는 것을 본다.

옛 습관이 당신의 문을 두드릴 때 현재의 자신이 누구이며 하나님을 통해 만들어질 자신을 기억하라. 당신은 또 친구에게 전화를 걸어 기도의 부탁을 하거나 격려를 부탁할 사람과 대화를 하면서 실질적으로 이러한 문제들을 극복해 나아갈 수 있다. 현명한 사람을 만나야 한다는 것을 명심하라.

친구나 가족 중에 당신에게 긍정적인 영향을 주지 않는 사람도 있다. 예수님도 그의 고향인 갈릴리에서는 환대받지 못했다는 것을 기억하라(마 6:4). 당신을 아직 예전의 모습으로 보는 사람이 있다. 현재의 당신을 보지 못하는 그들을 용서하고, 과거로 돌아가려는 당신을 되돌려 돌파의 삶의 살게 할 수 있는 응원단 같은 자들을 찾아라.

미루기

불행히도 사람들은 돌파적인 삶을 살기보다는 피하려는 삶을 살며 일을 미룬다. 미루는 것은 실질적인 행동보다 미루는 것이 혜택이 있다는 것을 믿게 하는 거짓말이다. 우리는 어떤 면에서든지 미루는 것이 있다. 그러나 미루는 것은 우리가 상황이나 하루를 살아가는 필요들로부터 희생되고 있다는 생각을 주기 때문에 우리의 삶을 죽음과 같게 한다.

내가 이 부분을 쓰고 있는 이 순간에도, 나중에 마치고 싶고 미루고픈 유혹이 있다. 그러나 이 장에 불편함을 가지고는 있지만 마무리함으로 말미암아 그것이 가능하다는 것을 증명한다. 항상 우리의 시간을 요구하는 일들이 있다. 이것을 잘하는 열쇠는 우선순위를 정하는 것이다.

나는 일주일을 시작하면서 스스로에게 어떤 일을 하면 내 삶과 프로젝트에 가장 큰 영향을 줄 수 있을까 묻는다. 그리고 그것들에 대해 적고 시간을 정하여 할 수 있도록 스케줄을 만든다. 내가 그렇게 할 시간이 없을지라도 내가 하고 있는 중요한 프로젝트나 일에 더 열심히 할 수 있는 작은 일이라도 노력을 한다.

대개 우리는 일이나 프로젝트가 많은 시간과 노력이 필요하기 때문에 그것을 미루는 경우가 있다. 이전에 나는 몇 주 시간을 다 낼 수 있거나 적어도 하루 종일 아무것도 하지 않고 책을 쓸 수 있는 시간이 날 때에 책을 쓰겠다고 생각했다. 사실은 그런 시간들이 주어지는 것은 쉽지 않고 그 결과 책도 쓰지 못했다.

나는 돌파의 삶을 통해 작은 일을 꾸준히 하는 것을 배웠다. 이제 나는 그것을 내 삶의 모든 부분에 적용하고 있다. 나는 일기를 쓰고, 블로그에 글을 쓰며, 기사와 책의 짧은 난락을 매일 쓰고 있다. 이것은 힌꺼번에 많은 것을 하는 것은 아니지만 작은 일을 꾸준히 오랜 기간에 걸쳐 함으로 내가 시간이 없다는 거짓으로부터 벗어나올 수 있었다.

시간은 모든 사람에게 동일하게 주어진 것이다. 우리는 시간을 되돌릴 수도 없고 마치 선물과 같은 시각으로 볼 필요가 있다. 당신이 필요한 부분이 있다면 도움을 구하라. 마치 운동이나 악기를 배우는 것과 같이 생각하라. 하면 할수록 더 자연스럽게 할 수 있다.

일을 미루는 문제를 인식하는 것은 회복의 중요한 단계이다. 나는 미루는 문제에 대해 극복할 수 있는 간단한 단계들에 대해 창조적인 목록들을 기록할 생각을 했다. 그러나 만약 내가 너무 간단하고 단순한 것을 열거한다면 당신은 그것을 미루고 싶은 유혹이 들 것이다.

여기에 사람들이 미루는 문제에 대해 어떻게 효과적이지 않은 방법으로 대처하는지 말하고자 한다.

당신은 자리에 앉아서 몇 년 동안 하지 못한 일들의 긴 목록을 적고, 한 주 동안에 그 일들을 다 하기로 마음을 먹는다. 당신이 기억을 할 것은 당신은 "그의 나라를 먼저 구하라"(마 6:33)를 기억할 필요가 있고, 기도로 시작하지만 전화가 울리기 때문에 그 전화를 받고, 그 일들에 대해 친구와 이야기를 나누고 기도해 달라고 부탁을 하게 된다.

목록을 기억하라. 당신은 커피를 들고 그 일들을 읽어 내려간다. 자, 이제 그러한 일들을 보며 삶을 조정할 수 없는 당신에게 실망을 하게 된다. 그래서 커피 한잔과 과자를 들고 와 다시 그 목록을 살펴본다. 다시 기도를 시작하지만 커피를 너무 마신 탓에 화장실을 가야한다.

목록을 기억하라. 당신은 울기 시작하고 그것을 다 내려놓는다. 우는 것은 좋은 것이 아닌가? 지, 그런데 화장실에 있는 세면대가 너무 지저분해서 깨끗하게 할 필요가 있어 보였다. 이 시점에서 목록보다는 청소가 좀 더 나아 보였다.

목록을 기억하라. 아! 기도할 시간이고 하나님께 다 내려놓아야 하는 데 일주일의 첫 날이라 당신은 너무 지쳐버렸다. 그 목록의 첫 번째가 정리하고 정돈하는 것이었으니 TV에서 그 일에 도움이 되는 프로그램을 방영할 것 같아 과자를 들고 소파로 달려간다.

아마도 이것은 좀 과한 예일 수 있지만 미루는 것이 하는 것보다 더 좋아 보인다. 지치지 않게 하기 위한 열쇠를 살펴보면,

- 작은 단위로 일을 나누라.

- 작은 일들을 연속적으로 할 수 있는 방법을 찾으라.

- 두 가지를 하나로 할 수 있는 법을 배우라. 만약 당신이 기도와 운동이 필요하다면 운동을 하면서 기도를 하라.

내가 여기서 말하고자 하는 것은 미루는 것은 당신이 소명으로 가는 것을 막는다는 것을 인식하기 바라는 것이다. 작은 일을 계속해서 꾸준히 하는 것이 미루어 놓은 일들을 다 해결하는 가장 쉬운 방법이다.

내면의 부정적 생각

당신의 현재 삶의 상황은 당신이 무엇을 믿고 정기적으로 해 왔는지에 대한 결과와 직결된다. SPIN에서 I에 해당하는 것은 내면의 부정적인 생각Internal negative thinking 혹은 하나님의 말씀이나 길과 반대되는 생각과 믿음이다. 하나님은 우리를 위해 엄청난 것을 가지고 계신다. 하나님의 의도는 우리의 성공, 형통, 그리고 삶의 사랑에 대한 성령의 열

매-기쁨, 평화, 친절, 선함(갈 5:22~23) 등의 것을 경험하는 것이다.

지난 경험이나 부정적인 일들, 특히 우리가 어렸을 때 경험한 그런 일들은 우리의 마음에 새겨져 우리를 괴롭힌다. 그것이 사실이 아닌 것을 알면서도 우리는 그것들을 믿기 시작한다. "당신은 멍청하고 아무 것도 스스로 해낼 수 없으며 성공하지 못 할 거야 혹은 그럴 자격이 없어 등"의 하나님에게서 오지 않은 우리를 나약하게 하는 믿음들을 말한다. 불행히도 이렇게 작은 생각들이 많은 사람들에게서 처음에는 발견되지 않는다. 그것들이 우리가 소명으로 나아가기 시작하거나 좋은 일이 시작될 때 즈음 되면 나타나기 시작한다.

오랜 기간 동안 나는 내가 영리하다고 생각하지 않았다. 그것이 나를 대학에 가서 나의 은사와 달란트를 개발하는 것을 가로막았다. 내면의 부정적인 생각에 있어서 참 이상한 것은 당신 주변에 있는 사람들은 그 부정적인 생각에 반대되는 말을 한다는 것이다. 어떻게든 우리 안에 그런 생각들이 있다면 이성적인 판단을 거부하게 된다.

좋은 소식은 그러한 내면의 부정적 생각은 긍정적인 생각으로 바뀔 수 있다는 것이다. 이것은 우리의 마음을 새롭게 하는 과정이다. 파괴적 패턴을 돌파하는 가장 좋은 방법은 스스로에게 하는 말을 인식하는 것이다. 당신이 부정적인 생각이나 말을 발견한다면 그 말이나 생각을 긍정적인 것으로 바꾸어라. 그런 새로운 생각의 전환을 규칙적으로 하도록 시작하라. 예를 들어 성경에서 당신이 누구인지에 대해 진실을 말하고 있는 말씀(고후 5:17)을 기억하는 것도 좋다. 때로 우리의 가장 큰 적은 우리 자신의 생각이다. 그것은 나와 다른 사람 그리고 하나님에 대한 생각일 수 있다. 하나님은 사랑이시며 무한한 능력을 가지고 계신다. 우리를 제한하는 것은 우리가 무엇을 할 수 있다고 믿는 것에 달려 있다.

> 그러므로 너희 마음의 허리를 동이고 근신하여 예수 그리스도의 나타나실 때에 너희에게 가져다 주실 은혜를 온전히 바랄지어다(벧전 1:13)

명확하지 않은 비전

나는 많은 사람을 만나면서 관계해 왔다. 나는 그들에게 인생에서 원하는 것이 무엇이냐고 자주 물어보곤 했다. 대부분의 사람들이 "단지 행복하기를 원해요"라고 대답을 했다. 내가 그 행복이 어떤 것이냐고 물어볼 때 그들은 그것에 대해 말하지 못했다. 만약 당신이 원하는 것을 정확하게 알지 못한다면 어떻게 그것을 가질 수 있겠는가? 그것은 마치 비전이 구름에 가린 것과 같은 삶을 사는 것이다. 우리는 잘못된 결정을 하는 것이 두려워 올바른 결정과 그 결정에 집중할 수 없게 된다.

명확하고 집중하는 것은 의도적이어야 한다. 우리가 우리 삶의 목적을 추구하기 시작할 때 영적인 세계에서 어떤 일들이 시작된다. 명확성은 믿음과 관계가 된다. 믿음을 가지는 것은 우리를 위한 하나님의 갈망을 명확하게 아는 것이다. 우리가 하나님의 의도나 뜻에 집중할 때 그 구름들은 걷히게 된다. 우리의 비전과 소명은 좀 더 분명해지게 된다.

당신이 분명한 비전을 가지고 있을 때 당신은 목적에 맞게 일을 하기 시작한다. 당신은 분명한 비전을 알지 못하고 일해야 하는 불만족한 상황으로부터 열정을 가지고 일하는 쪽으로 변하게 될 것이다. 당신이 원하는 것을 분명히 알 때, 당신은 그것을 가질 수 있는 계획을 세울 수 있다. 장벽은 더 이상 장벽으로 남아 있지 않고, 그것을 뚫고 혹은 돌아가는 길을 찾게 된다.

"단지 비전을 분명히 하세요"라는 말이 쉽게 말하는 것처럼 들릴 수 있지만 어느 단계에 더 집중을 하던지 그것은 삶에 유익할 것이다. 다른 사람들보다 당신의 비전이 분명해 보이지 않는 시간이 있을 수 있다. 그런 시간은 하나님께서 우리가 더 자라도록 어려움을 극복하여 시험을 통과하도록 하는 때이다. 혹은 당신이 원하는 것이 무엇인지 정확하게 알지 못하는 때 일 수도 있다. 이 장에 나온 엑서사이즈를 통해 도움을 받을 수 있다.

> 묵시가 없으면 백성이 방자히 행하거니와 율법을 지키는 자는 복이 있느니라(잠 29:18)

작가 글랜빌 K. L. Glanville은 출판 사업을 시작하는 계획을 추진하였고, 그녀의 첫 번째 책을 출판하였으며, 그 책 《영역: 깨달음의 시작》 The Realm: The Awakening Begins 에서 이러한 개념을 들은 결과라고 말하고 있다. 그녀의 글을 보자.

나는 아이튠에 600곡의 노래를 무작위로 틀어 놓았다. 한 주가 채 지나지 않아 덕 애디슨의 오디오 메시지가 나왔고, "맴도는 것에서 나와라" Getting Out of the SPIN Cycle가 몇 번이고 반복되어 나왔다. 나는 나의 방향을 기다리다 보면 "뭔가 일어나겠지" 하는 그런 성향이었으나 내게 영향을 준 것은 새로운 일을 하라고 이미 말씀하신 것에 대해 앉아서 그냥 기다리는 것이 아니라는 것이었다. 또 다른 도움이 된 개념은 "한 가지 일이라도" 매일 하라는 것이었다. 이것은 많은 나의 힘든 일들을 작은 조각들로 나누었고 성공이라는 느낌을 내게 허락해 주었다. 내가 무엇인가 했다는 격려를 내 스스로에게 할 수 있게 되었다.

긍정적 회전

만약 당신 안에 맴돌게 하는 회전 사이클을 발견하였다면 이곳에서 열거하는 부분에 최선을 다하기를 바란다. 여기에 몇 가지의 아이디어들은 당신이 부정적인 회전SPIN에서 나와 긍정의 회전SPIN으로 옮겨 가도록 돕는다.

- 새총 쏘기 Slingshot forward
- 적극적인 계획 Proactive planning
- 의도적 행동 Intentional action
- 무제한 No limit

새총 쏘기

집중하기에 좋은 방법 중 하나로 내가 새총 쏘기라고 표현하는 방법이 있다. 이것은 마치 새총을 쏘기 위해 뒤로 잡아당기는 것처럼 우리가 뒤로 밀려나는 것과 같은 것이다. 뒤로 당기어지는 것은 여러 가지 방법으로 될 수 있다. 구체적으로 기도를 하고 하나님의 기도응답을 위해 시간을 내어 드려라. 당신이 하나님의 보호하심 가운데 그 새총에 놓여진 것을 그려 보아라. 주말에 좀 멀리 떠나보거나 걸어보고 혹은 장거리 운전을 하면서 하나님의 부르심에 당신이 어디에 있고 하나님은 어디에 계신지 집중해 보아라.

나는 이 기간이 약 3년 정도 되는 데, 그 기간에 L.A.에서 노스캐롤라이나에 있는 모라비안 폴Moravian Falls라는 곳으로 옮겨갔다. 나는 개인적으로 큰 도시와 여러 가지 활동을 통해 재미있게 보내는 것을 선호하는 사람이다. 내 아내와 나는 하나님께서 애팔래치안Appalachian산에 있는 조그만 오두막집을 사라고 하는 느낌을 받았다. 그것은 우리의 삶의 스타일도 아니었고 스타벅스를 가려면 한 시간이나 차를 타고 가야 하는 곳이었다.

그 기간 나는 계속해서 순회 집회를 하였지만 집으로 돌아오면 평화로운 환경에 있었고, 그 환경을 통해 L.A.에서는 경험해 보지 못한 새로운 삶의 스타일에 집중을 하게 되었다. 나는 이 책 대부분을 그 시간 중에 썼고, 그 시간은 하나님께서 나를 서부로 다시 보내기 위해 "새총"을 뒤로 당기는 기간이었다. 당신은 산으로 옮기지 않아도 된다. 당신의 삶의 터전에서 해도 된다. 시간을 내어 기도하고 하나님의 새로운 방향을 구하라.

적극적인 계획

당신이 하나님께서 주시는 방향을 구하거나 본인이 원하는 것을 알게 되고 혹은 그것을 알고 구체적인 것을 구하든지 그것에 대해 적극적인 것은 좋은 것이다. 메리안-웹스터Merrian-Webster 사전에서 적극적 Proactive라는 뜻을 보면 "미래의 문제나 필요 혹은 변화에 대해 미리 행동하는 것"이라고 되어 있다. 당신이 당신의 소명과 목적으로 나아가기를 원할 때 무엇이 미래에 필요한지 예측하기를 시작하는 것은 좋은 일이다.

한 예로 만약 하나님께서 당신에게 사업을 시작하라는 마음을 주셨고, 그것에 대해 전체적인 과정에 대해 많은 확신이 없다면 탐구와 수업을 듣거나 그것을 실행해 본 사람들과 대화를 하면서 적극성을 발휘할 수 있다.

의도적 행동

의도적 행동은 적극성과 비슷하지만 적극성Proactive은 미래지향적 준비에 좀 더 관계가 있고, 의도적 행동은 매일에 있어서 어떤 일을 하도록 부르심을 받아 나아가도록 하는 것이다. 의도적 행동은 당신이 하지 못할 만한 행동을 하게 하면서 안전지대를 벗어나게 하는 것이다. 만약 당신이 부정적인 회전을 발견하였다면 그것이 없어지거나 멈추기를 기다리는 대신 의도적인 행동으로 그것에서 나오도록 해야 한다. 많은 사람들은 하나님께서 그들의 소명에 대해 천둥과 같은 소리나 육성으로 말씀해 주시기를 기다린다. 당신은 지금 해야 할 일을 하면서 당신 안에 토대를 만들고 훈련하여 미래를 준비해야 한다.

나는 예전에 나와 같이 대중연설이나 코치의 일을 하고 싶어 하는 사람으로부터 전화를 받았다. 그는 이러한 단계의 초기에 있었고 더 나아가 하나님께서 주시는 큰 단계로 나아가기 위해 도움을 구하고자 한 것이다. 내게 전화를 한 것은 의도적인 행동이었다.

무제한

부정적인 회전에서 나오는 길은 무한하신 하나님의 능력과 사랑으로 제한 없이 무엇이든지 당신의 소명으로 나아갈 수 있도록 할 수 있다는 것을 인식하는 것이다! 성령의 능력과 함께 성경에 원칙들을 통하여 우리가 할 수 있는 일들은 대단한 것이다.

이것은 내가 이해하기 어려운 개념이었다. 수년 전 나의 큰 부르심에 대해서는 알았지만 나의 현재 이해와 경험으로 어떻게 그것을 이룰 수 있는지에 대해 계속 생각을 하게 되었다. 내가 무한한 하나님의 능력을 인정하고 적극적이며 의도적일 때 일들이 시작되는 것을 보며 놀라지 않을 수 없었다.

나의 아내는 내가 높은 위치에 있는 사람을 통하여 나의 부르심을 느낄 수 있도록 멘토링을 받아야 할 필요가 있다고 말하곤 했다. 나는 어떻게 그런 높은 위치에 있는 사람에게 가까이 갈 수 있는지 알 수가 없었다. 여러 가지 사건을 통하여 세계적 사역 단체의 웹사이트 관리와 기술적 도움을 주는 기회가 생겼다. 결과적으로 이 단체에서 사역자 중에 한 사람이 되었고, 그 단체의 창시자에게 개인적인 멘토링을 받게 되었.

기록된 바 하나님이 자기를 사랑하는 자들을 위하여 예비하신 모든 것은 눈으로 보지 못하고 귀로 듣지 못하고 사람의 마음으로 생각하지도 못하

였다 함과 같으니라(고전 2:9)

우리의 삶과 성숙의 과정에 있어서 하나님과의 관계 가운데 있다면 하나님께서 당신에게 엄청난 기회들을 열어 주실 것이다.

예수께서 이르시되 할 수 있거든이 무슨 말이냐 믿는 자에게는 능히 못할 일이 없느니라 하시니(막 9:23)

너의 행사를 여호와께 맡기라 그리하면 네가 경영하는 것이 이루리라(잠 16:3)

Exercise 6
순환에서 벗어나기

아마도 벌써 당신은 돌파의 삶을 개발하고 있고, 다음 단계로 나아가기 위해 어떤 방법을 찾고 있을 것이다. 만약 아직 그렇지 않더라도 당신이 소명으로 나아가기 위해 있어야 할 것들에 대해 인식하는 것은 좋은 일이다.

1. 1장에서의 연습처럼, 그것을 하면 내 삶이 뭔가 바뀔 텐데 하는 것이라고 하며 자신이 미루어 오는 한 가지가 무엇인가?

2. 내가 행동으로 옮기는 것을 막는 맴돌게 하는 회전SPIN 사이클은 무엇인지를 발견하도록 노력하라.
   - 과거에 매어 있는 것
   - 미루는 것
   - 내면의 부정적 생각
   - 명확하지 않은 비전

3. 당신을 낙심케 하는 부정적인 SPIN에 머물지 말고 긍정적인 SPIN을 생각해 보자.
   - 새총 쏘기 : 걷거나 운전을 통해 하나님께 내가 행동함으로 삶에 유익이 되는 일을 하지 않게 하는 이유에 대해 구하라. 그리고 하나님께서 말씀하신다고 생각되는 것을 적으라.
   - 적극적인 계획 : 다음단계로 나아가기 위해 필요한 결정이나 해야 할 필요가 있는 것은 무엇인가? 오늘 그것을 하도록 하라.

- **의도적 행동** : 한 주에 한 번씩 당신이 미루고 있을 일을 찾고 그것을 하라. 이것은 아마도 이전에 결정한 것에 대해 또 다른 행동/단계를 필요로 할 수 있다.
- **무제한** : 하나님과 함께라면 모든 것이 가능하다. 당신의 삶에 원하는 어떤 큰 일이 시작되도록 기도하고 생각하기 시작하라. 우리는 또 다른 엑서사이즈를 통해 이것들을 찾아낼 것이다.

이 단계를 미루지 않고 정기적으로 하면 돌파의 라이프스타일을 살 것이다. 컴퓨터에서 작업을 하려면 웹사이트 www.personaldevelopmentgodsway.com 에서 서식을 다운로드 받을 수 있다.

CHAPTER 7
혁신적인 변화
RADICAL CHANGE

Personal Development God's Way

변화의 이해

당신은 너무나 많은 정보 때문에 머리가 터져버릴 것 같은 경험을 한 적이 있는가? 때로는 이와 같은 책을 읽는 것은 소화전에서 물을 마시려고 하는 것과 같다. 엄청난 정보를 받는 것이 아니라 한 모금씩 목을 축이는 것이다.

스트레스가 넘쳐나고 정보가 넘치는 이 시대를 살아가면서 개인적인 변화를 가져오는 것은 쉽지 않다. 마지막으로 필요한 것은 더 많은 정보와 해야만 할 일이 남아 있다는 것이다. 세상이 많은 사건과 테러 등으로 혼란스럽기 때문에 통제가 불가능하고 무엇인가 할 수 없다고 느끼기 쉽다. 사람들이 안정적인 삶을 느끼도록 하는 공통점은 반복과 예측 가능한 것을 통해서이다.

우리는 모두 다른 개인적인 스타일이 있다. 어떤 사람들은 변화를 즐기지만 대부분의 많은 사람들은 그것을 자연적으로 피하려고 한다. 내가 예상컨대, 만약 당신이 삶의 변화를 추구하지 않았다면 이 책을 읽지도 않았을 것이다. 그러므로 당신의 삶이 어떻게 혁신적인 개혁을 이룰 수 있을지 깊이 들어가 보자.

변화의 의미는 다르게 되는 것 혹은 다른 것으로 변화되는 것이다. 성경적 변화의 의미는 하나님의 뜻을 알고 우리가 변화를 하기 시작하거나 마음을 새롭게 하는 과정을 나타낸다. 하나는 확실하다. 하나님은 변하지 않으신다. 우리를 향한 하나님의 사랑 안에서 믿음과 안정을 찾을 수 있다.

> 각양 좋은 은사와 온전한 선물이 다 위로부터 빛들의 아버지께로부터 내려오나니 그는 변함도 없으시고 회전하는 그림자도 없으시니라(약 1:17)

> 예수 그리스도는 어제나 오늘이나 영원토록 동일하시니라(히 13:8)

하나님은 동일하시지만 새로운 일을 계속 허락하신다. 하나님께서는 우리가 계속해서 새로워지기를 원하신다.

> 보라 내가 새 일을 행하리니 이제 나타낼 것이라 너희가 그것을 알지 못하겠느냐 반드시 내가 광야에 길과 사막에 강을 내리니(사 43:19)

사람들이 묻기를 "어떻게 나를 향한 하나님의 뜻을 알 수 있습니까?" 로마서 12장 2절에 분명히 나와 있다. 세상의 방법이나 논리에서 떠나 무한한 하나님의 능력과 사랑을 통해서 당신의 생각의 변화는 시작된다.

> 너희는 이 세대를 본받지 말고 오직 마음을 새롭게 함으로 변화를 받아 하나님의 선하시고 기뻐하시고 온전하신 뜻이 무엇인지 분별하도록 하라
> (롬 12:2)

변화는 필연적이다. 모든 것은 정기적으로 변화한다. 컴퓨터는 속도가 빨라지고 작아지고 있고, 운동선수들은 새로운 기록을 만들어 내며, 새로운 발명의 가능성은 더 커지고 있다.

또 변화는 필요하다. 만약 우리의 삶에 변화를 경험하지 못한다면 우리는 침체되고 따분해질 것이다. 만약 나이에 상관없이 우리가 발전하기 위한 도전이 없다면, 우리 자신은 연약해지고 모든 상황에 취약해질 것이다.

사람들은 변화를 달가워하지 않는 데 그것은 알지 못하는 새로운 것을 포함한 변화보다는 확실한 것이 좋기 때문이다. 변화는 고통이 따를 수 있으며 우리는 좋은 경험을 선호한다. 변화는 노력을 요구하고 우리는 이미 그것에 너무 힘써 왔다.

긍정적인 변화는 자동적으로 일어나지 않으며 우리의 의도적인 노력을 필요로 한다. 어떤 사람들은 열정을 가지고 어떤 일을 하면서 동기부여를 받는 사람도 있다는 것을 기억하라. 그런 상황이 아니라 아마도 당신의 현재 삶에 만족하지 못하는 부분이 있을 수도 있다.

삶의 열정이나 혹은 불만족으로 인하여 변화의 동기부여를 받았다면, 이것을 통하여 변화의 삶을 창조할 수 있다.

과거에 얼마나 많은 노력과 실패가 있었는지 모르지만, 그와는 상관없이 오늘은 새로운 시작이다. 매일매일은 새로운 변화이다! 만약 당

신의 보는 관점을 바꾼다면, 당신은 과거에 묶여 있었던 것들을 돌파할 수 있다는 것을 지금은 볼 수 있을 것이다.

무엇에 집중하는가?

당신은 상황을 어떻게 보는가에 영향을 받는다. 만약 당신이 잘못된 것과 안 되는 이유에 계속 집중을 한다면 결과적으로 그것이 사실이든 아니든 당신은 그 상황을 바꿀 수 없다고 설득이 될 것이다. 당신이 계속 집중하는 것이 당신에게 온다는 영적인 원리가 있다.

> 선을 간절히 구하는 자는 은총을 얻으려니와 악을 더듬어 찾는 자에게는 악이 임하리라(잠 11:27)

우리는 스스로에게 우리가 집중하는 것에 기초하여 예언을 할 수 있다. 당신은 일부러 악을 찾지는 않겠지만 위의 말씀에서 보여 주는 것과 같이 무엇에 힘을 써서 찾고 있는지에 따라 얻는다고 말하고 있다. 만약 당신이 실패자라고 계속 생각을 한다면 적어도 당신 마음에 있어서 더 자주 실패할 것이다.

나는 수년 동안 코미디를 좋아했기 때문에 나를 훈련하여 사역에 그것을 접목시키기 시작했다. 웃음은 마치 영혼의 약과 같다. 나의 첫 번째 대규모 공연에서는 다른 두 명의 전문 코미디언과 협연의 무대였는데, 표가 매진이 되어 300명이 넘게 공연을 보았다. 어떻게 하다 보니 내가 중요 부분을 맡게 되었고 45분이라는 어마한 시간을 배당받았다! 준비를 마치고 다른 코미디언의 공연을 관중석에서 앉아서 보면서 갑자기 내가 한 공연이 좋지 않았다는 생각이 들기 시작했다. 아주 망친 것이 아닌가 하는 생각을 하게 됐다. 공연을 하면서 많은 웃음이 쏟아져 나왔지만 스스로 실패했다고 생각하고 있었기 때문에 나에게 실례가 되지 않도록 사람들이 웃어준 것이라고 생각을 했다. 나중에 다른 코미디언 두 명이 나의 공연에 감동을 받은 것을 알게 되었으며, 내가 비디오를 통해 다시 보았을 때 엄청나게 웃었고 굉장히 잘했다는 것을 알게 되었다. 이 이야기의 요점은 우리 안에서 떠오르는 부정적인 생각을 믿지 말아야 한다는 것이다. 이런 실패의 생각들은 우리가 그렇지 않음에도 실패했다는 생각을 가지게 한다.

대저 그 마음의 생각이 어떠하면 그 위인도 그러한즉(잠 23:7)

우리는 부정적인 생각을 통해 우리의 소명으로부터 벗어날 수 있다. 우리는 잘 알지 못하는 감정의 무게에 눌릴 수도 있게 된다. 만약 당신이 큰 부채를 가지고 있고 계속해서 부채로 인해 좋지 않은 생각을 계속한다면, 그 스트레스로 인해 당신의 삶이 고통스럽게 된다. 이는 마치 목과 어깨에 수치와 절망이 짓누르는 것과 같다.

결론은 지금 그 부채를 줄여갈 수 있는 계획을 짜고, 삶에 그것을 적용시키는 것이다. 실패의 감정과 수치스런 마음을 주님에 손에 올려드리고, 당신의 생각과 힘을 돈을 더 벌 수 있고 그 과정을 즐기며 바로 인생을 바꿀 수 있도록 창조적인 방법을 찾기 시작하라!

당신은 다른 사람이 당신에게 잘못했다고 생각을 한 적이 있는가? 당신은 화가 나고 상처를 받았는가? 만약 그 사람에게 나쁜 의도가 없었다는 것을 알면 어떨까? 당신이 난 화와 상처는 어떨까? 당신은 그것에 더 이상 신경을 쓰지 않고, 새로운 관점을 가지므로 말미암아 화와 상처가 바로 없어질 것이다. 우리는 우리에게 발생되는 모든 일들로부터 새로운 관점을 가질 수 있도록 우리 스스로를 훈련할 수 있다.

한때 좋지 않은 일이 내게 일어났을 때, 나는 하나님을 원망했고 몹시 화가 났다. 어느 하루 나는 그런 좋지 않은 일들이 하나님께로부터 온 것이 아니라는 것을 알게 되었다. 나의 집중과 시각을 바꿈으로 하나님을 바라보는 관점은 즉시 바뀌게 되었다.

당신은 좋지 않은 날 실제로 멈추어 서서 그 상황을 보는 방법을 바꿀 수 있다. 당신의 태도와 감정은 심장박동도 긍정적으로 바꿀 수 있다. 어느 날, 나는 운전을 하며 바쁜 하루 일정을 위해 출근을 하고 있었다. 이미 도착한 후에, 나는 주차장 키카드를 집에서 가지고 오지 않았음을 알았다. 시간이 없었고, 내 마음은 혼란스러워지기 시작했다. 집에 가서 그것을 다시 가져오려면 이 L.A.에서는 적어도 한 시간은 더 소요될 것이다. 나는 이 원리를 적용하여 나의 관심을 바로 바꾸며 말하기를 "하나님, 나에게 차에서 더 기도하고, 격려에 대한 오디오 강의를 더 듣게 하셔서 감사합니다." 나는 좋지 않을 뻔한 하루를 멋진 하루로 바꾸었다. 내가 다시 사무실에 도착했을 때는 다른 때보다 더 평안했고 그것을 다른 사람도 인식했다.

관점을 바꾸는 것을 배우는 것은 로마서 12장 2절의 말씀처럼 당신의 마음을 새롭게 하는 단계이다. 우리는 좋은 것에 관심을 가질 수 있으며, 만약 이것을 우리가 정기적으로 실행한다면 우리의 삶의 모습은 드라마같이 바뀔 것이다. 우리는 어려움 가운데서 긍정적인 것들을 보기 시작할 것이다.

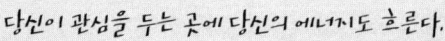
당신이 관심을 두는 곳에 당신의 에너지도 흐른다.

무엇에 관심을 가질 것인지 미리 정하라. 이 작은 노력을 통해 좋지 않은 상황 속에서 좋은 것으로 바꾸는 것을 배우게 된다. 당신은 거의 모든 상황에서 이것이 가능하다는 것을 배우게 될 것이다. 화는 무익하다! 어떤 사람은 마음이 안 좋거나 화를 내기에는 인생이 너무 짧다고 말한다. 나는 항상 이런 좋은 일을 하기에 인생은 길다고 생각한다.

고통 대 기쁨 – 흥미로운 일을 만들기

만약 당신이 혁신적인 변화를 원한다면 우리가 스스로를 제한하고 있는 삶의 영역을 바꾸는 기회를 가질 수 있다. 흥미롭게도 대부분의 한계는 우리가 정한 것이다. 당신이 스스로와 둘러싸고 있는 세상에 대해 무엇을 믿고 있느냐, 두려움, 그리고 불평을 통해 당신의 꿈으로 나아가지 못하도록 한다.

우리 내면의 생각의 우선권 하나를 살펴보고자 한다. 나는 고통스러운 경험을 피하고자 모든 일을 하도록 동기부여를 받는 우리의 모습을 통해서, 자연스럽게 우리를 기분 좋게 하는 쪽으로 이끌려가게 하는 것을 발견하고 나의 삶에 엄청난 변화의 과정을 이루었다.

이 개념은 심리학자 지그문트 프로이드Sigmund Freud가 말한 고통 대 기쁨의 원리에서 발견되었다. 좀 더 자세히 보면, 이 개념이 성경에서 온 것이라는 것을 당신은 찾을 수 있을 것이다. 고통 대 기쁨이라는 표현이 어떤 이에게는 낯설겠지만 사람은 불편함을 피하려 하고, 그것이 좋든지 그렇지 않든지 자연스럽게 기분이 좋게 하는 것으로 끌리게 되는 성향이 있다. 미루는 것도 이 원칙의 좋은 예라고 할 수 있다.

전장에서 언급한 것과 같이 우리가 일을 미룰 때 그 상황을 피하므로 인해 좀 더 편한 마음을 가질 수 있기 때문이다.

이러한 상황을 벗어나기 위해 우리는 미루는 습관을 바꾸어야 하고, 그 일을 피하면 오늘 우리가 감당해야 하는 고통보다 더 큰 고통을 받게 된다는 것을 인식해야 한다. 우리가 일을 피하고자 하는 것은 그 일이 어떤 면에 있어서 고통스러울 것이라는 관점 때문이다. 만약 이것이 사실이 아니었다면 우리는 아마 즉시 행동을 했을 것이다. 우리는 현실에 부딪혀야 하며 우리의 회피로 인한 미래의 결과를 볼 수 있어야 한다. 만약 우리가 계속 상황을 피함으로 일어나는 일들을 볼 수 있을 때, 우리가 그것을 끝내기 위해 더 많은 노력이 필요하다는 것을 알게 될 것이다.

만약 회피의 삶의 스타일을 개발했다면 우리는 고통을 받으며 그 일을 하는 것보다 일을 하지 않음으로 얻게 되는 작은 기쁨이 있다는 것을 믿기 시작할 것이다. 모든 상황에 있어 우리의 현실은 무엇에 관심을 가지고 있는가이다. 만약 고통스러운 일에 관심을 두고 있다면 당신은 낙심하게 될 것이다. 무엇에 관심을 가지고 있는지에 반응하는 것은 혁신적인 변화가 빠르게 오는 것을 허락한다.

만약 우리가 해야 할 일들에 대해 고통스러운 생각을 계속한다면 당신은 실망을 할 것이다. 그 대신에 좋은 것과 이 일을 마치게 될 때 만족스러운 결과를 가져올 것에 관심을 가지라. 이 회피의 삶을 통해 많은 사람들은 폭식과 같은 좋지 않은 것으로부터 만족을 얻으려 한다. 자주 우리는 우리에게 좋지 않은 것들을 행하게 된다. 우리는 행동의 변화를 위하여 반드시 고통 대 기쁨의 연상의 방법으로 바꾸어야 한다.

여기 이 원칙에 대해 성경에서 보여 주고 있는 두 가지 예가 있다.

사도행전 9장 1절부터 18절까지를 보면 사도 바울(이때는 아직 사울이라고 불릴 때이다)은 다메섹으로 가던 노정에서 예수님과의 극적인 만남을 통해 기독교인이 되었다. 하나님은 아나니아라는 사람을 보내어 말하기를 그가 예수를 위하여 고난을 받도록 부름을 받았다고 했다. 바울이 예수님의 복음을 전하기 시작하면서 그는 반대를 경험했고 목숨까지도 위협을 받았다. 고통(그를 부르신 목적)을 직면하기보다 그는 달아나기 위해 바구니에 실려 담벼락을 타고 피신했다. 나중에 그는 자신의 연약함을 인정하게 되었다(참조 고후 11:30~33). 바울은 관점의 변화를 통하여 그리스도를 위한 고통과 위협이 "비교할 수 없는 영광"(고후 4:16~18)이라는 것을 알고 담대한 사도로 변화되었다.

바울은 그리스도를 위한 고난에 대한 부정적인 생각을 새로운 방법으로 보게 되었다. 그의 새로운 집중으로 그리스도를 위한 고통은 단지 좋은 것만 아니라 그의 삶에 중요한 하나님의 뜻이라는 것을 알게 되었다. 그는 고통에 대한 좋은 의미를 알게 되며 후에 상상을 초월한 고통과 연단을 감당하게 된다. 그가 고난을 더 받음으로 더 많은 하나님의 영광을 경험하고 결코 멈출 수 없게 되었다.

또 다른 집중의 변화에 대한 예는 예수가 십자가의 죽음을 당하시기 전 날 밤에 겟세마네로 기도하러 올라갔을 때이다. 그는 분명히 힘든 시간을 보냈고, 그 일을 감당하는 것을 원하지 않았다. 그는 하나님께 그 고통스러운 일을 없애달라고 기도를 했다. 예수님은 그것을 통해 있을 유익을 보게 되었다. "내 원대로 마옵시고 아버지의 원대로 되기를 원하나이다"(눅 22:42)라고 마지막으로 말씀을 하셨다.

우리는 항상 연관성을 만들어 낸다. 어떤 음식을 통해 아픈 적이 있다면 다음에 그 음식의 냄새만 맡아도 아픈 것 같은 경험을 한 적이 있는가? 만약 당신이 슬플 때 듣는 음악이 있는 데, 지금 그 음악을 듣고 있다면 그 일이 있었던 것은 어제였더라도 슬픈 감정을 느끼게 된다. 이러한 부정적인 연관성은 두려움과 의심을 가지고 와서 앞으로 나아가지 못하고 뒤로 물러나게 한다. 이러한 것들을 인식할 때 그것들에서 벗어나 우리의 소명으로 가는 여정으로 나아가게 된다.

이 원칙이 어떻게 관계에 영향을 미치는지 살펴보자. 당신은 아마도 관계 가운데 있다는 것을 통하여 대단한 만족을 가질 수 있다고 믿을 것이다. 그러나 과거의 경험에 기인하여 고통스러운 관계로 접어들게 된다. 당신은 상대방과의 관계가 잘 진행되기 시작할 때 상대의 잘못을 찾기 시작하고 무의식중에 관계 가운데 고통을 가져오도록 방해한다. 사실 관계에 있어서는 어느 모양으로든 고통은 있다. 하지만 참 사랑을 통해 그것과 비교할 수 없는 만족을 느낄 수 있게 된다. 당신은 좋지 못한 과거로부터 나와 좋은 영향력을 줄 수 있는 관계 가운데로 다시 들어갈 필요가 있다.

    이 원칙은 성공에 엄청난 영향을 주게 된다. 당신이 성공에 대한 갈망이 있고 비지니스를 통하여 큰 만족을 원하다고 하자. 그러나 그 뒷면에 당신의 마음에는 더 큰 문제들과 세금 문제, 그리고 직원들의 문제 등으로 걱정을 하고 있을 수 있다. 당신은 그러한 스트레스 때문에 과거에 그러한 일들을 포기했다. 그리고 당신이 어느 정도의 성공의 자리에 올라왔다면 어떤 한 면으로는 그것을 방해하려는 속마음이 있다. 당신은 단절하고 결정을 미루며 오래된 중독으로 빠져들고 다른 좋지 않은 것을 추구할 수 있다.

    다시 말하면 성공을 통한 좋은 혜택을 누리기 위해서는 스스로를 새롭게 하여야 하고, 사업 가운데 어느 정도의 고통이 수반된다는 것을 직시해야 한다. 그러면 당신은 어려운 시간이 왔을 때 포기하는 것이 아니라 그 일을 돌파하고자 하는 의지가 더 생기게 될 것이다. 이러한 패턴들은 우리 각자에게 어떤 모양으로든지 실제적으로 살아 있으며 역동성을 준다. 당신은 고통과 기쁨의 관계성을 통하여 그것들을 바꾸고 돌파할 수 있다.

    내가 발견한 것을 말하고자 한다. 삼 년 동안 나는 하나님께서 나에게 책을 쓰라고 하신 것을 알고 있었다. 나는 성공한 설교자였고, 일 년의 스케줄도 이미 다 차 있었다. 나는 수천 명에게 하나님의 사랑을 새로운 방법으로 나누며, 도울 수 있는 메시지를 개발했다. 나는 그러한 새 책에 대한 연구를 마쳤고, 실질적인 행사 및 전도를 통해 수년 간 준비해 온 것들이 제대로 역할을 하는지 시험을 해야 했다. 많은 사람들이 내가 책을 쓰면 그 책을 읽고 싶다고 말을 했다.

그러면 무엇이 나로 하여금 책을 쓰지 못하게 했는가? 내가 그것을 인식하지는 못했지만 그것이 실패에 대한 두려움이라는 것을 알게 되었다. 나는 책을 써 본 적도 없고, 영어 과목을 잘 하지 못했기 때문에 책을 쓰기 위해 앉아 있는 것이 고통스러웠다. 나는 책이 형편없어 사람들이 좋아하지 않을 것이라고 생각을 했다. 그리고 이 책이 출판사로 넘겨졌을 때는 내가 굉장히 존경하는 수많은 동료들과 친구들에게도 읽혀지게 될 것이다.

하지만 내가 그 책을 쓰지 않고 나중에 정말 큰 기회를 놓쳤다는 것을 알게 된다면 어떨까? 만약 다른 사람이 내가 쓰려고 한 책을 써서 성공을 한다면 어떨까? 만약 그 책을 통해 세상에 있는 수천 명의 사람들이 그것을 읽고 변화가 된다는 가능성이 있다면 내가 그 책을 쓸 것이다. 나는 또한 책 수입금을 통하여 더 많은 행사와 더 많은 사람들에게 영향을 줄 수 있는 것에 대해 생각하기 시작했다. 사실 나는 책을 쓰지 않는 것보다 책을 씀으로 인해 얻는 것이 더 많다는 것을 경험하게 되었다. 그래서 결국 내가 책을 쓰지 않고 겪는 고통이 쓰고 겪는 고통보다 훨씬 더 하다는 것을 아는 위치까지 오게 되었다.

그렇게 나는 확신이 생겼다. 그러나 글을 쓰는 것은 역시 내게 힘든 일이었다. 나는 이러한 고통스러운 과정을 즐겁고 재미있게 할 수 있는 방법을 찾을 필요가 있었다. 나는 커피를 많이 마시지는 않지만 스타벅스 같은 곳을 좋아하기 때문에 내가 편안하고 좋은 영감을 받을 수 있도록 커피숍과 같은 곳을 찾아다녔다. 그래서 스타벅스를 매일 가게 되없고 삼 주만에 초본을 마칠 수 있었다. 그 곳에 있었던 나무의자 때문에 등은 좀 쑤셨지만 책을 쓰는 것이 점점 재미있어졌다. 글을 쓰는 동안 음악도 듣고 글을 쓰는 다른 사람들도 알게 되었다. 우리는 서로에게 격려가 되었다.

이것이 "예언, 꿈, 전도"라는 책으로 나오게 되었고, 수천 명의 사람들이 좋아했으며 내가 그러한 돌파를 가져온 것이 참 기뻤다. 그래서 지금은 책을 쓰는 것이 즐겁고 더 이상 고통스러운 과정이 아니다. 그 이후 글을 쓰는 것은 매일의 일과가 되었다. 하나님이 은사로 내게 주셨으나 내가 인식하지 못하므로 스스로를 제한한 것은 내 안에 있는 두려움이었다.

요약을 하자면 당신은 무엇에 집중하고 어떻게 상황을 보는지를 바꿈에 따라 간단히 변화를 가져 올 수 있다. 당신은 어떠한 일을 미루는 이유를 인식하게 되고, 해야만 되는 일을 회피하는 상황 속에서 스스로 돌파하는 방법을 발견하게 될 것이다. 우리가 무의식중에 어려운 일을 감당하는 고통에 무게를 둔다면 그 어려운 일은 우리를 더 힘들게 할 것이다. 만약 우리가 고통을 인식하고 그것을 즐겁게 할 수 있는 방법을 찾거나 그것을 해야 할 이유를 충분히 찾는다면 그것이 우리를 붙잡지 못할 것이다!

당신은 사람들이 그들의 소명으로 나아감에 있어서 간단히 일을 배우고 결정하며 그것을 이루어 나아가는 과정에 대해 잘 인식하지 못할 수 있다. 이것이 당신을 그러한 자리에서 나와 하나님의 손과 손을 맞잡고 당신의 부르심으로 나아갈 수 있도록 일을 시작하게 하는 것이다. 이것은 단지 미루었던 일을 하거나, 그것에 대해 걱정하며 의식적으로 생각을 하는 것이 아니라, 즐기면서 하는 방법을 찾는 것이다.

1. 1장 또는 전장에서 본인이 미루던 일중 하나를 살펴보자.

2. 고통, 기쁨의 원리를 생각하고 미루는 일에 관련된 고통이 무엇인지 적어 보자.

3. 미룸으로서 얻은 기쁨이 무엇이 있는지 써 보자.

4. 실행하지 않으면 치룰 대가를 몇 문장으로 적어 보라. 무엇을 놓치고, 무엇을 느끼고, 무슨 일이 있을까?

5. 일을 행했을 때 있을 기쁨을 생각하라. 어떤 혜택이 있을까? 어떤 긍정적인 일이 있을까? 어떻게 하면 더 재미있게 할 수 있을까?

컴퓨티에시 작업을 하려면 웹시이트 www.personaldevelopmentgodsway.com 에서 서식을 다운로드 받을 수 있다.

CHAPTER 8
개인 변화
PERSONAL TRANSFORMATION

Personal Development God's Way

당신의 인생을 디자인하라

당신의 개인적인 성향에 따라 인생에 대한 그림을 그릴 수도 있고, 계획을 세우는 것이 당신을 구속한다고 느낄 수도 있다. 우리는 개개인이 다르기 때문에 계획을 한다기보다는 빛을 만들어 내는 것과 같이 삶을 디자인한다는 표현을 통하여 생각을 발전시키면 좋겠다. 계획이라는 것은 좀 돌처럼 굳어져 보이지만 디자인이란 표현은 좀 더 유기적이고 당신이 이전보다 좀 더 창조적이 될 수 있게 허락한다. 예수님께서 계획에 대해 누가복음 14장 28절에서 말씀하신 것을 참고하라. 예산을 준비하는 것은 마치 계획을 세우는 것과 같다.

> 너희 중의 누가 망대를 세우고자 할진대 자기의 가진 것이 준공하기까지에 족할는지 먼저 앉아 그 비용을 예산하지 아니하겠느냐(눅 14:28)

마태복음 25장 14-30절까지 예수님께서 주인이 한 사람에게는 금

다섯 달란트를, 그리고 또 다른 사람에게는 두 달란트를, 그리고 다른 사람에게는 한 달란트를 준 예화가 나온다. 두 달란트 그리고 다섯 달란트를 받은 자들은 어떠한 단계를 통해 일을 하여 그 돈을 두 배로 만들었다. 하지만 한 달란트를 받은 자는 그것을 땅에 묻고 더 벌기 위한 노력을 하지 않았다. 주인은 아무 노력도 하지 않은 종을 보고 기분이 좋지 않았다. 이 예화는 하나님께서 우리에게 "우리의 능력에 따라 주시는" 하나님의 선물과 달란트에 대해 보여 주고 있으며, 하나님께서는 우리가 그것을 사용하기를 원하신다.

불행히도 많은 사람들은 그들이 발전하는 것에 대한 가치를 알지 못한다. 왜냐하면 그들의 행동과 하나님께서 주신 은사와 삶의 소명의 직접적 연관성을 보지 못하기 때문이다. 당신은 하나님의 참 창조물이다. 지금까지 우리가 나눈 성경적인 원리들을 사용하여, 기독교인들이 그들의 삶에 성령님의 능력을 받고 향상되는 가능성을 상상해 보아라. 교회들은 창조적인 재정후원 방법을 찾게 되고, 가족들은 힘을 얻으며, 우리의 자녀들은 그들의 소명을 위해 어린 나이부터 정진하고, 우리 모두 다시 한 번 변화되어 이 지구상에서 하나님의 능력을 최고로 사용하는 사람의 예가 될 수 있다.

두려움을 극복하라

왜 많은 사람들이 하나님께서 허락하신 것들을 더 구하지 않는가? 가장 큰 이유는 두려움이다. 가장 빠르게 두려움을 극복하는 방법은 이전 장에서 언급했던 집중의 능력이다. 당신이 이성적이건 실제적이건 간에 무엇에 집중하느냐에 따라 그것이 현실이 된다는 것을 기억하라. 만약 우리가 그것을 하지 못하는 이유에 집중한다면 결코 우리는 그 일을 해내지 못할 것이다. 당신은 어떻게 작은 일을 매일매일 하느냐에 집중하는 대신 변화가 얼마나 힘든지에 더 집중할 수 있다.

거절에 대한 두려움, 실패에 대한 두려움, 성공에 대한 두려움, 혼자라는 외로움, 사랑에 대한 두려움, 알지 못하는 것에 대한 두려움 등 무엇이 당신에게 있든 유익을 가져다 줄 수 없다. 두려움은 당신이 소명의 길로 나아가지 못하게 하는 가장 큰 장애물 중에 하나이다. "두려워하지 말라"라는 말씀은 성경에 거의 70번이나 기록되어 있다. 이것은 정말 많이 언급된 것이다.

> 야곱아 너를 창조하신 여호와께서 지금 말씀하시느니라 이스라엘아 너를 지으신 이가 말씀하시느니라 너는 두려워하지 말라 내가 너를 구속하였고 내가 너를 지명하여 불렀나니 너는 내 것이라 네가 물 가운데로 지날 때에 내가 함께할 것이라 강을 건널 때에 물이 너를 침몰하지 못할 것이며 네가 불 가운데로 지날 때에 타지도 아니할 것이요 불꽃이 너를 사르지도 못하리니(사 43:1~2)

두려움을 극복하는 가장 좋은 방법은 그것을 인식하고 더 나아가는 것이다. 성경은 두려움에 대해 이야기할 때 그것이 단지 감정뿐 아니라 영적인 것이라고 말을 하고 있다. 하나님께 우리의 두려움을 모두 올려드리고 기도하는 것과 "근신하는 마음" Sound mind를 달라고 하며 그것이 무엇인지 인식하는 것은 중요하다.

> 하나님이 우리에게 주신 것은 두려워하는 마음이 아니요 오직 능력과 사랑과 절제하는 마음이니(딤후 1:7)

때로는 우리가 소명의 길로 나아가지 못하거나 변화를 하지 못하는데, 그것은 우리가 원하는 것을 알지 못하기 때문이다. 그러나 우리가 원하는 것을 알고 돌파하지 못하는 부분과 계속 정진해 나아가는 부분을 알게 되면서 두려움이 멈추게 된다.

두려움을 극복하는 열쇠들

당신은 두려움이나 분노를 경험해 본 적이 있는가? 두려움은 몸 전체를 쓸어내릴 수 있는 에너지와 같다. 가능한 한, 당신이 나아갈 방향과 멀어지게 하는 대신 좀 더 그 방향으로 나아갈 수 있도록 재설정하라. 그것이 당신을 조종하게 하지 말고, 그 힘을 인정하고, 에너지를 재조정할 수 있게 하라. 대부분 두려움과 싸우는 것이 두려움에 사로잡히는 것보다 더 많은 에너지를 사용하게 된다.

당신은 처음으로 높은 다이빙대에서 깊은 물로 뛰어내린 적을 기억하는가? 어떻게 그렇게 다이빙을 할 수 있었는가? 나는 떨어지는 내내 소리를 질렀다. 많은 사람들이 몰랐던 것은, 내가 그때 수영을 할 줄 모른다는 사실이었지만 내가 물에 떨어지자 곧 수영을 배웠다. 나는 물

밖을 바라보고 있었고, 기절하는 줄 알았지만 나의 친구들은 나를 응원하고 있었다. 몇 번을 되풀이하면서 두려움은 없어졌다. 당신이 계속함에 따라 그 상황들에 대한 공포가 줄어드는 것을 경험하게 될 것이다. 만약 이것을 당신이 규칙적으로 한다면 또 다른 돌파의 습관을 배우게 되는 것이다.

난 대중 앞에서 말하는 것을 정말 두려워했다. 내가 그 일을 몇 번 하고 난 후에 이것에 대한 두려움을 떨칠 수 있었고, 대중 앞에 서는 일을 하며 살고 있고, 이제는 그것을 사랑한다. 두려움을 없애기 위한 몇 가지 단계들이다. 연설에 대한 수업을 듣고, 소그룹에서 이야기를 하고, 전화가 필요하면 전화를 걸고, 학교에 등록하고 등등. 그런 행동을 오늘 취하라!

나는 비행기 타는 것을 싫어했다. 내가 싫어했던 것은 기류에 의한 비행기의 흔들림이었다. 정말 끔찍했다. 그러나 나의 일에 비행기 타는 것은 필요한 부분이었다. 나는 비행의 두려움에 대한 책을 읽었고, 그 두려움은 사실에 근거한 것이 아니라는 것을 알게 되었다. 나는 이제 비행기 안에서 그런 상황을 어려워하는 이들을 돕는다. 나는 사람들에게 놀이동산에 가서 이런 재미를 보기 위해 돈을 내면서도 타지 않느냐고 말하며, 마치 롤러코스터에 탄 것처럼 손을 들곤 한다. 그러한 농담은 사람들이 두려움에서 벗어나도록 도움을 주고 하루에도 수천 개의 비행기가 사고 없이 다니는 것을 인식하게 된다. 집중의 능력은 당신의 두려움에 대해 새로운 관점을 주게 된다.

카렌은 교회에서 소그룹을 통해 성경공부를 하라는 하나님의 부르심에 대해 알고 있었다. 그녀는 소그룹 앞에서 이야기하는 것이 너무 두려웠다. 그녀는 용감하게도 전문학교에 가서 대화에 대한 수업을 듣고, 수업을 듣는 사람 앞에서 연설을 하게 됨으로 두려움을 없앨 수 있었다. 몇 번을 하고 나서는, 그녀는 소그룹뿐만 아니라 교회의 저녁집회에서도 말씀을 나누게 되고 그것을 즐기게 되었다.

자신의 죽음

우리가 우리의 두려움에 대한 돌파를 생각할 때 어떤 사람은 차라리 죽는 것이 낫다고 생각할 수 있다. 심각하게도 정말 어떤 사람은 대중연설보다 죽는 편이 더 나았다고 한다. 마음을 새롭게 함으로 변화되어 우리의 성품을 그리스도께 이르게 하는 것은 성화의 과정이다. 이것은 우리에게 "자신에게 죽는" 것을 요구하고 그것을 통해 하나님의 영이 사는 것을 허락하는 것이다.

성경에 우리의 죄성 혹은 "옛 사람"에 대해 죽는 것을 말하면서 하나님께서 우리 안에 사시는 것에 대해 말하고 있는 구절들이 있다.

> 우리가 알거니와 우리의 옛 사람이 예수와 함께 십자가에 못 박힌 것은 죄의 몸이 죽어 다시는 우리가 죄에게 종노릇 하지 아니하려 함이니 이는 죽은 자가 죄에서 벗어나 의롭다 하심을 얻었음이니라(롬 6:6-7)

> 내가 그리스도와 함께 십자가에 못 박혔나니 그런즉 이제는 내가 사는 것

이 아니요 오직 내 안에 그리스도께서 사신 것이라 이제 내가 육체 가운데 사는 것은 나를 사랑하사 나를 위하여 자기 자신을 버리신 하나님의 아들을 믿는 믿음 안에서 사는 것이라(갈 2:20)

이것은 당신의 인생을 변화시키는 과정에 있어서 필요하다. 그러나 이 원칙은 잘못 이해되기도 하며, 많은 사람들은 극단적으로 모든 바람과 계획들은 다 내려놓아야 된다고 믿는다. 이것은 우리가 어떠한 갈망이나 생각을 가질 수 없다는 것이다. 만약 그렇다고 한다면 우리는 하나님의 로봇일 뿐이다. 하나님께서는 우리가 갈망하고 즐길 수 있는 좋은 것들을 주시기 원하신다.

또 여호와를 기뻐하라 그가 네 마음의 소원을 네게 이루어 주시리로다(시 37:4)

자신에게 죽는다는 의미는 당신의 삶을 하나님의 영과 바른 동기와 의도로 일하여 당신의 삶을 새롭게 하라는 것이다. 이 말씀은 당신이 당신을 위한 갈망이나 소망을 가질 수 없다는 것이 아니다. 이것은 당신이 순수한 동기를 가지고 있다면 하나님께서 당신의 갈망을 당신에게 허락하신다. 하나님께서 당신의 성품과 동기를 바꾸실 수 있도록 허락해야 하며, 그러므로 말미암아 당신의 개인적 욕심이나 정욕을 따라 본인을 위한 능력과 진급을 위한 것이 아니어야 한다.

나는 이 개념을 두 잔의 물 컵에 비교하기를 원하는 데, 한 컵은 오른손에 또 한 컵은 당신의 왼손에 있다고 생각해 보라. 오른쪽에 있는 컵은 당신의 모든 경험을 나타내며 반 정도 차 있고, 혼탁하며 깨끗하지 않다. 그 안에는 좋은 것들도 있지만 또한 좋지 않은 것도, 나쁜 경험들도 있다. 왼손에 있는 물 컵은 온전한 지혜와 하나님의 성품을 나타낸다. 가득 차 있고 또한 깨끗한 물이다.

많은 사람들이 생각하기를 당신의 삶에 하나님을 더 원하기 때문에 그분의 잔으로부터 당신 잔에 물을 담으며 그것을 통해 하나님으로 더 채워진다고 생각한다. 그러나 그 물은 여전히 혼탁하고 깨끗하지 않은 물이다. 당신은 먼저 당신의 잔에 있는 물을 비워내고, 컵을 깨끗하게 닦아야 한다. 이것이 순전하고 거룩하며 혹은 그리스도를 닮고 성화의 과정에 이르는 것이다. 이러므로 예수님께서 당신 스스로를 영적으로 영원히 목마르지 않게 하는 생수라고 하셨다(요 4:10~14).

한 예로 부유해지는 것은 좋은 바람이자 당신의 소명이라고 말해 보자. 그러나 그 부유함이 욕심과 정욕에 기인한 갈망이라면 당신의 컵(마음)은 혼탁하고 깨끗하지 않을 것이다. 당신은 이러한 동기에서 기인한 것들을 죽이고 하나님의 성품과 자비와 사랑, 그리고 인애로 당신의 마음(컵)을 깨끗하게 하여 깨끗한 "생수"를 담아야 한다. 이 물은 단지 당신이 마셔서 몸에 유익을 주는 것뿐만 아니라 다른 사람들과 나눌 때도 절대 마르지 않고 부족하지 않게 된다.

마음을 새롭게 한다는 것에 대한 너무나도 많은 설교가 있으나, 이것을 실질적으로 할 수 있는 지침을 가르쳐 주는 설교를 나는 많이 찾지 못했다. 항상 긍정적인 것을 생각하고 성경의 말씀을 인용하며 사는 것이 쉬운 것만은 아니다. 나는 수년 동안 그래왔지만 육적인 생각들을 완전히 제거하는 것은 가능하지 않았다. 그런 것을 더 생각하지 않으려고 노력할수록 더 많이 그것을 생각하게 되었다. 그래서 나를 붙잡고 있는 좋지 않은 생각에 집중하는 것을 하나님을 향한 감사와 계속되는 은혜를 생각하면서 내 생각을 바꾸었다. 점진적으로 그러한 생각은 내가 하나님의 사랑과 은혜에 집중하는 데 에너지를 더 쏟아 부음에 따라 그 힘을 잃게 되었다. 나는 "하나님, 당신의 계속되는 은혜로 나의 생각을 당신의 생각으로, 나의 비전을 당신의 비전으로 바꾸어 주심에 감사를 드립니다"라고 기도를 한다.

당신의 마음과 생각하는 방법을 변화시키기 위해서는 무의식중에 있는 생각을 바꿀 필요가 있다. 광고들은 이미 이러한 방법을 사용하고 있으며, 우리 또한 그것이 긍정적인 방법으로 사용되도록 찾아야 한다.

당신의 생각의 변화

당신에게 생각하는 것을 그만하라고 요구하는 것은 어려운 일이지만 대신에 좋은 것을 생각하라고 하는 것은 더 쉽다. 또 어떤 것을 하지 않는 것에 집중하라는 것은 어려우나 좋은 행동을 하는 것에 집중하라는 것은 좀 낫다. 우리가 이것을 붙잡을 때 우리를 괴롭히고 힘들게 하는 좋지 않은 생각들로부터 자유로워질 수 있다.

당신의 마음을 새롭게 하고 하나님의 성품을 개발하는 것은 죄를 짓지 않으려고 노력하는 것 그 이상을 포함한다. 만약 당신이 어떤 것을 하지 않는 것에 계속 집중을 하거나 좋지 않은 행동을 하지 않는 것에 집중을 한다면 그것에 대해 계속 생각하게 될 것이다. 결과적으로 당신은 변화되지 않은 것에 대해 죄의식에 사로잡히게 될 것이다. 신약에서 베드로가 우리에게 말하고자 한 것은 우리의 마음을 부정적인 생각에 반대되는 긍정적인 것에 집중하라는 것이다.

> 그러므로 너희 마음의 허리를 동이고 근신하여 예수 그리스도께서 나타나실 때에 너희에게 가져다 주실 은혜를 온전히 바랄지어다(벧전 1:13)

대부분의 사람들은 우리의 뇌가 "아니오" 혹은 "하지 마세요"라는 말에 잘 반응하지 못한다는 것을 알지 못한다. 우리가 어떤 것에 대해 "생각하지 마세요"라고 말을 했을 때 우리는 그것에 대해 생각을 하지 않을 수 없다. 만약 내가 지금 "핑크색 코끼리를 생각하지 마세요, 정말 생각하지 마세요"라고 말을 한다면, 내가 말한 바에 의거하여 당신의 두뇌는 명령을 수행하기 위해 내가 하지 말라고 말한 그것을 생각하게 된다.

아버지가 새로 구입한 흰 블라우스를 입은 딸에게 "무엇을 하든지 초코렛 우유를 흘려서는 안 돼"라고 했다고 가정해 보자. 당신이 생각하건대 그 딸은 우유를 흘렸다고 생각을 할 것이다. 그녀는 실제적으로 우유를 흘리지 않았음에도 불구하고, 아버지의 말에 대해 생각을 하기도 전에 그것에 대한 가능성을 먼저 생각하게 된다. 오히려 아버지가 "오늘은 우유를 참 잘 마시는구나"라고 말하는 것이 더 그의 딸이 실수하지 않도록 격려하는 말이 될 것이다. 이것이 하지 말아야 될 것에 반하여 무엇을 해야 하는지를 성경에서 읽어야 하는 이유이다. 그렇다, 성경에는 하지 말아야 되는 것도 언급을 했지만 당신은 하지 말아야 되는 것보다 해야 되는 것을 더 많이 찾게 될 것이다.

집중의 힘을 기억하라. 우리가 부정적인 것에 집중을 한다면 우리는 계속해서 부정적인 것과 씨름을 해야 한다. 계속해서 저항하는 것에 집중하는 것은 단지 부정적인 생각을 하게 만든다. 그 대신 베드로가 말한 것처럼 "너희에게 가져올 은혜를 온전히 바랄지어다"와 같이 좋은 생각으로 바꾸어라. 나는 이것이 더 많은 생산력이 있다는 것을 알게 되었다.

> 나는 내가 무엇을 하지 말아야 하는지에 집중하는 것보다 무엇을 해야 하는지에 집중함으로 내 인생에 더 좋은 결과들을 얻게 되었다.

사도 바울이 같은 원칙에 대해 나누고 있다.

끝으로 형제들아 무엇에든지 참되며 무엇에든지 경건하며 무엇에든지 옳으며 무엇에든지 정결하며 무엇에든지 사랑받을 만하며 무엇에든지 칭찬받을 만하며 무슨 덕이 있든지 무슨 기림이 있든지 이것들을 생각하라(빌 4:8)

또 사도 바울은 영적 열매(사랑, 희락, 화평, 오래 참음, 자비, 양선, 충성, 온유, 절제)를 개발하는 것에 대해 말하고 있다(갈 5:22~23). 베드로는 어떻게 체계적으로 신의 성품(믿음에 덕을, 덕에 지식을, 지식에 절제를, 절제에 인내를, 인내에 경건을, 경건에 형제 우애를, 형제 우애에 사랑)을 개발하는지에 대해 쓰고 있다(벧후 1:5~7).

　당신의 마음을 새롭게 하는 것과 하나님의 성품으로 바꾸기 시작하는 것은 훈련이 필요하다. 바울이 성품을 하룻밤 사이에 일어나는 일이 아니라 자라는 과정을 필요로 하는 과일에 비교한 것을 유의하라. 당신은 내가 했던 방법을 좋아할지 모르겠다. 나는 영적 열매(갈5:22~23)를 암송하여 하루 종일 내 자신에게 말했다. 몇 번이고 반복해서 각각의 열매를 나의 영혼과 마음에 입력을 시켰다. 내가 그렇게 하며 걷고 기도하기를 시작한 후 나의 몸과 영혼은 건강해졌다. 몇 주가 지난 후 나는 내가 걷고 있는 중에 자연스럽게 좋은 것들을 생각하고 있다는 것을 알게 되었다. 내가 그것들을 의도적으로 생각하지 않아도 자연스럽게 하나님의 그러한 성품들에 반응하기 시작했다.

믿거나 말거나 – 당신의 믿음의 시스템에 기인한다

　나는 변화의 과정을 수십 년에 걸쳐 해 오고 있다. 내가 처음 훈련을 시작했을 때는 순조롭게 진행을 하다가, 어느 순간 일들이 생겨 난장판이 되거나 넘어지게 함으로 이전으로 돌아가게 되었다. 당신에게도 이러한 일들이 일어났는가? 시작은 좋았고 성공의 가도를 달리게 되다가 갑자기 우울해지며 이전의 파괴적인 행동으로 돌아가고 싶다는 생각이 든다. 당신은 과도한 일과 피로로 인해 스트레스를 받기 시작한다. 이러한 상태는 당신이 일하기 싫고, 일해 온 모든 것들을 위험에 빠지게 한다.

사람들은 이것을 영적전쟁이라고 말하기도 하며 그럴 가능성도 크다. 하지만 만약 이것이 반복된다면 무의식적인 행동이 당신에게 영향을 주고 있을 가능성이 크다. 전원의 스위치를 기억하라. 이 모든 것이 당신의 믿음으로부터 온 것이다. 왜냐하면 그것은 우리 자신에 대한 믿음과 하나님께서 우리의 행동에 영향을 주실 수 있다는 것을 믿기 때문이다. 그렇다, 사단은 당신을 공격할 수 있지만 그들은 당신이 무엇을 할 수 있다는 그 믿음을 통하여 그렇게 할 것이다. 사단은 예수님이 광야에 있을 때 말씀을 이용하여 유혹하려 하였다. 그 말씀들은 예수님이 믿는 율법에서 기인하고 사단은 그것을 교묘히 꼬아서 사용하였다.

우리는 우리의 믿음의 체계를 매우 어린 나이에 개발한다. 믿음의 시스템은 우리가 그것들에 대해 "이래야 한다"라는 우리의 세계관과 가치에 기인하여 나타나는 방법이다. 대부분 우리의 믿음은 사실 혹은 우리의 생각의 과정과 지혜로운 선택에 기인하지 않는다. 연구에 의하면 80퍼센트 이상의 우리의 믿음은 여덟 살 이전에 배우게 된다고 한다. 우리가 하는 대부분의 행동은 우리의 무의식의 믿음 체계에서 나온 것이다.

두려움과 의심에 기인한 믿음은 온도조절계와 같다. 일이 점점 열을 받아 잘 되고 있을 때 당신의 무의식 속에서 "에어콘을 켜라"라고 말을 한다. 두려움과 의심이 당신을 편한 이전의 자리로 내려놓기 원한다. 많은 경우 이러한 믿음은 우리들을 하나님께서 생각하시는 것보다 훨씬 못한 상태로 이끈다. 하나님께서 우리를 충만한 가능성으로 보신다는 것을 기억하라.

우리를 끌어내리는 그런 믿음들은 관계 가운데 실패와 불륜과 폭식, 그리고 술과 약을 사용하게 한다. 포르노물과 같은 광범위한 중독은 의식적으로 왜인지 알지도 못한 채 스스로를 그들의 소명의 길에서 부분적으로 파괴하게 만든다. 만약 당신이 당신의 믿음체계를 점검하지 않았다면 아마도 당신의 선택이 아니라, 당신의 부모나 선생님들 혹은 친구들을 통해 남들에 의해 개발되고 영향을 받은 믿음의 체계가 지금 당신 안에서 작동을 하고 있는 것이다. 나는 부모나 선생님들에게 불명예를 주고 싶지 않다. 그들 또한 그들의 믿음의 체계를 선택한 것이 아니라 다른 사람으로부터 단지 전수받은 것이기 때문이다.

당신은 자라면서 다음과 같은 말들을 들었을 것이다.

- 대체 너는 누구라고 생각하는 거야?

- 돈은 나무에서 자라는 것이 아니야

- 너는 동생처럼 이쁘지가 못해

- 너 스스로는 아무것도 못할 거야

- 좀 더 좋은 직장을 가져라

- 너는 패배자야

- 너는 네 아버지와 똑같아

- 나는 네가 부끄러워

- 너는 언제 철이 들래?

● 너는 너무 역겨워

이러한 말들이 당신 속에 배어 있다. 당신은 어린 나이에 그것이 사실이 아님에도 불구하고 그것들을 믿기 시작한다. 당신의 두뇌는 마치 컴퓨터와 같다. 경험에 의해 프로그램 된다. 이러한 프로그램은 부정적인 자아의 모습으로 나와 생각에 영향을 미치고 프로그램의 배경으로 사용된다. 슬픈 것은 이러한 이야기들이 어떤 사람으로부터 다른 사람에게 전달되고 또 그것이 당신에게 전달된다는 것이다. 이것은 세대에서 세대로 이어져 내려간다.

우리는 성령님의 능력을 통해 우리의 마음을 새롭게 하는 과정을 통하여 하나님으로부터 온 좋은 것들에 대한 믿음을 가질 수 있다. 이러한 믿음은 우리를 강하게 한다. 이러한 믿음은 우리가 어릴 때 허락하는 권위를 가진 사람으로부터 올 수 있다.

우리는 또한 우리 자아와 다른 사람들, 그리고 인생 전반에 걸쳐 부정적인 것을 믿는 하나님이 주시지 않은 믿음을 가질 수 있다. 이러한 믿음은 우리를 제한하고 약하게 한다. 그것들은 우리의 인생을 어둡게 하고 자아를 낮추며 우울하게 만든다. 효과적이고 실질적인 방법은 우리에게 좋지 않은 것을 발견하고, 그 믿음을 바꾸어 우리의 마음을 빨리 새롭게 하는 것이다. 당신은 선택할 수 있는 능력이 있고, 제한된 행동과 생각으로부터 벗어날 수 있다는 것을 기억하라.

우리의 상황과 믿음 가운데 갈등이 생긴다면 우리는 여러 가지 스트레스, 혼란, 화, 두려움과 같은 불편함을 경험하게 된다. 고통과 갈등을 통하여 우리가 상황이나 우리 믿음에 대해 변화할 필요가 있다는 것을 알 수 있다. 다시 말하자면, 우리가 보는 관점에 따라 우리가 세움을 받든가 아니면 망하게 된다.

믿음과 상황의 갈등의 예들

▶▶▶ 당신은 어렸을 때 성경을 읽고 매일 기도하여야 좋은 기독교인이 된다는 믿음의 체계가 형성되었다. 당신의 상황은 매우 바쁘고 항상 그렇게 할 수 없다. 결과적으로 마음이 편하지 않고 죄의식을 느끼게 된다. 당신이 이것에 대해 해결할 수 있는 옵션은 시간을 사용하는 방법을 바꾸고, 성경을 읽는 시간을 따로 정하거나 당신이 성경을 매일 읽지 못하더라도 하나님께서 당신을 사랑하신다고 믿음의 체계를 바꾸는 것이다. 나는 당신이 성경을 읽기를 권하지만 매일 그렇게 못한다고 해서 <u>스스로</u>를 원망하지 마라.

▶▶▶ 당신은 부모를 통하여 좋은 아빠와 엄마가 되기 위해 좋은 삶을 만들어 가야 한다는 믿음을 개발하였다. 그러나 당신의 현재 상황은 충분한 돈도 없고 때로는 직장도 많이 바꾸어야 한다. 결과적으로 당신 마음 안에 실패했다는 불편한 마음이 들게 된다. 해답은 당신에게 맞는 직장을 찾든가 당신이 얼마나 돈을 많이 버느냐에 따라 좋은 부모와 배우자가 되는 것이 아니라, 가족을 사랑하고 건강한 관계를 통해 그렇게 된다고 당신의 믿음을 바꾸는 것이다.

▶▶▶ 당신은 친구들로부터 행복해지기 위해 결혼을 해야 한다고 듣고 믿어왔지만 당신에게 꼭 맞는 배우자를 찾지 못했다. 그리고 정말 "이 사람"이라고 생각이 드는 사람을 찾았을 때, 왜 그런지 이유도 알지 못한 채 이별을 하게 된다. 그 결과 당신은 허무하고 불행하다는 불편한 마음을 가지게 된다. 해

답은 당신이 좋은 사람을 만날 수 있고 파괴적인 관계적 행동의 뿌리를 찾거나 결혼을 하든지 안하든지 행복하다는 믿음의 변화를 통해 돌파를 가져올 수 있다.

이러한 예들은 모든 해답이 될 수는 없지만 당신의 삶에 어떻게 믿음의 체계들이 역할을 하는지 볼 수 있게 한다. 당신은 상황을 바꾸거나 믿음을 바꿀 수 있다. 여러분이 마음에 드는 직장이 있으나 상사가 마음에 안들 수 있다. 당신은 직장을 바꾸거나 당신의 상사와 잘 지낼 수 있도록 하나님의 은혜를 구할 수 있다. 요점은 당신에게 스트레스를 주고 회피하려는 부정적인 느낌을 없애라는 것이다. 우리는 우리 가운데 바꾸어야 할 것들을 알게 하시는 성령님께 민감하여야 하지만 하나님께서 주시는 변화에 대한 마음과 우리 안에서 나오는 정죄와 죄의식은 다르다.

우리는 이것에 대해 구체적으로 다룰 시간은 없지만 현재 상황에서 하나님으로부터 기인되지 않은 믿음이나 갈등에 대해 기도하는 것은 매우 유익할 것이다. 가장 쉽게 할 수 있는 방법은 당신을 제한하는 하나님에게서 오지 않은 믿음들을 보여 달라고 하나님께 기도하고 그것들을 적어 보라. 그것들은 "나는 절대 바꾸지 않을 거야, 나는 성공할 수 없어, 나는 사랑을 절대 하지 않을 거야, 나는 결정을 내릴 수 없어, 나는 부유해질 능력이 없어, 나는 항상 우울해 등등"과 같은 내용일 수 있다.

이러한 것들을 믿음으로 인해 당신 삶에 대가를 지불해 왔다. 그들은 당신의 평화를 도적질하고 끊임없는 스트레스와 앞으로 나아가는 것을 막아왔다. 만약 당신이 절대 변하지 않는다고 믿는다면 당신은 판에 박힌 삶에 안주할 것이다. 당신은 이러한 거짓말을 믿음으로 기회들을 놓쳤을 수도 있다. 기도로 하나님께 구하여 그런 부정적인 믿음을 바꿔 당신이 누구인가에 대한 긍정적인 새 믿음을 달라고 하라. 우리가 주 안에서 어떤 사람이라는 것을 기억하는 것은 좋다. 나는 당신의 믿음들을 바꾸기 위해 나의 삶 가운데 일어난 일들을 자세히 열거하고자 한다.

주 안에서 나는 누구인가

여기에 주 안에서 우리가 누구인지에 대한 진리가 있다. 당신은 이것을 기도로 사용할 수 있다.

주님, 나는 새로운 창조물이고 옛 생각들과 행동들은 내게 영향을 주지 못합니다. 나는 매일 주님의 사랑과 성품으로 새롭게 됩니다. 내 안에 계신 하나님의 영을 통해 신의 성품을 나눕니다. 나는 정죄로부터 자유하며 부정적인 생각과 육적인 갈망으로부터 자유하여 강력한 삶을 살아갑니다. 나는 하나님의 작품이며 하나님께서 나의 삶에 준비해 놓으신 성취를 위해 선한 일꾼으로 창조되었습니다. 나는 하나님을 통하여 정복자 그 이상이 되었습니다. 나는 깨끗한 마음과 좋은 결정을 가지고 있습니다. 나는 매일 믿음과 능력, 지혜, 그리고 사랑이 증가됩니다. 하나님께서 나를 먼저 사랑하셨기 때문에 다른 사람을 내가 사랑할 수 있습니다.

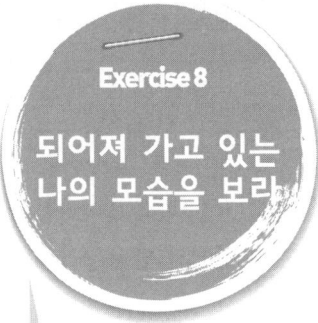

Exercise 8
되어져 가고 있는 나의 모습을 보라

당신은 아마도 무엇을 하고 싶은지 혹은 미래에 무엇이 되고 싶은지에 대한 어떤 느낌을 가지고 있을지도 모른다. 당신은 하나님이 당신의 미래의 모습을 보시고 관계하시며 그렇게 될 수 있도록 당신을 도울 것이다. 이 훈련을 통해 그렇게 할 수 있는 실질적인 훈련을 할 수 있다.

우리가 인생의 소명을 이미 아는 것처럼 행동할 것이다. 미래의 나의 모습을 보는 것처럼 행동하고 돈은 문제가 되지 않는다. 이 훈련을 통해 만약 당신이 실패하지 않는다면 할 수 있는 모든 일들을 종이나 컴퓨터에 열거해 보라.

1. 먼저 큰 소리로 말하고 나서 그것을 쓰라. 쓸 때 생각하지 말라. 마음에서 흐르게 하라. 쓰는 것을 다 한다는 것이 아니다. 생각을 흐르게 하는 것이다.

2. 그 중에 가장 눈에 띄는 것을 선택하라. 그렇게 이루어진 사람이 가지고 있을 성숙한 재질과 덕을 쓰라. 사람이 가지고 있는 은사는 무엇인가? 다른 사람과 관계는?
   -예: 그들은 긍휼함이 있다. 그들은 창조적이다. 그들이 다른 사람들과 이야기를 할 때 확신이 있었다. 그들은 어떻게 지혜롭게 투자를 하는지 알고 있다.

3. 이제 현재의 자신이 미래의 되고자 하는 모습으로 변해가는 것을 상상해 보라. 그리고 하나님께 나를 이 사람이 되게 해 달라고 구하라. 그림을 구체적으로 그리라.

만약 당신의 생각이 "넌 할 수 없어"라고 하면 하나님께 극복하게 해 달라고 구한다. 예로 당신의 마음에서 "나는 내 이웃이 나를 어떻게 볼지 너무 창피해"라는 생각이 들면 하나님께 "창피한 것으로부터 나아가게 도와 주세요"라고 구하라.

컴퓨터에서 작업을 하려면 웹사이트 www.personaldevelopmentgodsway.com 에서 서식을 다운로드 받을 수 있다.

CHAPTER 9

하나님의 뜻과 시간을 알기
FINDING GOD'S WILL AND TIMING

Personal Development God's Way

우리에 대한 하나님의 궁극적 목적은 사랑이다

당신이 만약 당신을 향한 하나님의 뜻을 잘 알지 못하거나 확신이 없다면 그것은 결코 당신 혼자만이 문제가 아니라는 것을 알기 바란다. 어느 곳에 있든지 젊거나 나이가 있거나 그들의 부르심에 대해 늘 궁금해 한다. 대부분의 사람들은 하나님의 육성이나 번개 같은 소리를 통해 말씀하시기를 기다리지만 그런 방법으로는 잘 일어나지 않는다. 주로 하나님께서는 우리에게 원하시는 일을 우리의 삶 가운데 힌트같이 남겨 두신다.

우리에 대한 하나님의 궁극적인 목적은 우리와 사랑의 관계를 갖기 위함이다. 하나님께서는 우리에게 무엇보다도 먼저 아버지가 되어 주셨고, 무조건적인 사랑을 주기 원하신다. 하나님의 뜻을 가장 알기 좋은 방법은 하나님의 본성과 방법을 아는 것이다. 불행히도 이 시대의 기독교인들은 하나님에 대해 건강한 그림을 가지고 있지 못하다. 많은 사람들이 하나님을 엄한 사범과 같이 생각하여 우리가 무엇인가 잘못을 했을 때, 우리에게 벌을 주시는 분으로 보고 있다. 이것은 진리와 먼 이야기이다. 많은 경우 사단이 우리에게 어려운 시간을 주고 하나님을 원망하게 만든다. 하나님은 은혜와 사랑과 인내로 충만하신 분이다. 하나님은 많은 사람이 생각하는 것처럼 우리를 정죄하시는 분이 아니다.

> 그러므로 이제 그리스도 예수 안에 있는 자에게는 결코 정죄함이 없나니 이는 그리스도 예수 안에 있는 생명의 성령의 법이 죄와 사망의 법에서 너를 해방하였음이라(롬 8:1~2)

예수님께서 이 땅에 오시고 죄를 위해 죽으심으로 이전의 법들은 은혜와 용서로 대치되었다. 예수님께서 하늘로 승천하신 후 위로의 성령님이 이 땅 가운데로 왔다. 성령님은 현재 우리 가운데 내재하시며 하나님과 인격적으로 연결되는 것을 가능하게 한다. 하나님을 가장 잘 알 수 있는 방법으로는 그분과 시간을 많이 보내는 것이다. 성경을 읽고, 기도하고, 영적인 성장을 가져오는 일을 하는 것이다. 우리가 그분의 방법을 더 알수록 우리는 그분의 뜻과 우리를 향한 목적을 알 수 있게 된다.

하나님께서는 지금 현재 우리가 있는 곳에서 우리를 들어 사용하기를 원하신다. 당신은 온전히 훈련되어지거나 나중까지 기다릴 필요가 없다. 만약 당신이 생활을 하고, 대금을 지불하고, 만족이 없이 돈을 벌기 위해 매일을 살아가고 있다면 대부분의 경우는 목적의 결핍이다. 우리 모두는 하나님의 사랑을 받고 다른 이들에게 이 사랑을 나누어 주는 목적을 가지고 있다. 당신이 이 목적을 이해한다면 당신은 매일의 삶에서 충만함을 느끼게 될 것이다.

> 무슨 일을 하든지 마음을 다하여 주께 하듯 하고 사람에게 하듯 하지 말라 이는 기업의 상을 주께 받을 줄 앎이니 너희는 주 그리스도를 섬기느니라(골 3:23~24)

당신의 목적은 주어진 시간에 다른 사람을 사랑하고 돕는 것이다. 당신의 직장과 학교 그리고 소속된 단체에서 사람들과 관계를 하면서 많은 반대를 경험하게 된다. 많은 기독교인들이 이것을 알지 못함으로 인해 믿지 않는 직장동료나 이웃 그리고 친구들로부터 멀어지려고 한다. 한적한 곳에 앉아 성경을 읽으며 점심시간을 보내거나 다른 기독교인들과만 교제를 한다.

하나님께서는 우리를 세상의 빛으로 부르셨다. 우리는 다른 사람들과 관계를 할 필요가 있다. 당신을 보호하고자 함을 알지만, 당신은 믿지 않는 자에게 복음을 전하지 않더라도 관계는 맺을 수 있으며 깊은 대화를 나누지 않아도 된다. 당신의 임무는 모든 사람을 예수 그리스도께로 인도하는 것이 아니다. 당신은 그들을 돕고 관계하며 하나님의 친절을 통하여 회개를 알도록 하는 것이다(롬 2:4). 이에 대한 개념들은 나의 책 "예언, 꿈, 그리고 전도"에서 찾을 수 있다.

어떻게 나의 목적을 발견했나

1988년 나는 이십 대였고 초보 기독교인이었다. 나는 나의 부르심과 소명을 무척이나 찾고 싶었다. 내가 기억하기로는 조용히 앉아 기도하는 데, 성령님께서 내 안에 "이사야 61장"이라고 작은 소리로 말씀하신 것을 기억한다. 솔직히 나는 그 당시 이사야를 읽어 본 적이 없었기 때문에 내가 그 말씀을 통해 무엇을 찾을 수 있을지는 알 수가 없었다. 내가 성경을 펼쳐 첫 두 구절을 읽고 나서는 마루에 주저앉아 눈물을 흘렸다.

> 주 여호와의 영이 내게 내리셨으니 이는 여호와께서 내게 기름을 부으사 가난한 자에게 아름다운 소식을 전하게 하심이라 나를 보내사 마음이 상한 자를 고치며 포로된 자에게 자유를, 갇힌 자에게 놓임을 전파하며 여호와의 은혜의 해와 우리 하나님의 보복의 날을 전파하여 모든 슬픈 자를 위로하되(사 61:1~2)

나는 이후 6주 동안 이 말씀을 생각할 때마다 눈물을 흘렸다. 마약을 끊고 주술에서 벗어난 이후, 하나님께서 나의 삶에 큰 목적과 계획이 있다는 것을 생각하며 위로를 받고 있었다. 나는 목사님께 가서 내가 설교를 해야 될 것 같다고 말했다. 물론 나는 기독교인으로서 초보자였기 때문에 먼저 성경공부를 할 필요가 있었다. 그 당시 나의 경제적 상황으로는 신학교에 갈 상황이 아니었기 때문에 가능한 한 시간에는 성경을 읽고 공부하기 시작했다. 내가 갈 수 있는 성경공부와 집회에 참석했다.

나는 하나님께 다음에는 무엇을 해야 하는지 기도로 구했다. 내가 앞으로의 진로에 대해 구했을 때, 하나님께서는 성경의 두 부분을 통하여 인도하셨다. 마태복음 25장 35-36절에서 예수님께서는 사람의 필요를 위해 기도하고, 병원에서 아픈 자들을 위해 기도하며, 교도소를 방문하라고 말씀하셨다. 그리고 야고보서 1장 27절을 가르치시며 진정한 종교는 과부와 고아들을 돌본다는 것을 보여 주셨다. 나는 그 후 10년 동안, 그 구절들을 가능한 한 모든 기회에 최선으로 따르려 노력하였다. 나는 노숙자들과 어려운 사람들에 대한 사역, 그리고 아픈 사람들을 위해 기도하며 교도소 사역을 하고 과부들과 고아들을 도왔다.

이 세 가지의 말씀이 하나님의 마음으로 도움이 필요한 사람들에 대한 관점을 내 안에 허락하여 내 삶의 토대를 만들게 되었다. 당신이 생각하기에 그것은 내가 출석할 수 있는 최고의 신학교라고 말할 수 있다. 나는 1991년 샌프란시스코 노숙자 사역에서 처음으로 설교를 하였다. 이것은 가난한 자에게 좋은 소식을 전하라는 말씀을 내게 하신지 3년 밖에 지나지 않았을 때였다.

1993년 세 가지 말씀을 더하여 나의 초기 전도훈련 교재를 만들 수 있게 하셨다. 나는 그것을 교회를 위한 가이드미션 선언서라고 말을 한다. 마태복음 4장 19절, 22장 37절-40절, 그리고 28장 19-20절이다. 그 후 2002년에는 세 가지 말씀을 더 주셔서 예언적 전도에 대한 메시지의 기초가 되게 하시고, 나의 책《예언, 꿈, 그리고 전도》*Prophecy, Dreams and Evangelism*의 토대가 되게 하셨다. 사도행전 1장 8절, 2장 17절-18절, 그리고 26장 17절-18절. 나는 성경 전체를 다 추천하지만 나의 삶에 특별히 적용이 된 이 말씀들을 통하여 많은 사역이 이루어졌다.

당신의 삶에 하나님의 계획을 찾고 채우는 것은 생각보다 더 쉽다. 대부분의 경우 하나님을 사랑하고 다른 사람을 사랑하며 다른 사람이 그렇게 할 수 있도록 돕는 것과 같이 쉽다.

당신의 직장을 찾기

내가 만난 많은 사람들은 직장을 구하는 데 있어서 도움이 필요한 사람들이었다. 만약 당신이 직장을 찾지 않는다고 하더라도 이 내용을 당신의 다른 삶의 영역에 적용할 수 있다. 당신의 직장은 당신의 대부분의 시간과 생활이 이루어지는 곳이다. 이것은 집에 있는 부모님, 은퇴자, 가정주부, 자원봉사자, 혹은 직장에 나가는 모든 사람일 수 있다. 하나님은 우리가 현재 있는 이곳에서 우리를 사용하시기 원하신다.

가장 먼저 해야 할 일은 하나님께서 그것에 대해 어떻게 말씀하시는지를 묻는 기도를 하는 것이다. 당신이 무엇을 하고 싶어 하고 흥분하게 하는 일이 무엇인지 인식하기 시작하라. 만약 당신이 무엇을 하고 싶은지에 대한 질문에 답이 없다면 당신은 당신이 좋아하는 것과 싫어하는 것을 먼저 발견할 필요가 있다. 여러 가지 다른 직업과 단체의 봉사를 해 보라.

당신의 소명은 마치 "점선 잇기"와 같다는 것을 기억하라. 그것을 찾는 데는 오랜 시간이 걸린다. 수년 전 사람들은 기술을 찾거나 거래를 통하여 그것에 안주하도록 격려를 받았다. 대부분의 사람들은 같은 집에서 같은 일을 20년 이상 종사하면서 살아왔다. 오늘날은 조금 상황이 다르다. 당신은 여러 가지 직업을 여러 곳에서 갖게 될 기회가 더 많아졌다. 이 새로운 세기에는 유연성이라는 것이 열쇠가 되었다.

우리는 인생 가운데 많은 일을 할 수 있지만 우리가 원하는 것은 하나님께 헌신하고 성경에 나와 있는 하나님의 원칙들을 어기지 않도록 하는 것이다. 다른 말로 하면 만약 하나님께서 당신을 어떤 일을 위해 부르셨다면 그것은 어떤 불법적이거나 피해를 가져오는 일이 아닐 것이다. 하나님은 진심으로 우리가 하는 모든 일이 성공하기를 원하신다. 당신의 큰 목적을 찾기 위해 다른 일들을 시도하는 것은 시간이 걸린다.

> 너의 행사를 여호와께 맡기라 그리하면 네가 경영하는 것이 이루어지리라(잠 16:3)

> 그런즉 너희가 먹든지 마시든지 무엇을 하든지 다 하나님의 영광을 위하여 하라(고전 10:31)

하나님께서는 항상 인도하심의 힌트를 우리에게 남겨 주신다. 어떤 이들은 그것을 우연의 일치나 운명이라고 말을 한다. 나는 그것이 하나님께서 우리에게 말씀하시려고 노력하는 것이라고 확신하지만 우리는 그것을 듣는 훈련이 되어 있지 않다. 이것은 우리에게 근접해 있으나 우리가 인식하지 못하는 것이다.

《누구의 능력: 당신은 누구를 알아야 하는지 이미 알고 있다》*The*

*Power of Who:You Already Know Who You need to Know*에서 밥 비우딘이 말하기를 "삶은 힌트를 제공한다"라고 했다. 그는 많은 사람이 셜록 홈즈와 같이 명확하게 찾아내는 것을 배우도록 격려했다. 그는 당신이 당신의 삶의 목적을 추구할 때 다섯 가지의 힌트를 보도록 이야기하고 있다.

힌트1 : 계속되는 꿈

우리는 각자가 발견하고 재발견할 필요가 있는 임무와 목적 그리고 꿈이 있다. 아마도 당신은 식당을 열고 싶거나 패션모델이 되고 싶고, 부동산 중개 면허를 따고 싶고, 법대를 다니고 싶을 수 있다. 그런 것은 항상 우리 앞에 있으며 우리를 새롭게 한다. 당신의 꿈은 당신을 위한 것이며 당신은 아직 꿈이 있다는 사실을 크게 자신에게 말해야 한다.

힌트2 : 은사와 달란트

당신이 잘하는 것은 무엇인가? 당신은 그것을 늘 잘 해 왔다. 당신에게 그 일은 쉽다. 나는 진짜 정비공이 자동차 후드를 열고 이 분 정도 살펴본 뒤 문제점을 찾아내는 것에 굉장히 놀랐다. 그는 때로는 엔진의 소리만 듣고도 그 안에서 무엇이 잘못되었는지 알아낸다. 만약 당신이 그러한 정비공의 마음을 가지고 있다면 내가 무엇을 말하고자 하는지 당신은 정확히 알 것이고 그것이 힌트이다. 만약 당신이 예술가라면 주차장에서 당신의 일을 하고 싶지는 않을 것이다. 당신이 알고 있는 사람들과 이야기를 하라. 그들은 당신이 보지 못하는 당신의 은사와 달란트에 대한 관점이 있을 것이다. 당신이 잘하고 즐기는 것이 당신의 소명과 연결되는 큰 힌트이다. 그것들의 중요성을 최소화하지 말라.

힌트3 : 유유상종

이것은 그렇게 복잡한 것이 아니니 복잡하게 만들지 말라. 당신이 온전한 자리에 있고 바른 방향으로 가고 있을 때, 그와 같은 길을 가고 있는 다른 사람들을 만나게 된다. 당신은 기찻길과 같이 함께 가고 있다. 그곳에는 침묵의 인정이 있다. 당신들은 같은 방향으로 움직이고 있다. 어느 누구도 다 가지는 않았고, 당신의 최종 목적지는 다르지만 지금은 모두 같은 길에 있다. 함께 하라. 만약 당신이 그러한 "흐름"을 찾았고, 그들의 부류에 합류하도록 인정이 되었다면 이것이 그냥 주어졌다고 믿지 말라. 이것은 또 다른 힌트이다.

힌트4 : 거절

거절은 참혹한 스승이며 당신은 인생의 어느 시점에서 이 수업에 꼭 참석을 하게 된다. 그러나 거절은 당신이 누구인지 아닌지를 알고 인식하게 되기 때문에 호의보다 더 많은 가르침을 줄 수 있다. 이것은 당신이 어디에 소속되지 않았고, 또 누구와 함께 하고 있지 않은지를 알게 해 준다. 그곳에서 빨리 나옴으로 인해 당신은 당신에게 맞는 흐름으로 자리를 잡고 당신이 가고자 하는 곳으로 더 잘 나아가게 된다. 많은 사람들은 두 개 혹은 세 개의 흐름에서 거절을 당하고는 포기해 버린다. 당신이 단지 견디려고 하는 곳이 아닌 즐길 수 있는 곳으로 가라.

힌트5 : 당신이 사랑하는 것을 하라

당신이 "사랑"하는 것을 하는 것은 당신의 꿈을 찾는 가장 근본적인 것이다. 인생에 있어서 참으로 많은 사람들이 어리석게도 많이 범하는 실수는 그들의 길 가운데 사랑이 인도하도록 허락하지 않는 것이다. 왜냐하면 그들은 그들의 마음을 알지 못하기 때문에 그들 스스로와 그들의 본능을 믿지 않는다. 만약 사자가 그들의 본능을 믿지 않고 평원에 나왔을 때 어떤 일이 있을지 생각해 보라. 그는 굶주리게 될 것이다. 당신이 당신의 마음과 연결되지 못하도록 프로그램 되어 있는 문화를 허락한다면 당신은 큰 문제 가운데 있는 것이다. 당신은 당신이 최고로 잘하는 것과 사랑하며 살 수 있는 것에 대한 결정을 본인 스스로 내리지 못하게 된다. 매우 위험한 것은 당신이 남의 성공과 이룬 업적의 아이디어만을 따라가게 된다는 것이다.

당신의 힌트들을 찾는 것은 당신의 마음을 듣는 것, 당신이 좋아하는 일을 찾는 것, 다른 사람에게 질문하는 것, 그리고 많은 고통을 피하는 것과 같이 쉽게 할 수 있다. 많은 사람들이 본인들이 좋아하는 것을 하는 것을 두려워하는 데, 그것은 그들이 원하는 것이 하나님의 뜻이 아니라고 생각하기 때문이다. 나는 우리가 원하는 모든 것이 하나님의 뜻은 아니라는 것을 분명히 하고자 한다. 하나님은 좋은 것을 주시는 분이다. 하나님은 우리 마음 가운데 갈망을 주시기를 원하신다. 우리는 단지 우리의 마음이 하나님을 먼저 생각하고 있을 필요가 있다. 우리가 하나님의 본성을 이해하고 그분의 성품을 더 반영하기 시작할 때, 하나님은 우리를 믿으시고 우리의 꿈을 추구하는 데 있어서 우리가 더 많은 자유함을 느끼게 된다.

또 여호와를 기뻐하라 그가 네 마음의 소원을 이루어 주시리로다 네 길을 여호와께 맡기라 그를 의지하면 그가 이루시고 네 의를 빛같이 나타내시며 네 공의를 정오의 빛 같이 하시리로다(시 37:4~6)

하나님의 때를 알기

나는 이전에 우리가 원하는 것을 무엇이든지 얻을 수 있다는 긍정적인 생각과 자기개발에 대한 것을 언급했다. 우리 자신이 원하는 갈망과 하나님께서 우리를 향한 갈망에는 차이가 있다. 우리는 원하는 직장이나 일을 통해 하나님께서 우리에게 원하시는 것으로부터 벗어날 수 있다.

내가 노숙자에 대한 사역을 시작했을 때, 나는 큰 도시 안에 주택개발에 대해 감독하는 일을 제안 받았다. 이것은 노숙자를 위한 일을 했던 나의 모든 경험에도 맞았고, 나는 그에 맞는 기술도 갖추고 있었다. 나는 회사에서 일을 하는 것에서 좀 더 사역적인 일로 옮겨갈 수 있는 것에 흥분을 했다. 나는 몹시 흥분하였다. 나는 하나님의 인도함을 위해 기도하고 다른 사람들의 충고를 들었다. 내가 깨달은 것은 그것이 매우 좋은 직장임에도 불구하고 아직은 하나님의 때가 아니라는 것이었다.

나는 실망했지만 돌아보건대 내가 그 일을 하기로 했다면 내 스스로를 제한하게 되었을 것이다. 하나님께서는 나의 미래 사역의 재정에 도움이 되도록 하기 위해 다른 것을 준비하고 계셨다. 내가 느낀 것은 하나님께서 아직 전임사역자가 되기보다는 일터에 더 머물러 있기를 원하신다는 것이었다.

1994년 그 도심의 주택개발에 대한 일을 택하지 않은 후, 나는 5년 동안 매니저로서 매우 엄청난 업적을 달성하게 되었다. 그날 나는 집으로 돌아오며 내 스스로에게 대견함을 느꼈으며 하나님께 감사를 드렸다. 나는 하나님께 다음 단계의 큰일에 대해 기도하며 구하였다. 나는 갑자기 기독교 라디오 방송을 켜야 된다는 느낌을 받았다. 그 방송에서 찰스 스탠리 박사는 조지아식의 발음으로 "당신은 들으시기 바랍니다. 예수님이 당신의 목표입니다."라고 말했다. 와, 그것은 정말 강한 감동이었다. 나는 하나님께서 내가 비록 직장에 있지만 나를 전임사역자로 부르시는 것을 알았다. 그래서 그것을 어떻게 진행시키는지의 단계를 찾기로 했다.

많은 기도와 충고를 통해 나는 회사를 그만두고 컴퓨터 네트워크 회사를 시작했다. 이것은 내게 좀 더 시간을 유용하게 쓸 수 있도록 하면서 사역에 대한 훈련과 생계를 동시에 해결할 수 있게 했다. 솔직히 말해 그 당시 그렇게 하는 것은 쉽지 않았다. 나는 전임사역자가 되고 싶었지만 하나님께서 계획을 가지고 계셨고, 나는 그 계획에 함께 하고 있었다. 이제 나는 샌프란시스코에 있는 모든 비지니스와 많은 사람들을 통해 전임사역을 하고 있는 나를 보게 되었다.

나는 그 컴퓨터 사업을 통해 내가 십 년도 넘게 사람들을 가르치고 있는 전도의 방법을 배우게 되었다. 나는 결국 사업을 넘기고 중부에 있는 대학타운에서 교회를 시작하게 되었다. 이때는 나의 삶에서 내게 힘을 주었던 시간들 중의 하나였다. 하나님의 때를 아는 것은 매우 중요하다.

곁길과 뒤로 물러남

우리가 하나님의 궁극적인 소명을 추구함에 따라 우리는 실수를 범하게 된다. 때로 우리는 곁길로 가기도 하고, 뒤로 물러나기도 하며, 길에서 이탈하기도 한다. 곁길로 빠지는 것은 너무 분주하거나 집중하지 않음으로 인해서 온다. 만약 당신이 무엇을 원하는지에 대한 계획이 없다면 곁길로 빠지는 것은 매우 쉬운 일이다. 명확성은 집중을, 집중은 우리가 더욱 의도적으로 되어감에 따라 우리의 노력에 힘을 준다. 우리가 소명의 길로 나아가다가 이탈하게 되는 것은 우리를 멈추게 하는 것으로부터 기인한다. 이것은 우리를 무능력하게 하고, 우리 자신에 대해 불신하며, 온전치 못한 결정과 두려움 혹은 좋지 못한 충고 등 일 수 있다. 우리가 주의해야 할 것 중에 하나는 보수의 액수에 따라 직업을 구하는 것이다. 자주 많은 보상을 주는 직업은 당신에게 더 많은 시간과 에너지를 요구한다. 만약 당신이 가족이 있다면 정말 그것을 원하는지 신중히 고려해 보라. 많은 부부들이 엄청난 스트레스를 받으면서 두 직장에서 일을 하고, 더 많은 보수를 받으며 큰 집과 더 좋은 차를 소유하게 된다. 만약 당신이 그렇게 되었고, 더 많은 골치 아픈 일들로 신경 쓰지 않는다면 그렇게 나쁜 일은 아니다. 때로는 단순한 삶으로 돌아가기를 원할 때가 있다. 이것은 당신이 고액의 보수를 받아서는 안 되고 그것을 하나님께서 원하지 않는다는 것이 아니라, 단지 그런 고액의 보수를 받도록 하나님이 인도하고 계시는지를 확실하게 알아야 된다는 것이다. 새로움은 잠시고 많은 돈을 버는 것은 당신의 평강이 줄어들고 더 많은 문제를 일으킬 수 있다.

당신을 안내하도록 하나님을 신뢰하라

하나님은 최고의 상담가이다. 당신을 믿는 다른 사람들의 충고도 유익하다. 당신은 당신을 믿지 않는 자들의 충고를 듣고 싶어 하지 않을 것이다. 한두 마디의 충고나 하나님으로부터 왔다고 생각하는 애매모호한 것에 기인하여 결정을 내리는 실수를 하지 않기 바란다.

내가 네 갈 길을 가르쳐 보이고 너를 주목하여 훈계하리로다(시 32:8)

기독교인들이 범하는 하나님의 인도하심에 대한 음성 듣기에 실수를 하는 것은 "열린 문" 전력을 이용하여 결정을 내리는 것이다. 많은 사람들이 기도하기를 모든 기회의 문을 닫고 그들이 가야 할 그 길의 문만 열어 달라고 기도를 한다. 이것이 때로 역사를 하기도 하지만 불행히도 하나님의 방법으로 항상 쓰이지는 않는다. 그분은 우리가 성숙함으로 우리 스스로 결정을 내리기를 원하시기에 자주 우리를 훈련시키기 위하여 선택을 허락하신다. 이것은 이 세상에서 아버지가 자녀에게 하는 것과 같다. 당신은 자녀를 위해 모든 결정을 내릴 수 없으며 그럴 경우 그들은 자랄 수가 없다. 가장 좋은 기도는 하나님께 어떤 기회나 문을 택해야 할지 알 수 있는 지혜를 달라고 구하는 것이다.

기독교인들은 자주 사사기 6장에 나오는 "양털 기법"을 이용한다. 기드온은 하나님께서 함께하신다는 표적을 구하였다. 기드온은 양털을 땅에 놓고 그것이 마른 땅에서 젖게 해 달라고 기도를 했다. 명백하게도 다음 날 아침 그는 그 양털이 젖어 있고, 땅은 말라 있는 것을 발견하였다. 그래서 하나님께서 그에게 대답하셨음을 알았다. 하나님께서 우리의 기도에 이러한 방법으로 응답하시는 것은 가능하다. "하나님, 만약 이것이 하나님께서 나를 향한 갈망이라면 이것이 꼭 일어나게 해주세요." 다시 말해 하나님은 우리가 더 성숙하여 결정을 하기를 원하신다. 결과적으로 하나님께서는 이러한 기도에 응답을 하지 않으시고, 당신은 다른 방법을 통해 하나님의 뜻을 알아가야 한다. 나는 기드온의 때에는 그렇지 않았지만 지금은 성령님이 우리 가운데 계심으로 우리 가운데 있는 평화를 통하여 하나님의 뜻을 알 수 있다고 생각한다. 하나님의 뜻은 항상 그분의 평화와 함께 오신다. 평화가 가장 좋은 선별법이다.

평화가 가장 좋은 선별법이다.

잭 디어는 그의 책 《놀라운 예언의 은사》*The Beginner's Guide to the Gift of Prophecy* 에서 하나님의 뜻을 선별하는 것에 대해 도움이 되는 충고를 하고 있다.

나는 하나님의 뜻을 선별하는 데 사용하는 세 가지 주의 사항이 있다. 첫째는 선별은 초자연적이며, 다른 사람의 거짓으로 인해 변질될 수가 없다. 둘째는 선별을 간간히 사용하고 마지막에 사용하는 것이다. 지나치게 선별법을 사용하는 것은 광대하신 능력의 하나님의 관점을 개인적으로 보게 된다. 만약 하나님에 대한 그런 관점에 굴복한다면 하나님과의 친밀감을 잃어버리게 된다. 세째는 그런 선별은 낮고 적은 개인의 계시인 것을 기억하라. 우리가 선별법을 사용할 때 우리가 하나님께서 우리에게 이야기하지 않으셨는지 혹은 우리의 마음으로 하나님의 음성을 듣지 못하는 것인지 하나님께서 말씀하신 것에 대한 우리의 확신이 없는 것인지를 혼동하지 마라.

하나님의 인도하심을 인식하는 것은 훈련을 필요로 한다. 절대 한두 가지의 애매모호한 느낌이나 꿈으로 중대한 결정을 내리지 마라. 만약 하나님께서 당신을 어떤 큰 변화로 인도하신다면 하나님께서 당신에게 다양한 방법으로 이야기를 할 것이다.

나의 한 친구는 그의 직장을 옮기는 것에 대해 기도를 하고 있었다. 그가 나에게 전화를 걸어 그의 꿈을 통해 다른 어느 특정한 지역으로 옮겨야 된다는 것을 알게 되었는 데, 그곳에는 일할 수 있는 직장이 없는 곳이라고 했다. 좀 더 이야기를 나눈 후, 우리는 그 꿈에 의하여 하나님께서 그를 인도하신다고 결정하는 것은 너무 위험하다는 것을 발견하게 되었다. 몇 주가 지난 후 그 친구가 다시 전화를 걸어 와 그의 아내가 비슷한 꿈을 꾸었고, 그의 기도 동역자는 하나님께서 그의 삶에 변화를 가져오고 있다고 느낀다고 했지만, 가족 전체가 다 이사를 하는 큰 결정을 하기에는 너무 애매모호했다. 한 달이 채 지나기 전에 그는 그 지역에서 직장이 주어졌으며, 그것은 그가 이사를 하기에 명확한 답이었다.

우리는 하나님의 때를 기다려야 하는 데, 만약 당신의 가족이나 다른 더 높은 댓가지불과 관련이 있다면 더욱 그렇다. 하나님의 음성을 듣는 것은 시간이 필요하고 다른 사람들의 말도 계속 들을 필요가 있다. 당신이 성숙해질수록 어떻게 하나님께서 이야기하시는지 알기 쉬워진다. 다음 장에서 하나님의 음성을 듣는 법에 대해 좀 더 자세하게 이야기하겠다.

성숙의 단계

하나님은 당신을 미래의 당신 모습으로 보신다. 그러나 당신은 그곳에 갈 수 있도록 개발하는 과정이 필요하다. 하나님은 성숙하지 못하여 성급하신 분이 아니다. 하나님께서는 당신과 함께 하며 당신이 자라는 것을 즐기신다. 당신은 다섯 살짜리 아이가 운전하는 것을 상상하지는 않을 것이다. 마찬가지로 하나님께서는 현재의 성숙도에 기인하여 우리에게 기대를 하신다.

목사이자 코치로서 나는 대부분의 사람들이 그들의 성장과 실수에 대해 관대하지 않은 것을 본다.

당신은 오늘 자신의 모습이 아니라 당신이 변화될 모습을 보게 되면서 더 빠른 성장을 하게 된다. 이것은 당신의 확신을 크게 하고 예수님의 본성을 닮아가도록 허락한다. 당신이 성장하고 성숙하게 되면서 하나님은 더 큰 성숙과 영향력으로 올라갈 수 있도록 하나님의 목적 하에 당신을 시험하신다.

또 다른 속도를 내면서 그 길에 있을 수 있는 방법은 우리의 여정에서 서로 다른 곳에 위치해 있다는 것을 이해하는 것이다. 만약 우리가 우리의 성숙의 과정에서 어디에 있는지를 이해한다면 우리가 일을 망쳐 놓았을 때 우리에게 좀 더 관대해 질 수 있다. 우리는 또 우리의 인생에 다음 단계로 어떻게 올라갈 수 있는지를 알 필요가 있다. 당신의 목적과 소명을 찾고자 할 때 많은 것들을 고려해야 하는 데, 그것은 하나님의 때와 뜻 혹은 당신을 향한 갈망일 수 있다. 이 책에 있는 엑서사이즈를 통해서 당신의 목적과 소명의 길에 대해 당신의 삶 가운데 허락하신 것들을 알아가는 데 도움 받을 수 있다.

모든 사람들은 여러 가지의 성숙의 단계를 거치게 된다. 당신은 삶의 어느 분야에도 이것을 적용할 수 있다. 당신의 직업, 감정, 재정, 기타 등등. 당신을 가르치고자 하는 목적으로 나는 영적 성숙의 과정에 적용을 하겠다.

Stage1 : 토대를 만들어라

이 단계를 통하여 건강한 영적인 삶에 대해 기본적인 것을 배우게 된다. 기도, 공부, 예배, 관대함과 감사함. 이 단계에서는 자신을 발견하고 새롭게 하며, 새로 발견한 삶의 토대를 만들게 된다.

Stage2 : 개인적 성장과 훈련

당신의 삶 가운데 좀 더 하나님의 성품을 개발하며 깊어지기 시작하게 된다. 당신은 영적인 은사와 영적 열매들을 개발하기 시작한다. 하나님에 대한 당신의 헌신이 법률을 지키는 것과 같은 것이 아니라 더욱 개인적인 관계로 발전해 간다. 대가 지불이 있으며, 당신에게 무익한 일들을 포기해야 하는 도전을 받게 된다. 당신은 교회의 수업이나 집회나 세미나를 통해 실질적인 훈련을 받게 된다. 이 단계에서 당신은 충분히 받지는 못한다.

Stage3 : 성숙과 개발

당신은 당신의 특별한 사역의 스타일과 부르심을 개발하게 된다. 당신은 더 많은 훈련을 받거나 신학교의 수업을 듣게 될 수도 있다. 당신은 종의 의미를 배우게 되고 하나님께서 말씀하시는 것들은 무엇이든지 하게 된다. 이 시점은 당신의 관계를 종적인 관계 이상으로 바꾸게 된다. 당신은 이제 그분의 자녀가 되었으며 하나님은 당신의 아버지가 되었다. 당신은 엄청난 책임들을 통해 인정을 받게 되며 가르침을 받는 것에서 남들을 가르치는 것으로 바뀌게 된다.

Stage4 : 당신 삶을 다스리기

당신이 하는 모든 것으로부터 사역이 흘러 나간다. 당신의 관심은 당신의 사역이 아니라 다른 사람들을 멘토링하고 개발시키는 데 있다. 당신은 다른 사람이 당신의 은사가 무엇인지 알기 때문에 굳이 말을 하지 않아도 된다. 당신은 큰 권위와 은총을 가지고 있다. 당신은 어떠한 상황에서도 하나님의 마음이 어디에 있는지 알 수 있다. 하나님과 함께 하는 당신을 하나님께서 신뢰하신다.

많은 사람들이 성숙의 단계가 있다는 것을 알지 못해서 남들의 요구를 인식하지 못하고 성숙에 대한 추구를 멈추어 그들이 어느 단계에 있는지 혼동하게 된다. 대부분의 리더들은 사역에 집중함으로 본질적인 이끄심인 다른 사람을 돕는 것에는 실패하는 단계3에 있다. 불행히도 이것이 대부분의 교회의 모델들이다. 궁극적인 부분은 당신의 삶을 다스리는 것이다.

다툼과 경쟁은 하나님께서 모든 사람들에게 크고 충만하신 하나님 나라에 대한 생각을 갖게 하는 데 불필요한 요소들이다. 당신은 받는 것보다 더 많은 것을 주게 되는 데, 이는 당신이 "더 많이 베풀수록 더 많이 받게 된다"는 원칙을 이해하여 다른 사람들에게 베풀기 때문에 당신이 채워지게 되는 것이다.

나는 나의 여정에서 내가 하나님의 사랑을 더 이해하기 시작했던 때를 돌아보면서 이 네 가지의 단계를 쉽게 이해하게 되었다. 내가 영적인 삶의 기초를 쌓기 시작할 때, 교회에서 어떻게 하나님과 시간을 보내며 성경공부를 하는지를 가르쳐 준 사람을 찾을 수 있었던 것은 굉장한 행운이었다. 나는 일기를 쓰는 것을 배우고 중요한 말씀을 암송하며, 도움이 필요한 자들에게 어떻게 나의 믿음을 나누는지에 대한 경험을 쌓게 되었다.

몇 년 동안 나는 심각한 개인적인 성장과 훈련의 단계로 들어갔다. 나는 집회와 수업 그리고 요양원과 노숙자 사역을 하면서 배운 것들을 실질적으로 적용하였다. 내가 리더로 성숙해지면서 교회 목사가 되는 것과 교회개척에 대해 도움을 받을 수 있는 특별한 훈련이 필요해지기 시작했다. 내가 이 글을 쓰는 지금은 인생의 최고의 기간에 막 접어들었다. 나는 나의 사역단체를 통해 많은 사람들을 돕고 있다. 내가 다른 사람들의 성공을 나의 성공보다 더 보기 원하는 자신을 보며, 내 안에 어떤 것이 변화한 것을 알게 되었다. 이것은 여정이자 과정이다.

하나님께서는 당신을 때때로 시험하신다. 그분은 사람과 관계 그리고 상황을 통해 우리가 나아가지 못하도록 하는 것들을 알기 원하신다. 우리는 자주 똑같은 부류의 지연이나 유혹을 경험하게 된다. 우리가 이러한 관점을 더 배울수록 우리는 하나님을 거부하는 것이 아니라 하나님과 손을 맞잡고 일하게 될 것이다. 더 높은 당신의 성숙은 당신이 어떻게 하느냐에 따라 그 시간이 결정된다. 이것은 대회나 합격 혹은 실패에 대한 것이 아니다. 이것은 그 이상의 초대인 것이다.

청함을 받은 자는 많되 택함을 입은 자는 적으니라 (마 22:14)

택함을 입은 자가 적은 이유는 많은 사람들이 포기하기 때문이다.

포기는 당신의 계획에 포함되어서는 안 된다. 당신은 포기하는 것이 아니라 새롭게 전략을 짜야 한다.

> 많은 사람들은 우리에게 일어나는 일들이 우리를 향한 시험과 성장해야 할 부분에 대한 암시인 것을 알지 못한다. 우리가 이러한 관점을 더 배울수록 우리는 하나님과 손을 맞잡고 일하게 될 것이다.

인생의 계절

영적 성숙으로 가는 삶의 과정에 있어서 인생의 계절 혹은 시간적 시점이 있다. 성숙의 단계와는 다르게 인생의 계절은 좀 더 상황적이다. 이것은 우리의 축복과 성공을 통해서는 자라지 않는다. 우리가 좀 더 힘든 시간을 뒤돌아볼 때 우리가 자란 대부분의 시간이 그때임을 알 수 있다. 이것은 매년 있는 계절과 비슷하지만 그것들은 당신의 인생 혹은 달력의 어느 때이든지 생길 수 있다. 당신의 그 계절을 꼭 순서대로 가지는 않아도 된다.

봄-새로운 성장의 계절. 변화가 최근 일어나고 있으며 일들이 새로워지고 있다.

여름-즐겁운 축복의 시간. 이것은 마치 산정상과 같은 경험이다. 우리는 이러한 시간을 통하여 자라는 것이 아니며 이곳에서 살 수는 없으나 여름이 우리를 계속 나아가게 한다.

가을-이것은 일들이 메마르거나 죽기 시작하는 변화의 때이다. 옛 습관과 행동은 사려져 간다. 아름답게 보이기 시작하나 빠르게 변한다. 당신은 한 계절에서 다른 계절로 옮겨간다.

　겨울-모든 것이 활동을 중단하고 어려운 시간이다. 하나님의 음성을 듣는 것이 쉽지 않고 어느 방향으로 가야 할지 잘 모른다. 이 계절은 시험과 믿음을 강건케 하는 시간이다. 이때를 광야의 시간이라고도 한다.

　많은 성경의 인물들은 고난의 시간을 경험한 것을 보게 된다. 모세는 사막에서 목동으로 40년을 살았다. 다윗은 사울에게서 목숨을 구하고자 숨어 지내게 되었다. 예수님은 40일 동안 광야에서 금식하시며 사단으로부터 유혹을 받으셨다. 우리가 어느 계절에 있는지 아는 것은 중요하다. 대개 광야의 시간에는 우리의 의도에서 벗어나 하나님께서 우리에게 향하신 갈망으로 들어가게 된다. 더욱 더 하나님과 같이 변화되도록 집중하게 디자인 되었다.

　당신은 하나님께서 당신이 배우기를 원하시는 부분과 합당한 반응을 통해 그 광야의 시간을 짧게 만들 수 있다.

하나님께서는 하나님과 인격적인 관계와 다른 사람을 사랑하는 것을 배우는 목적을 우리 모두에게 주셨다. 우리의 인생 가운데 많은 일을 할 수 있고 우리가 원하는 것을 할 수 있도록 선택권도 주셨다. 때로 우리는 미래를 준비하도록 이 계절에 무엇을 해야 하는지에 대해 과제를 부여 받는다. 하나님께서는 우리의 삶 전반에 힌트를 통하여 우리의 부르심을 말씀하고 계신다. 몇 가지의 힌트를 찾아보자.

1. 당신은 지금 성숙의 어느 단계에 있는가? 왜 그렇다고 생각하는가?

2. 현재 삶의 계절은 어디인가?

3. 포기한 일이나 소망을 잃은 그런 꿈이 있는가?

4. 가장 좋아했던 수업, 직업, 트레이닝, 받은 학위를 생각해 보라. 왜 그것을 좋아했는가? 무엇을 싫어했는가? 무엇이 추구하게 한 동기였는가?

5. 무엇에 흥분하고, 즐기고, 열정이 있는가? 다른 사람들이 말할 때, 내 귀를 솔깃하게 하는 것은 무엇인가?

6. 나의 소명이 무엇인지 이미 안다면, 3-5가지를 써 보라.

7. 나를 잘 아는 사람에게 이 엑서사이즈의 내용을 나누라. 자신이 잘하고 재능이 있는 분야에 대해 해 줄 조언이 있는가 물어보라.

컴퓨터에서 작업을 하려면 웹사이트 www.personaldevelopmentgodsway.com 에서 서식을 다운로드 받을 수 있다.

CHAPTER 10
하나님의 음성 듣기
HEARING THE VOICE OF GOD

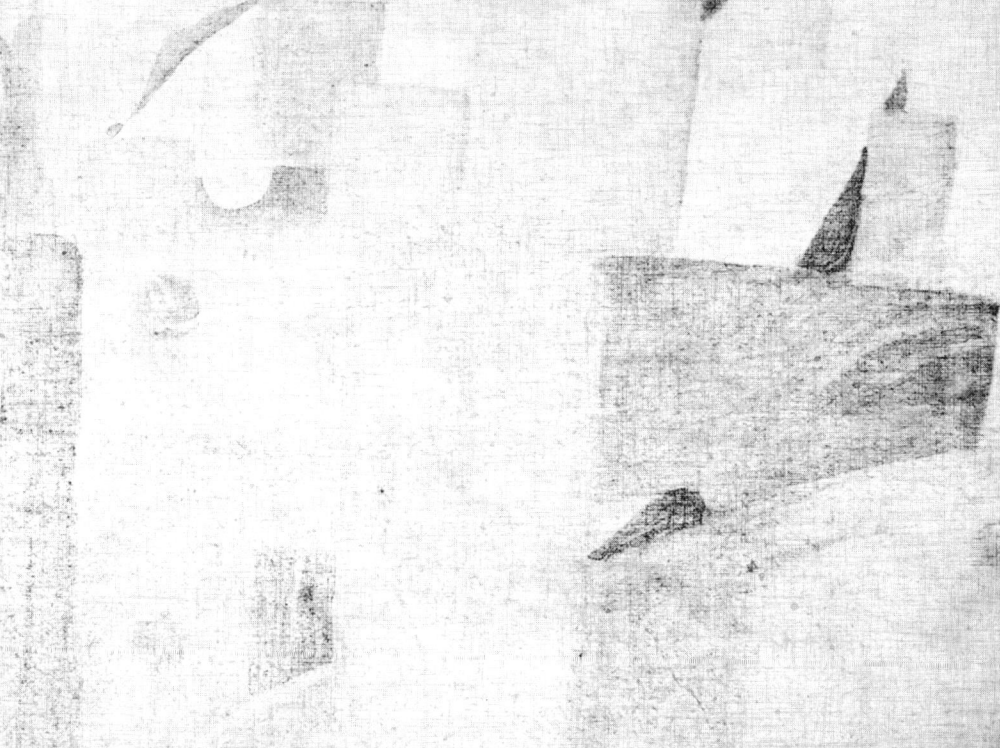

Personal Development God's Way

우리는 모두 하나님의 음성을 들을 수 있다!

지금까지 나는 실제적인 것에 대해 나누었다. 나는 이번 장의 제목인 하나님의 음성 듣기가 여러분에게 갑자기 신비주의처럼 들리거나 다른 사람들 이야기처럼 들릴 수 있다는 것을 안다. 이 장에서는 구체적이고 실제적인 예와 당신의 소명과 그 길을 위한 중요한 요소가 들어 있기 때문에 함께하기 바란다.

하나님의 음성 듣기를 배우는 것은 당신의 소명을 발견하는 데 중요한 역할을 한다. 하나님께서 우리를 통해 이루고자 하시는 목적이 있으므로, 하나님께서 우리에게 하시는 말씀을 듣는 것을 통하여 그것을 명확하게 알 수 있다. 만약 우리가 그분의 목소리를 안다면 인생이 얼마나 쉬워지겠는가? 어떤 기독교인들은 오늘날에는 하나님께서 말씀하신다고 믿지를 않는다. 나는 이러한 문제를 논쟁거리나 이론적으로 설명을 하려고 하는 것은 아니지만, 하나님께서 그의 백성에게 말씀을 하고 계시는 것이 확실하다는 그런 증거는 내 삶 가운데 너무나도 많다는 것을 이야기하고 싶다.

하나님의 음성을 듣는 것은 삶의 전반에 걸친 훈련이지만 어린아이도 할 수 있을 정도로 간단하다. 불행히도 예언에 대한 오늘날의 이해는 많이 왜곡되어 있다. 이것은 하나님의 음성을 듣는 자들에게 어떤 이들은 예언자라고 일컫기도 하지만, 그러한 명함만을 주기 위한 것이 아니다. 예언은 기독교인의 삶과 교회 안에서 기초가 된다는 시각이 필요하다.

사도 바울은 하나님의 음성을 듣는 것의 목적은 하나님을 더 잘 알고, 하나님의 부르심을 발견하며, 그분의 엄청난 능력으로 들어가는 것이라고 했다.

> 우리 주 예수 그리스도의 하나님, 영광의 아버지께서 지혜와 계시의 영을 너희에게 주사 하나님을 알게 하시고 너희 마음의 눈을 밝히사 그의 부르심의 소망이 무엇이며 성도 안에서 그 기업의 영광의 풍성함이 무엇이며 그의 힘의 위력으로 역사하심을 따라 믿는 우리에게 베푸신 능력의 지극히 크심이 어떠한 것을 너희로 알게 하시기를 구하노라(엡 1:17~19)

우리가 하나님의 음성을 듣는 것에 대해 이야기할 때 당신의 마음 가운데 많은 생각들이 교차될지도 모른다. 많은 사람들이 하나님의 음성을 듣는 것은 예언자나 예언적 은사가 있어야 한다고 생각을 한다. 어떤 사람들은 다른 사람들보다 좀 더 명확하게 하나님의 음성을 듣는 은사가 있다. 내가 확신하는 것은 우리 모두가 하나님의 음성을 들을 수 있고 또 하나님께서 우리가 그분의 음성을 듣기 원하신다는 것이다.

당신이 수년 동안 소식을 듣지 못한 친구에 대해 생각을 한 후에, 그날 편지나 이메일 혹은 전화가 그들로부터 왔다. 사실은 그 자그마한 사실이 일어나기 전 하나님께서 당신에게 말씀을 하신 것이다. 당신이 슈퍼마켓에서 계산대에 줄을 섰을 때는 어떤가? 당신이 다른 줄에 서야 될 것 같은 느낌이 들면서 그 줄을 향해 보고 있을 때 갑자기 그 줄이 빨리 줄어드는 것을 목격한 적이 있는가? 그것도 하나님께서 이야기를 하시는 것이다. 고속도로를 운전하고 있을 때 갑자기 속도를 낮추어야 한다는 느낌이 들 때가 있을 것이다. 그렇게 한 후 당신은 앞에 경찰이 있는 것을 발견한다. 역시 이것도 하나님께서 말씀을 하시는 것이다.

때로는 하나님께서 명확하게 이야기를 하시지만 대부분은 작고, 훈련이 없이는 그것이 하나님의 말씀인지 아니면 우연인지 잘 알 수 없는 우리 안의 조용한 목소리로 말씀을 하신다. 모든 사람들이 그들의 삶에서 이러한 경험을 한다. 영적인 은사가 역사하는 것은 다른 사람들보다 하나님의 음성을 더 명확하게 듣는 것이 가능할 때이다. 이것은 그들이 더 영적이거나 그들을 우리보다 더 좋아해서 그렇게 하는 것이 아니다. 우리는 각자 다른 은사를 가지고 있고 성경에 말하고 있는 주님의 몸 된 교회의 지체들이다. 우리 몸의 다른 부분들은 각각 다른 기능을 가지고 있다.

> 너희는 그리스도의 몸이요 지체의 각 부분이라(고전 12:27)

많은 기독교인들은 하나님께서 우리에게 주신 은사를 찾아야 한다고 생각을 했다. 우리는 다른 사람보다 은사를 한 가지 더 사용할 수도 있지만 우리 모두는 성령님을 통하여 모든 은사를 사용할 수 있다. 이것은 예수님과 제자들의 삶을 통하여 증거되었다. 그들은 다른 상황과 사람들을 만나면서 다른 은사들을 사용하였다. 그러므로 고린도전서 12장에 나온 계시적 은사들을 통하여 우리가 하나님의 음성을 듣는 것은 가능하다.

우리가 하나님의 음성을 듣기 위하여 신비주의가 될 필요는 없다. 나는 하나님의 초자연적인 것들이 우리의 삶에 자연적인 한 부분이 되어야 한다고 생각한다. 그것은 우리를 자연스럽게 초자연적으로 만든다. 당신은 하나님의 음성을 듣기 위해 예언자가 아니어도 된다. 이러한 능력을 개발함으로써 하나님께서 우리를 인도하시고자 하는 음성을 들으므로 좀 더 빨리 소명의 길로 나아가도록 도움을 준다. 이것은 우리가 하나님과 더 깊은 관계를 갖는 것에 대한 유익이다.

하나님의 음성을 듣는 실제적 훈련

1. 하나님께서 당신에게 말씀하시기를 원하신다는 것을 믿으라.

하나님은 한 번 말씀하시고 다시 말씀하시되 사람은 관심이 없도다(욥 33:14)

많은 기독교인들은 하나님께서 그들에게 말씀을 하시지만 그것이 꼭 필요한 것은 아니라고 믿는다. 만약 우리가 어떤 것이 가능하다고 집중하지 않는다면, 그 기회들은 우리에게 결코 오지 않을 것이다. 그러나 우리가 우리의 관심을 바꾸어 하나님께서 우리를 잘 아시고 우리에게 말씀하시기를 원하신다는 것을 인정한다면, 우리가 생각하지 못한 방법으로 하나님께서 말씀하시는 좋은 기회들을 가지게 될 것이다. 불신은 하나님으로부터의 초자연적인 경험을 하지 못하게 하는 영적인 원리이다. 한 예로 마태복음 13장 58절에서 예수님께서는 믿지 않는 자들로 인하여 많은 기적을 행하시지 못했다는 것을 볼 수 있다.

하나님께서는 진정으로 우리와 대화하시기를 원하신다. 대부분의 시간 우리는 하나님께서 우리 삶 가운데 말씀하시는 것을 인식하기 위해 어떠한 바쁜 일들을 정리하여야 할 필요가 있다. 그분은 사랑과 안정 그리고 안내와 경고의 말씀을 여러 가지의 방법으로 전해 주신다. 아마도 그 방법은 꿈과 비전(욥 33:15~16)을 통해, 성경(단 9:2)을 통해, 다른 사람(지혜)과의 대화를 통해 혹은 예술(음악, 춤, 그림, 조각)을 통해서일 수도 있다. 그 가능성은 끝이 없다.

하나님께서는 우리가 하나님과 더 많은 시간을 함께하기 원하신다. 때로는 우리에게 퍼즐과 같은 꿈을 통하여 답을 찾게 하신다. 그리고 우리가 답을 찾았을 때, 그것을 확연하게 알 수 있는 것은 하나님께서는 우리가 숨겨진 보물들을 찾았을 때 너무 기뻐하시며, 우리를 사랑하신다는 것도 알게 된다. 만약 우리가 잠잠히 그것을 듣지 않는다면 작고 차분한 그분의 목소리를 자주 놓치게 된다. 나는 나의 친구가 울고 있는 것을 꿈에 본 적이 있다. 그 다음날 나는 격려의 이메일을 보냈고,

그 친구가 정말로 엄청난 "고난"을 겪고 있으며, 그 이메일을 통해 많은 격려가 된 것을 알게 되었다.

2. 평안과 QT의 시간을 의도적으로 가지라.

예수는 물러가사 한적한 곳에서 기도하시니라(눅 5:16)

만약 당신이 하나님의 음성을 듣기 원한다면 당신의 삶에 평안이 있어야 한다. 우리가 서두르거나 스트레스가 있을 때 우리는 하나님의 음성을 잘 들을 수가 없다. 많은 사람들은 그들이 샤워나 목욕을 할 때 하나님의 음성을 듣는다. 이것은 놀랄만한 일이 아니다. 왜냐하면 그 시간이 당신의 삶에서 혼자 있으면서 음성을 들을 수 있는 몇 안 되는 장소이기 때문이다.

만약 그것이 가능하다면 정기적으로 시간을 정해 놓는 것이 좋다. 나는 아침형 인간이다. 나는 우리가 다른 성향을 가지고 있다는 것을 알지만 그래도 아침이 전화와 다른 방해하는 요소로부터 조용할 수 있는 가장 좋은 시간이라고 생각한다. 잠을 잘 잔 후에는 좀 더 영적인 것에 민감할 수 있다.

매일 아침 나는 적어도 15분 이상 주님께 집중하는 시간을 가지려고 노력한다. 그리고 45분 동안 기도를 하고 성경을 읽으며 하루에 대해 하나님이 말씀하시도록 구하는 시간을 갖는다. 당신은 아마도 그렇게까지는 안 해도 되지만 당신의 편의대로 사용하라. 나는 주로 운동과 기도를 함께 하여 영, 혼, 육을 다 훈련한다. 나는 조깅을 하고 스트레칭을 하거나 밖으로 나간다. 내가 너무 바쁜 일정을 가지고 있을 때는 종종 하나님의 말씀을 경청하는 것을 무시한곤 한다. 결과적으로 전에 하던 것보다 적은 시간을 갖게 되었다. 내가 하나님과 시간을 보낼 때는 하나님께서 그날에 중요한 것들에 집중하도록 도움을 주셔서 더 많은 일들을 할 수 있도록 도와주신다. 나는 이것이 아이러니한 것을 알지만 하나님은 우리와 반대로 일을 하신다.

일상생활 가운데 우리는 얼마나 열심히 일을 했는가에 상관없이 너무 지친 상태로 하루를 마무할 때가 있다. 나 또한 그런 경험을 했다. 한 주 동안 아침에 일어나 세 시간 정도를 할애하여 걷고 기도하며 성경을 읽고, 감동을 줄 만한 오디오 강의와 기도를 통해 하루를 계획하였다. 내가 발견한 것은 더 많은 일을 하게 되었고, 하루를 마칠 때는 더 많은 채우심을 경험하게 되었는데, 그것은 적어도 내가 열두 시간 이상을 일했을 때 얻을 수 있는 것이었다. 또 일을 가족과 함께 하는 저녁 시간 전에 마칠 수 있음으로 불평과 난감한 느낌을 갖지 않아도 되었다.

그런 시간을 가진 후, 나는 나의 최선을 다해 매일 시간을 내어 하나님의 음성을 듣고 그분을 내 중심 가운데 모실 수 있도록 한다. 나의 하루 생활에는 많은 일들이 있다. 때로 나는 이러한 훈련에서 벗어나기도 하지만 바로 돌아오게 되는 데, 그 유익을 경험하게 된 후면 더욱 그럴 것이다. 나는 점점 "불같이 일"을 하는 것이 아니라 더 많은 성취를 이루게 되었다.

만약 당신이 하나님을 중심으로 모시고 음성을 듣는 시간을 갖지 않는다면, 나는 당장 그런 시간을 가질 수 있도록 계획하고 실천하라고 도전을 하고 싶다. 15분 혹은 그보다 짧아도 좋다. 시작할 때는 적은 시간으로 시작하지만 시간이 지나면서 천천히 하나님과 함께 하는 시간을 늘려 보아라. 내가 믿기로는 당신이 그렇게만 시작한다면 더 많은 시간을 할애하게 될 것이다.

나는 성경을 정기적으로 읽는 것을 너무 강조해도 지나침이 없다는 것을 안다. 우리가 하나님의 말씀을 더 알수록 하나님의 음성을 알기 쉬워진다. 우리는 하나님의 방법과 성품 그리고 그분의 본성을 성경을 통해 알 수 있다. 우리가 하나님이 어떤 분이신가를 더욱 알수록 우리는 하나님의 음성인지, 우리 자아의 소리인지, 혹은 다른 좋지 않은 출처인지를 구분할 수 있다.

하나님께서는 자주 우리의 마음 가운데 성경 말씀을 통하여 마음에 감동을 주신다. 성경을 정기적으로 읽는 것은 영적으로 예민할 수 있게 돕는 좋은 조건이 된다. 때로는 하나님께서 명확하게 이야기를 하시지만 어떤 때는 그렇지 않다. 하나님께서는 문제를 봉인하시고 하나님을 더욱 찾고자 하는 자들에게 그것을 찾도록 하신다. 만약 우리가 하나님과 시간을 보낸다면 위의 보물을 갖게 될 것이다!

일을 숨기는 것은 하나님의 영화요 일을 살피는 것은 왕의 영화니라(잠 25:2)

3. 하나님의 말씀에 반응하기

듣고 행하지 아니하는 자는 주초 없이 흙 위에 집 지은 사람과 같으니 (눅 6:49)

하나님께서 당신에게 말씀을 시작하실 때 그 말씀을 귀하게 여기고 기록하는 것은 좋은 것이다. 나는 이전부터 좋은 기초를 쌓는 것에 대해 반복하여 이야기를 하고 있다. 이것은 당신의 소명이 매일의 생활에 의해 기초가 이루어지기 때문이다. 당신의 편의에 따라 노트북을 사용하거나 기도일기를 사용하여 하나님께서 당신에게 하시는 말씀을 기록하라. 하나님께서 말씀하신다고 당신이 느끼는 것을 적는 것이 습관화될 것이다. 이것은 그런 말씀들을 되돌아 볼 수 있게 한다. 그 말씀들이 현실로 일어나면 당신의 영이 하나님의 선한 본성에 긍정적으로 집중하게 되기 때문에 하나님께 감사를 드려라.

만약 우리가 계속해서 하나님의 말씀을 듣는다면, 우리는 빠르게 믿음으로 하나님께서 말씀하실 때마다 반응을 하게 될 것이다. 때로는 하나님께서 마지막으로 말씀하신 일에 대해 우리가 반응할 때까지 하나님께서 침묵하실 때가 있다. 잠시 멈추고 당신이 반응하지 못한 것들이 있는지 하나님께 물어 보라. 하나님께서는 가끔 새벽에 날 깨우시고 말씀을 하신다. 하나님께서 밤에 깨우시는 일이 일어나지 않을 때는 내가 영적성장에 있어서 무엇인가 잘못하고 있는 부분이 있는지 보여 달라고 기도를 한다. 그렇게 기도를 한 뒤 그분께서 나를 일어나게 하셔서 말씀하길 원하신다는 것을 느끼며 새벽 세 시에 일어나게 된다.

나는 몸을 이끌고 거실로 나가 기다린다. 나는 어떠한 말씀도 듣지 못해서 TV를 켰다. 그 밤에 나오는 정보들을 통해 하나님께서 내게 말씀하신 것은 내 시간을 잘 관리하고 운동을 더 해야 할 필요가 있다는 것이었다. 나는 그날 밤 하나님께서 하신 말씀을 적용하였고 내 삶은 급진적으로 바뀌었다. 후에 나는 하나님께서 그 같은 이야기를 지난해 동안 두 번이나 말씀하신 것을 알게 되었다. 나는 그것이 광고와 같은 방식으로 내게 전달이 되었기 때문에 거절을 했던 것이다. 그러나 내가 이것에 반응하였을 때 밤마다 다시 하나님의 음성을 듣게 되었다. 나는 하나님께 정기적으로 반응하도록 노력하여 하나님이 나를 억지로 깨워 침대 밖으로 밀어내지 않도록 하여 잠을 더 잘 잘 수 있도록 한다.

4. 하나님의 음성을 막는 장애물을 없애라.

> 이러므로 우리에게 구름같이 둘러싼 허다한 증인들이 있으니 모든 무거운 것과 얽매이기 쉬운 죄를 벗어 버리고 인내로써 우리 앞에 당한 경주를 하며(히 12:1)

우리가 하나님의 음성을 듣는 과정 가운데 장애물을 만나게 된다. 그중에 가장 큰 장벽은 하나님의 음성을 듣기 위한 우리의 이론이 될 수 있다. 만약 하나님께서 오늘날에는 말씀을 하시지 않는다고 우리가 배웠다면, 그것은 하나님의 음성을 듣는 우리의 능력에 영향을 주게 된다. 우리가 가지고 있는 전통적 혹은 어떤 방식의 예배가 우리가 하나님의 음성을 듣는 것을 방해할 수 있는 데, 그것은 언제 그리고 어떻게 하나님께서 말씀하시는 것을 제한하기 때문이다. 나는 최근 하나님의 음성을 듣기 위해서는 방언으로 기도해야 한다고 말하는 사람을 만났다. 방언의 은사는 하나님과 대화하는 하나의 방법이기 때문에 그 역시 제한하는 것이다.

내가 처음 하나님의 음성을 듣기 시작할 때에는 예배 중이어야 한다고 생각을 했다. 왜 그렇게 생각을 했는지 모르지만, 만약 하나님께서 말씀을 하실 것이라면 그 장소가 교회일 것이라고 믿었다. 그러한 생각을 돌리게 된 것은, 나는 한 주 혹은 두 주에 한 번씩 교회에 나갔고, 교회 예배는 짧은 시간에 마쳐서 묵상을 하거나 하나님의 음성을 들을 수 있는 시간이 없었기 때문이다. 그래서 나는 다른 방법을 개발해야 했다. 하나님의 음성을 듣는 법은 어느 한 가지만 있는 것이 아니다. 하나님은 다양하시며 우리가 그분을 상자 안에 넣으려 노력할 때 그분의 무한한 능력과 창조성이 우리에게 가능하다는 것을 놓치게 된다.

세 번째 장애물은 하나님의 음성을 너무 바쁘게 들으려 한다는 것이다. 우리는 때로 어떠한 행동을 하면서 시간을 채우지만 실질적으로는 하나님의 음성을 듣는 시간으로부터 그것이 방해가 된다는 것이다. 이러한 예로는 기독교 서적들이나 블로그, CD들 그리고 라디오와 TV 방송의 형태일 수 있다. 이러한 것이 우리에게 무익한 것은 아니나 만약 하나님과 함께 하는 대신에 그런 것으로 시간을 보낸다면, 그것은 장애물이 되는 것이다. 만약 당신이 그렇다면 한 방송을 적게 보고, 그 시간을 이용하여 하나님의 음성을 들어라.

네 번째 장애는 하나님께서 말씀하시는 것을 추측하는 것이다. 이것을 우리는 추정한다고 말을 한다. 하나님께서는 종종 우리에게 말씀을 하시며 그분과의 관계를 막고 있는 것들을 드러내신다. 우리의 자신감과 교만은 하나님께서 우리에게 보여 주시고자 노력하는 것에 대한 진정한 의미를 가로막는다. 우리는 하나님께서 나의 문제가 아니라 다른 사람들의 문제를 말씀하신다고 생각할 때가 있다.

한 사람이 내게 다가와 그의 꿈을 통하여 성령님을 통해 그의 삶에 하나님의 부르심을 아는 것이 아니라 그의 갈망과 힘으로 소명을 추구해야 한다는 것을 알게 되었다고 했다. 그는 (그의 꿈에서 본인이 주인공이었고, 그것이 분명히 본인이었다는 것을 알았지만) 그 꿈이 본인을 위한 것이 아니라 다른 어떤 사람에 대한 꿈이라고 했다. 그는 현명한 충고를 거절했고, 결과적으로 하나님께서 이루기를 원하시는 그것에서 벗어나 삶에 변화를 가져올 수 있는 기회를 놓치게 되었다.

하나님의 음성을 날마다 듣기

하나님의 음성을 통하여 다른 방식으로 일을 하게 하시고 또 고속도로에서 큰 사고를 피하게 하셨다면 하나님의 음성을 듣는 것은 대단한 일이 아니겠는가? 혹은 갑자기 배우자를 위해 꽃을 사라는 마음을 주셔서 그렇게 꽃을 사서 집에 갔을 때, 정말 힘든 하루를 보낸 것을 알게 된다면 어떨까? 하나님의 음성을 듣고 은행에서 현금을 어느 정도 인출하라고 말씀하셔서 그렇게 반응한 후에 그만큼의 현찰이 필요한 일이 생겼다면 어떻겠는가?

일전에 내 아내가 L.A.의 혼잡한 교통체증 가운데 빠르게 달리고 있을 때 "천천히 가라"는 작은 하나님의 음성을 듣고 그렇게 했다. 갑자기 그녀 앞에 있는 차의 타이어가 펑크가 났고, 천천히 가지 않았다면 대형사고가 날 수 있었다. 이러한 드라마와 같은 예는 하나님께서 우리의 삶 가운데 매일매일 우리를 안내하기 원하신다는 것을 보여 주고 있다.

하나님께는 우리와 관계하고 싶어 하시는 여러 가지 방법이 있지만 하나님의 음성을 계속 그리고 정확히 듣기 위해서는 훈련이 필요하다.

> 단단한 음식은 장성한 자의 것이니 그들은 지각을 사용하므로 연단을 받아 선악을 분변하는 자들이니라(히 5:14)

많은 기독교인들은 하나님의 음성을 들을 때 잘못 인식할까 봐 두려워한다. 히브리서 5장 14절 말씀은 우리에게 훈련이 필요하다고 한다. 많은 사람들이 하나님의 음성을 계속해서 듣지 못하는 것은 훈련을 하지 않기 때문이다. 그들은 또한 그것이 하나님의 음성인지, 자아의 목소리인지, 다른 음성인지 분별을 하는 데 문제를 느끼게 된다. 훈련은 우리의 영적인 삶에 있어서 성장하고 성숙하기 위하여 필요한 것이다.

은행에서 일을 하는 사람은 진짜 돈과 가짜 돈을 구별해야만 한다. 이 두 차이점을 알기 위해서는 진짜 돈에 대해서 알게 됨으로 인해 가짜들을 분별할 수 있게 된다. 그러면 가짜 돈을 받게 될 경우, 즉시 느낌과 모양새를 통해 그것을 구별하게 되는 데 그것은 그러한 훈련을 통해 민감해졌기 때문이다.

이러한 간단한 원리들은 하나님의 음성을 듣는 것에도 적용할 수 있다. 우리는 하나님의 음성과 우리의 음성, 그리고 다른 사단의 소리들의 차이점에 예민해지도록 배워야만 한다. 가장 쉬운 방법은 당신의 개인적인 경험을 통해 공부하는 것이다. 당신이 하나님의 음성을 듣고 그것이 하나님께서 말씀하신 것이라는 분명한 증거에 대한 확신이 있다고 하자. 이것이 기도의 응답이거나 이전에 가지고 있지 않았던 지식을 동반한 것일 수 있다. 기도일기의 기록을 사용하고 공부하여 하나님의 음성으로 느껴진 것들을 공부해 보라. 어떻게 그것이 왔고, 당신의 영이 어떻게 그것을 느꼈으며, 평화가 있었는지를 기억하라.

나는 컴퓨터 상담가로서 많은 기간 일을 했다. 하루는 출근하기 전 하나님과 시간을 보내는 데, 오늘은 넥타이를 매라고 말씀하셨다. 나는 대개 비지니스 캐주얼을 입고 출근을 하지만 그날은 넥타이를 매고 출근을 했다. 생각지도 못했던 일이 생겼는 데, 우리 회사 사장님과 힘 있는 한 손님의 사무실에서 함께 만나도록 지시를 받았다. 내가 그 손님의 사무실에 들어갔을 때, 모두 넥타이를 하고 있었음을 보았고, 그 역시 내가 넥타이를 매고 있는 것을 보고 놀랐다. 내가 만약 그날 하나님과 시간을 보내지 않고 음성을 듣지 않았다면 결코 일어나지 않았을 일이다.

그러면 어떻게 하나님의 음성을 듣도록 훈련을 할 수 있을까? 먼저 하나님께서 당신을 훈련하기를 시작하시도록 구하라. 성령님께 그분의 목소리에 민감할 수 있도록 구하라. 하나님께서 말씀하신다고 느끼는 것을 기록하라. 당신의 경험을 이용하고 이전에 미리 듣고 일어났던 일들을 참고하라. 이것은 어떤 것에 대해 애써 예측하려 노력하는 것이 아니며 또한 예언자가 되려고 하는 것이 아니다. 우리는 단지 하나님께서 우리에게 말씀하시는 것을 잘 들을 수 있기를 배우는 것이다. 나는 여러 가지 훈련을 정기적으로 했고, 내가 세미나에서 가르치는 학생들에게도 똑같이 가르친다. 이것은 훈련이기 때문에 어떤 잘못을 할지에 대해 걱정을 하지 않아도 된다.

다양한 방법으로 우리에게 말씀하시는 하나님

하나님께서 우리에게 말씀하시는 방법은 너무 다양하다. 몇 가지 간단한 것들을 말해 보고자 한다.

하나님께서는 성경을 통해서 말씀하신다.

때때로 하나님은 성경의 말씀을 통하여 우리에게 말씀하시고, 때로는 우리의 마음 가운데 전광석같이 주실 때도 있다. 우리가 듣는 모든 것이 하나님에게서 올 필요는 없다. 그러나 이러한 훈련을 통해 당신은 어떤 것이 하나님으로부터 왔고, 어떤 것이 그렇지 않은지를 쉽게 구별할 수 있다. 당신이 하나님의 음성을 들을 때, 그것은 성경의 말씀에 위배되지 않아야 하며 불법적이지 않아야 한다.

하나님은 어떤 감동 혹은 그림을 통하여 말씀하신다.

당신은 때로 마음 가운데 어떤 그림의 형식이나 혹은 당신의 영에 반짝하고 떠오르는 것을 볼 수 있다. 그것이 완전한 생각일 필요는 없으나 만약 당신이 그것이 하나님으로부터 온 것이라고 느낀다면 분별을 해야 한다. 왜냐하면 우리의 모든 생각이 하나님으로부터 오는 것이 아니기 때문이다. 이것은 한 단어일 수도 있고, 문장일 수도 있으며, 노래일 수도 있다. 당신은 갑자기 장미의 그림을 보게 될 수도 있다. 만약 당신이 다른 사람을 위해 기도하고 있다면 당신은 하나님께서 그들을 장미와 같이 보신다고 말할 수 있다. 그런 후 당신은 그것이 의미하는 것을 생각할 수 있다. 장미는 좋은 향기와 아름다움을 나타낸다.

또한 외부적인 어떤 환상이나 그림 혹은 어떤 것을 눈으로 보면서 하나님께로부터 왔다는 느낌을 받을 수 있다. 이것은 시계의 어떤 반복되는 숫자나 색깔 혹은 하나님께서 당신의 관심을 가지고자 하는 어떤 것일 수 있다. 잠깐 당신은 펜을 들고 하나님께서 당신에게 보여 주신 그 어떤 것들을 기록할 수 있다. 혹은 친구에게 고마움의 편지를 쓸 수도 있게 하신다는 것을 기억하라.

하나님께서는 우리에게 아주 "작은 목소리"로 말씀하신다는 것을 기억하라. 이것을 우리는 감동이라고 말한다. 성령님께서 당신에게 말씀하시는 것을 신뢰하기를 배우라. 우리는 훈련에 의해 이것을 배우며 경험을 통해 성장하게 된다. 이러한 하나님께서 주시는 감동은 때로 매우 강렬할 수 있다. 예를 들어 이러한 강도를 1에서 10까지로 표현하기로 하자. 1은 미약한 것이고 10은 매우 분명하면서 정확한 것을 나타낸다. 하나님께로부터 온 어떠한 감동이라도 정도에 관계없이 당신의 삶이 변화하는 데 도움이 된다.

여기에 어떻게 그것이 역사하는지의 예가 있다. 나는 친구와 함께 기독교인이 아닌 한 여인과 그녀의 소명에 대해 이야기를 하고 있었다. 나는 하나님께서 그녀를 정말 사랑하신다는 감동을 받았다. 나의 감동은 그렇게 극적인 것은 아니었는데, 사실 하나님은 모든 사람을 사랑하시지 않는가? 그러나 내가 그렇게 말했을 때 그녀는 눈물을 글썽거렸다. 그리고 나의 친구는 그녀의 삶에 수잔이라는 이름이 있다는 감동을 받았고, 이 사람과 비슷한 부르심이 있다는 감동을 받았다. 그녀가 우리에게 나눈 것은 얼마 전 그녀의 언니가 돌아가셨는데 그녀의 이름이 수잔이라고 했다.

나는 그 순간 우리가 그녀에게 점쟁이처럼 보였다는 것을 알았다. 우리는 기독교인으로서 하나님께서 그녀를 보살피시기 위해 우리를 보내 돕게 하셨다는 것을 알렸다. 나의 감동의 수치는 약 1정도밖에 되지 않았지만 그녀에게 10정도의 감동을 내 친구로부터 받을 수 있도록 마음 문을 열게 하기에는 충분했다. 이것은 대화가 아니라 한마디 혹은 하나님으로부터 오는 어떤 감동이면 충분하다. 중요한 것은 우리에게 주는 영향력과 우리에게 오는 격려 그리고 어떤 방법으로든 변화시킨다는 것이며, 궁극적인 것은 하나님께로 우리가 더 가까이 나아간다는 것이다.

꿈과 비전을 통해 하나님께서 말씀하신다.

밤에 꾸는 꿈은 하나님께서 말씀하실 수 있는 굉장히 좋은 방법이다. 모든 꿈이 하나님께로부터 온 것은 아니지만 꿈을 통해 우리는 하나님의 상징적인 언어를 이해하고 우리를 향하신 인도하심을 믿을 수 있다. 성경의 3분의 1일이 꿈과 비전에 대한 내용이다. 예수님께서는 비유로 종종 말씀하셨고, 꿈은 "밤의 비유"와 매우 비슷하다.

사람은 무관히 여겨도 하나님은 한 번 말씀하시고 다시 말씀하시되 사람이 침상에서 졸며 깊이 잠들 때에나 꿈에나 밤에 환상을 볼 때에 그가 사람의 귀를 여시고 경고로써 두렵게 하시니 이는 사람에게 그의 행실을 버리게 하려 하심이며 사람에게 교만을 막으려 하심이라(욥 33:15~17)

꿈을 통하여 하나님의 음성을 듣는 것 중에 가장 좋은 것은, 우리가 그 꿈을 항상 기억하지 못하거나 그에 대한 혜택을 이해하지 못하는 것이다. 하나님께서는 종종 꿈을 통하여 우리의 삶에 대한 방향을 보여 주시고, 그것을 우리의 기억 속에서 빼내어 숨겨 두신다. 나중에 그런 상황이 생길 때, 마치 이전에 이미 경험한 것과 같은 느낌을 가지게 된다. 어떤 사람은 이것을 데자부*dejavu*라고 한다. 내가 믿기로는 하나님께서 꿈을 통하여 보여 주신 것을 우리가 기억하지는 못하지만, 그런 상황이 왔을 때 이전에 경험한 것과 같은 이상한 감정을 통하여 하나님께서 인도하고 계심을 알도록 하신다. 그래서 때로 가장 좋은 꿈은 우리가 꿈을 꾼 것은 알지만 그 꿈에 대해 자세한 것을 기억하지 못하는 꿈이다. 그것이 무슨 뜻인지 설명을 하고자 한다.

하나님은 꿈을 통하여 우리의 목적과 소명의 길에 필요한 것들을 가르쳐 주시고 인도하신다. 더 명확하거나 직접 하나님께서 우리에게 말씀하신다면, 우리에겐 하나님께서 말씀하신 것에 대한 반응에 대해 엄청난 책임감이 있게 될 것이다. 하나님께서 꿈을 통하여 그 가르치심을 숨김으로 하나님께서 우리의 자연적인 마음을 통과하고, 또 교만으로부터 멀리하게 하시며 하나님의 힘이 아닌 우리의 힘으로 일하는 것을 막으신다. 때로는 하나님께서 우리가 무의식(잠)에 있을 때까지 기다리셨다가 말씀을 하심으로 인해 우리가 하나님께서 우리에게 하기를 원하시는 것에 대해 논쟁을 하지 못하거나 두려움을 갖지 않게 하신다.

또 하나님께서 꿈을 이용하는 다른 방법은 꿈은 기억을 하나 무슨 의미인지 모르게 꿈의 의미를 감추시는 것이다. 우리는 하나님으로부터 온 꿈이 확실하다는 것을 알지만 그것을 해석하여 이해할 수 없거나 어떻게 우리의 삶에 적용하는지를 모른다. 이것이 구약의 요셉의 삶에 일어났다.

창세기 37장에서 요셉은 두 개의 소명에 대한 강력한 꿈을 꾸게 된다. 그 꿈은 그의 형제들과 부모가 그에게 절을 하며 섬기게 되는 것이었다. 그의 아버지인 야곱도 이 꿈에 대해 이해하지 못했다. 결과적으로 요셉의 형들은 질투를 하게 되어 그를 팔아 애굽의 종이 되게 했다. 창세기 41장에서는 하나님께서 요셉의 상황을 바꾸시고 큰 축복을 하심으로 세상의 기근을 위해 비축할 수 있도록 도우신다. 그의 꿈은 수년이 흐른 후에 이루어졌다. 여기서 배우는 것 중에 하나는 누구에게 꿈을 나누어야 하는지에 대해 주의하라는 것이다. 그리고 우리의 꿈들이 이루어지기 위해 수년이 걸릴 수도 있기 때문에 꿈들을 살피고 점검해야 한다.

어떻게 이것이 당신의 부르심과 연관이 있는가? 당신은 당신의 삶의 끝이 어떻게 될지 궁금할 수 있다. 요셉과 같이 우리는 처음의 시작과는 너무나 다른 곳에서 인생을 마감하게 되며 하나님께서 주신 약속과 꿈들이 결코 이루어지지 않을 것 같아 보인다. 이 책을 쓰고 있는 지금 나는 50세가 된다. 하나님께서 20여 년 동안 말씀하시고 약속하신 나의 소명의 부르심이 이제 막 펼쳐져 시작되려고 하고 있다. 하나님께서는 구체적인 것들을 이후에 다 열어 주시는 데 나는 그것이 좀 더 빨리 이루어지기를 노력했던 것 같다. 하나님은 신실하시고 우리는 사랑의 아버지로 그분을 신뢰할 수 있다. 당신의 꿈을 붙잡고 하늘에서 하나님께로부터 오는 놀라운 것들에 대해 마음을 열어 두라.

하나님께서 말씀하시는 다른 방법들

하나님께서 우리에게 말씀하시는 방법은 너무나 많고, 이 책에서 그것을 일일이 다 말할 수 없다. 예수님께서는 15번 이상 "눈 있는 자가 볼 것이고 귀 있는 자가 들을 것"이라고 말씀하셨다. 그것은 영적으로 보는 것과 듣는 것을 의미한다. 예수님께서는 하나님의 나라에 대해 비유를 통하여 강력한 원리들을 가르치셨다. 이러한 상징적인 이야기는 실질적인 삶의 상황에서 깊은 영적 진리를 가져오게 한다. 예수님 곁에서 있던 제자들도 이러한 방법의 대화를 이해하지 못했다. 당신은 하나님의 숨은 언어를 예수님의 비유와 어떻게 그것을 제자들에게 설명하셨는지를 통해 배울 수 있다.

하나님께서는 다른 사람들을 통해서 우리에게 말씀하신다. 친구들과 하는 기본적인 대화를 통해서도 하나님께서는 우리에게 어떤 것을 말씀하시려고 노력하실 수 있다. 하나님께서는 영화와 노래 그리고 예술을 통해서도 말씀을 하신다. 내가 비행기로 여행을 할 때 스파이더맨이라는 영화가 상영되고 있었다.

이 영화를 통하여 하나님께서 오늘날 우리에게 말씀하시고자 하는 비유를 보게 하셨다. 만약 기독교인들이 영화 주인공인 피터 파크가 그랬던 것처럼 영적 은사들과 초자연적인 것들을 사용하는 것을 멈춘다면 범죄와 사단은 이 세상 가운데 더 늘어날 것이다. 그의 이웃인 메리 제인은 교회를 상징한다. 피터 파크는 그녀를 사랑하지만 그녀는 나의 표현으로 말해 세상을 상징하는 사단의 소년을 사랑한다. 나는 더 말을 할 수 있으나 그만하려 한다. 내가 어려운 시간을 지날 때나 사람들로부터 거절을 받을 때 나는 그 영화를 통하여 격려를 받았다.

하나님께서는 자연이나 자연적인 일들을 통해 말씀하신다. 숲 속을 걸으며 창조물들의 아름다움과 훌륭함을 통하여 당신에게 말하도록 허락하라. 자연적인 세계에서 일어나는 것은 종종 영적인 세계에서 일어나는 일을 반영한다. 최근에 부흥과 하나님의 새로운 역사하심을 위해 기도하는 집회가 있었다. 같은 주말에 새로운 유전이 그 지역에서 발견이 되었고, 그것은 세계에서 가장 큰 것이었다. 이것은 하나님께서 그 도시에 영적으로 새로운 것을 주시겠다는 상징이다.

하나님의 음성을 듣는 또 다른 방법은 초자연적인 경험들과 천사 그리고 천국으로부터 듣는 육성이다. 이런 것들은 성경적이며 보편적인 것은 아니지만 하나님의 음성을 듣는 것에서 제외시킬 수 없는 것이다.

소명의 꿈

어떤 꿈들은 당신의 소명과 관련이 있다. 수천 명의 꿈을 해석하고

난 뒤, 나는 공통된 패턴이 있음을 발견했다. 어떤 꿈들은 그들의 삶에 채워져야 할 것들이 많이 있음을 보여 주고 있다. 우리는 꿈에 대한 전체적인 설명이나 이해에 대해 다루지는 않더라도 몇 가지의 꿈들을 통해 당신이 어떻게 그것들에 반응해야 하는지 알 수 있게 될 것이다.

계속 반복되는 꿈은 하나님께서 어떤 새로운 것을 당신의 삶 가운데 행하시기 원하거나 변화되어야 할 어떤 것에 당신의 주의를 집중하게 하시는 것이다. 당신이 새로운 변화의 행동을 취하고 그러한 문제를 다루게 된다면, 계속 반복되는 꿈들은 멈추게 될 것이다.

과학은 모든 사람의 꿈을 증명하고 있다. 만약 당신이 꿈을 기억하지 못한다면 이것은 여러 가지 이유에서 일 수 있다. 당신의 삶에 좀 더 평화가 필요할 수 있거나 혹은 그렇게 꿈을 잘 기억하지 못하도록 만들어졌을지도 모른다. 다른 가능성은 욥의 33장 14절부터 17절까지의 말씀처럼 암시적인 꿈일 가능성도 있다.

비행기 없이 비행하는 꿈:

이러한 꿈은 높은 소명이 이루어지는 것을 나타낸다. 당신은 창조적이고, 상황 위로 올라갈 능력이 있으며 융통성이 있다.

달리기 / 쫓기는 꿈:

이런 꿈은 마치 사단이 당신을 잡으려 하는 것과 같다. 만약 이런 경우라면 사단은 당신이 어떤 좋은 곳으로 가는 것을 멈추려 할 것이다. 이러한 것의 긍정적인 부분은 당신의 부르심이 여러 사람을 돕는 것이다. 그렇지 않다면 왜 당신을 어떤 것으로부터 멈추게 하려 하는가? 중요한 열쇠는 두려워하지 말고 하나님께 당신의 소명을 위해 무엇을 해야 하는지 보여 달라고 구하라.

늦는 꿈:

이 꿈은 당신의 삶에 어떤 부르심이나 일을 하도록 정하셨지만 현재의 상황에서 성취의 과정 가운데 지체가 있다는 것이다. 이것은 좀 더 열심히 추구라는 메시지이다.

옷을 안 입고 있는 꿈:

꿈속에서 다른 사람들은 옷을 다 입고 있고 당신만 옷을 입고 있지 않았다면 이 꿈은 일반적이며 긍정적인 꿈이다. 이것은 당신이 열려 있고 남들에게 믿을 만한 사람이라는 것을 보여 주는 것이다. 이것은 당신의 직장이나 가지고 있는 은사에 대한 것을 나타낸다. 많은 사람들이 당신 주위에 있으면 안전하다고 느끼고, 그들의 문제를 말하면 그들을 도울 수 있는 능력을 가지고 상담과 충고를 하게 된다.

시험을 보는 꿈:

우리는 늘 하나님으로부터 시험을 받고 있는데 그것은 성장과 나아감을 위한 목적 때문이다. 만약 당신이 시험을 보고 있다면 시험을 받고 있다는 것을 인식하라. 만약 당신이 준비가 되지 않은 느낌일 경우 훈련이 좀 더 필요하며 도움을 필요로 한다.

학교에 있는 꿈:

이 꿈은 새로운 것을 배우는 것에 대한 꿈이다. 당신의 삶의 목적을 위해 당신을 개발하는 귀한 시간이다.

아이를 갖던가 임신하는 꿈:

아기는 새로운 삶의 상징이다. 아이를 실제로 갖는다는 의미보다는 새로운 어떤 것의 상징적 의미이다. 새로운 직장, 사역, 선물, 아이디어, 발명, 혹은 어떤 창조적인 것이 당신에게 오는 것이다. 만약 아이가 생기거나 임신을 하는 꿈을 꾼다면 누군가에게 하도록 주어진 어떤 것이 이루어지지 않아 당신을 통해 이루어지기를 원하는 것이다. 만약 아기가 머리카락과 이가 있는 나이라면 그것은 당신이 새로운 은사에 빨리 성숙해질 것이라는 뜻이다.

이가 빠지거나 없어지는 꿈:

이것은 당신의 상황에 지혜나 충고가 필요한 것을 나타낸다.

좋지 않은 꿈이나 악몽:

우리가 악몽을 꾸거나 좋지 않은 꿈을 꿀 때 이것은 하나님께서 우리의 삶에 원하시는 것이 아니다. 이런 부류의 꿈들은 어떤 것이 우리를 멈추게 하고 하나님께서 우리 가운데 허락하신 좋은 것들로부터 멀어지게 하려는 것을 보여 주는 것이다. 이러한 꿈들은 하나님의 뜻이 아니라 사단의 뜻을 보여 주는 것이기 때문에 우리는 그것들을 바꾸어 반대되는 일이 생기도록 기도를 시작하면 된다. 중요한 것은 당신을 위한 하나님의 의도를 아는 것이다.

꿈을 이해하는 단계:

1. 꿈을 기록하고 보관하라.

2. 전적인 이해를 위해 기도하라.

3. 노트를 하고 조사를 해 보라.

4. 당신이 받은 방향으로 나아가라.

5. 성경에 나온 꿈과 비유에 대해 공부하라.

6. 비유와 상징들에 대해 생각하는 법을 배우라.

꿈은 매우 주관적이기 때문에 상징들은 꿈마다 다르게 해석될 수 있다. 꿈의 내용이 중요하다. 당신의 일이나 가족, 사역, 인생의 어느 영역을 말하고 있는가? 상징 또한 중요하기 때문에 성경에서 나오는 상징에 대해 이해하도록 하라. 상징은 어떤 역할을 하는가? 혹은 당신의 삶에 있어서 당신에게 어떤 존재/관계인가? 예를 들면 픽업트럭은 일을 할 때나 물건을 옮기는데 사용되며 학교버스는 사람들을 배움의 장소로 이동시킨다. 악어는 큰 입을 가지고 있어 험담을 표현한다. 꿈들을 이해하고자 노력할 때 상징을 알려주는 책을 사용하는 것을 주의하라. 많은 꿈에 대한 상징을 나타낸 서적들은 정확하지 않고 심리학에 의거하여 만들어졌으며 성경의 상징과 반대된다.

꿈은 언제나 쉽게 이해되는 것은 아니지만 그것에 가치를 두고 공부할수록 하나님께서 말씀하시는 것을 더 많이 알게 될 수 있다. 우리가 3분의 1의 시간 동안 잠을 자기 때문에 적은 노력을 통하여 우리의 소명을 알아가는 것은 좋은 방법이다. 나의 웹사이트를 통해 꿈에 대한 이해의 훈련을 더 할 수 있다.

Exercise 10
하나님의 음성 듣기

하나님의 음성을 듣는 법을 배우는 것은 인생 전반에 걸친 일이다. 우리는 때로 하나님의 음성을 명확하게 듣기도 하고, 어떤 때는 그분이 침묵하시는 것만 같다. 만약 이전에 하나님의 음성을 들었지만 지금은 그렇지 않다면, 언제 마지막으로 하나님의 음성을 들었는지 기억해 보라. 하나님께서 당신에게 하라고 말씀하신 것 중에 아직 순종하지 못한 것이 있는가? 이것이 하나님의 음성을 막고 있는 것일 수 있다.

여기에 하나님의 음성을 좀 더 명확하게 들을 수 있는 몇 가지 훈련이 있다. 만약 당신이 하나님의 음성을 명확하게 듣지 못한다고 하더라도 실망하지 마라. 이것은 발전하는 과정이기 때문이다.

1. 성경을 통해서 듣기 : 하나님께 성경 구절을 구한다. 눈을 감고 너무 애써 생각하지 말고, 마음에 무언가가 올 때까지 기다리라. 이것은 실질적인 어떤 것을 몇 번의 노력을 통해 하는 것일 수 있다. 매일 해서 5일 정도 내 마음에 평화가 있을 때까지 시도해 본다. 당신의 경험을 일기에 적고 하나님께 그 구절을 놓고 기도하며, 당신의 삶에 이루어지도록 하나님께 기도를 하라. 긍정적이고 격려하는 사람과 이 체험을 나눈다. 하나님은 긍정적이시고 다른 사람을 격려하여 돕는다는 것을 기억하라.

2. 저널을 통하여 음성 듣기 : 종이나 컴퓨터를 이용하여 하나님이 하시는 말씀이라 생각되는 것을 적어 나간다. 아버지로부터 오는 사랑의 편지라 생각하라. 당신의 마음 깊은 곳에서 나오도록 하라. 그리고 정죄하는 사람이 아니라 긍정적인 사람과 나눈다. 하나님께서는 당신을 사랑하시고 성공하기를 원하신다.

3. 물건을 통하여 음성 듣기 : 주위의 어떤 물건을 택하여 하나님에게 그 물건을 통

하여 나에 대한 무엇을 말씀해 달라고 구한다. 여러 가지 관점으로 물건을 보고, 읽고, 상징적인 것을 생각하라. 하나님께서 말씀하시는 것을 기록한다.

4. 위의 3 연습을 한 뒤에 하나님께 나의 목적과 소명에 대해 말씀해 달라 하고 감동되는 대로 받아 적는다.

5. 이 장에서 말한 "소명의 꿈"이 있는가? 반복되는 꿈이 있는가? 이 꿈을 통해서 당신의 삶에 대해 무엇을 배우는가?

6. 딩신의 소명에 대하여 하나님께 물어 본다. 앞으로 며칠 동안 계속 당신의 소명에 대해 말씀해 달라고 물어 보고, 듣고, 저널에 기록한다.

컴퓨터에서 작업을 하려면 사이트 www.personaldevelopmentgodsway.com에서 서식을 다운로드 받을 수 있다.

CHAPTER 11

연결의 힘
THE POWER OF CONNECTIONS

Personal Development God's Way

당신이 듣고, 말하고, 생각하고, 먹고, 생활하는 모든 것들이 다른 삶의 분야와 어떤 연결성이 있다는 것을 알고 있는가? 그래서 어느 한 부분에 균형이 무너지면 당신의 삶 전체에 영향을 미친다. 나는 이것을 우리의 생각들과 언어 그리고 행동의 모든 곳에 영향을 미치기 때문에 연결의 힘이라고 한다. 우리는 우리의 삶을 구별하려고 하는 성향이 있다. 우리는 개인적인 삶과 영적인 삶, 직업 혹은 직장생활을 하고 있다. 그러나 현실에서 그 모든 부분들은 우리들의 삶의 한 부분이다.

행동과 언어의 연결

내가 '의사소통' communication이라는 단어를 사용할 때는 대부분의 사람들이 말하는 언어를 생각한다. 물론 언어가 의사소통이라는 기능을 수행하지만 모든 대화가 다 말로 하는 것은 아니다. 많은 연구를 통해 보여 주는 것은 몸의 언어를 통한 전달이 97퍼센트이고, 오직 3퍼센트만이 말로 전달이 된다. 당신은 어떤 사람이 서 있는 모습이나 당신을 바라보는 것 혹은 악수를 하는 것에 기인해서 사람을 판단하지는 않았는가? 당신의 마음은 그들과 말을 하기 전에 벌써 추측하기 시작한다.

많은 사람들은 우리의 삶에 있어 행동과 언어의 연결성을 알지 못한다. 당신이 말하는 방법과 몸의 움직임을 통해 당신이 스스로에 대해 어떻게 느끼고, 다른 사람들이 당신을 어떻게 생각하고 있는지와 관련된다는 것이다. 대중연설가로서 내가 만약 꾸부정하게 사람들 앞에 서 있고, 조용한 목소리로 천천히 당신의 소명에 대해 말을 한다면 당신은 어떻게 생각을 하겠는가? "이 친구, 별 재미없는 친구군." 우리가 말을 하고 행동하는 방법은 다른 사람들과 연결되는 데 매우 중요하다.

언어

우리의 언어는 내적대화와 외적대화 두 가지 부분으로 구성되어 있는 데, 둘 다 중요하다.

내적대화는 당신이 생각할 때 스스로에게 말하는 것이다. 이것은 당신의 머리의 소리이다. 내가 이전에 언급한 것과 같이 당신이 긍정적이 되는 것과 자신감이 있는 것은 좋은 것이다.

외적 대화는 다른 사람들과의 대화이다. 당신은 다른 사람들이 하는 말을 들으면서, 그 사람에 대해 많이 알게 된다. 그들은 긍정적이거나 부정적 혹은 격려와 비판, 의심과 희망, 두려움과 확신을 가지고 있을 수 있다. 다른 사람들을 향한 당신의 언어는 당신이 진정으로 느끼는 것을 보여 주는 것이다. 당신은 사랑과 격려를 주는 사람인가 혹은 빈정대거나 상처를 주는 사람인가?

사람들은 그들이 어떻게 느끼는지, 무엇에 가치를 두는지, 혹은 대화를 통해 필요한 것이 무엇인지, 그들의 몸의 언어와 외모의 인상은 어떤지를 통해 다른 사람들에게 힌트를 주는 경향이 있다. 그러나 많은 사람들은 그것에 훈련되어 있지 않고, 귀로만 듣기 때문에 인식하지 못한다. 우리 삶에서의 목표는 다른 사람들을 격려하기 위해 마음으로 듣고, 성령님의 도우심을 바라는 것이다.

듣는 것의 연결

많은 사람들은 다른 사람의 말을 들어 주는 것보다는 자기의 말을 다른 사람이 들어 주는 것을 원한다. 듣는 능력은 훈련을 통한 예술이며, 한 사람이 정말 무엇을 말하는지에 집중하는 능력을 증가시켜 준다.

매우 자주 사람들이 예수님께 와서 질문을 했다. 그분의 대답은 그들의 숨은 필요나 그들의 숨은 동기를 발견하는 것이었다. 예수님께서 질문으로 답하신 것을 기억하라. 우리는 너무나 자주 우리에게 와서 필요한 것을 말하기 전에, 우리 자신의 이야기와 충고 그리고 가르침을 풀어 놓는다.

듣는 세 가지 수준

- 발로부터 듣기
- 머리로부터 듣기
- 마음으로부터 듣기

당신이 발로부터 들을 때, 이것은 아주 낮은 형태의 듣기이며 그 사람이 말하는 것에 별로 관심이 없다. 당신은 이 사람을 돕는 것보다는 차라리 일어나 자리를 피할 준비가 되어 있다. 당신은 이 사람이나 그들의 상황에 진정한 관심이 없다. 다른 사람이 우리의 말을 경청하지 않을 때, 그것은 명백하게 드러난다. 그들은 전화를 받거나 혹은 그들이 원하는 이야기로 화제를 돌린다.

당신이 머리로 이야기를 들을 때, 그 사람의 문제에 대해 논리적으로 풀려고 시도를 한다. 대부분의 사람들은 단지 당신이 이야기를 들어 주고 걱정을 해 주기를 바란다. 그들은 대개 당신의 의견에 대해 묻는 것이 아니다.

가장 효과적이고 높은 수준의 듣기는 마음으로 듣는 것이다. 우리는 말하는 사람에 대한 긍휼함이 필요하다. 그들을 고치려 하는 것이나 충고나 이야기로 도배를 하려는 것이 아니라, 함께 걸어 주고 함께 느껴 주는 것이다. 눈을 마주침으로 그들을 살피고 있다는 것을 알려 주라. 주위를 둘러보거나 핸드폰을 사용함으로 산만하게 하지 말라. 마음으로 듣는 것은 사람에 대한 사랑과 살핌을 불러일으킨다. 다른 사람의 이야기를 듣는 방법을 통해 당신도 많은 것을 이야기하게 된다. 만약 당신이 다른 사람의 이야기를 듣지 않는다면 다른 사람들도 당신의 이야기를 듣지 않을 것이다.

영, 혼, 육의 연결

하나님께서는 육과 혼과 영으로 사람을 창조하셨다. 이것을 쉽게 이해하는 방법은 삼위일체 하나님 즉 성부, 성자, 성령 세 분이 다 하나님이라는 것이다. 우리는 하나님의 형상대로 지음을 받았다. 만약 당신이 서양사회에서 자랐다면, 아마도 이것들이 각각 분리되어 있다는 관점으로 보게 될 것이다.

서양인으로서 우리는 우리의 영적인 삶을 일상적인 생활이나 직장 생활과는 분리해서 보는 경향이 있다. 또한 우리의 육체와 감정적인 것도 마찬가지로 본다. 이것은 우리가 영, 혼, 육으로 창조되었다는 사실을 놓치게 되기 때문에 유익하지 않다. 만약 우리 몸의 한 부분이 고통을 받는다면 다른 모든 부분도 고통을 받게 된다.

사람에 대한 성경에서의 관점을 보면, 우리는 세 가지 주요 부분이 하나로 통합되어 있는 것을 보게 된다.

- 육 – 살, 피, 뼈, 혹은 우리 생활의 육체적인 부분
- 혼 – 우리의 마음, 생각, 감정, 그리고 갈망

- 영 - 하나님과 신적인 연결 : 이것을 통하여 하나님과의 관계가 이루어지며, 하나님으로부터 지혜를 받고, 옳고 그름을 인식하게 된다.

평강의 하나님이 친히 너희를 온전히 거룩하게 하시고 또 너희의 온 영과 혼과 몸이 우리 주 예수 그리스도께서 강림하실 때에 흠 없게 보전되기를 원하노라(살전 5:23)

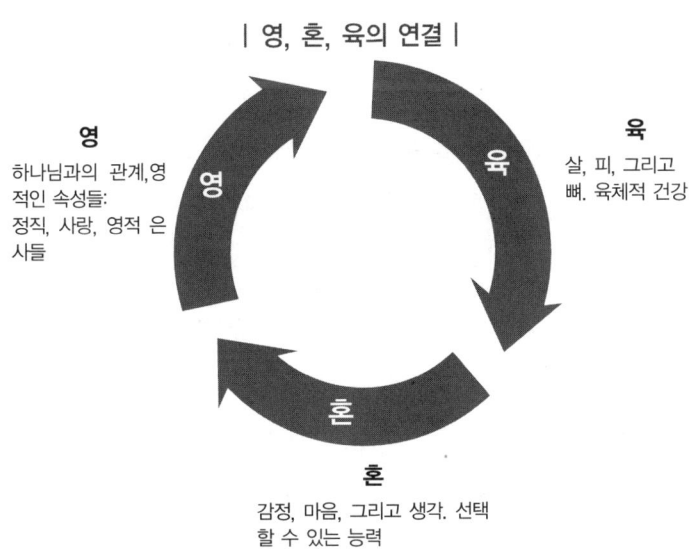

| 영, 혼, 육의 연결 |

만약 당신의 몸이 아프다면 그것은 당신의 전체적인 건강에 영향을 주게 될 것이다. 만약 혼이 아프다면 감정적이 되고 당신의 몸과 영적인 삶에 다 영향을 미치게 된다. 만약 영이 아프다면 (다른 말로 하자면, 만약 당신이 하나님의 관계에 있어서 성숙하지 못하다면) 당신은 당신의 혼과 생각에 의지하여 나아가게 될 것이다. 하나님은 우리를 혼과 육이 아닌 영을 통

하여 안내하도록 창조하셨다.

만약 우리가 육적인 갈망을 우리 몸에 허락하여 주관하게 하고 우리를 인도하게 한다면, 우리는 균형을 잃고 육적인 쾌락인 배부름, 잠, 섹스 등에서 만족을 얻고자 한다. 몸이 주관하게 될 때 몸의 평안과 만족에 더욱 강조를 하게 된다. 만약 우리가 우리의 생각, 감정, 혹은 관점인 혼에 의해 인도가 된다면 우리는 하나님과 기독교적인 삶을 제한하여 경험하게 된다. 예를 들면 하나님은 항상 "논리적"으로 보이지 않고 기독교인들의 삶에는 초자연적인 하나님의 역사가 일어날 수 있는 여지가 있다. 이것은 기적들과 영적 은사들, 그리고 꿈과 비전들이다.

우리는 궁극적으로 영을 통하여 하나님께 인도함을 받도록 창조되었다. 우리의 마음과 감정은 하나님께서 우리를 만드신 한 부분이고 필요한 영역이다. 우리의 목표는 우리의 육체, 지성, 감정이 우리를 주관하는 것이 아니라 삶의 모든 영역이 건강할 수 있도록 균형 있는 삶을 사는 것이다. 대신에 하나님이 성령으로 우리의 육체와 영혼에 흘러 넘치도록 내어드림이 필요하다. 이것은 우리들 중 많은 사람이 이 모든 것이 분리되어 하나님께서는 단지 우리의 영과 관계를 하신다고 믿기 때문에 많은 사람들에게 중요한 생각의 전환이 필요하다.

> 이는 내 생각이 너희의 생각과 다르며 내 길은 너희의 길과 다름이니라
> (사 55:8)

당신의 영, 혼, 육이 하나로 연결되어 있기 때문에 당신의 생리적 기능 혹은 몸의 움직임은 당신의 삶에 긍정적으로나 부정적으로 엄청

난 영향을 줄 수 있다. 당신이 예배를 드릴 때 일어나는 과정을 한번 생각해 보라. 당신은 아마 찬양으로 시작을 하게 되고, 박수를 치거나 손을 들며, 당신의 마음에 하나님께서 보좌에 앉아계시고 모든 천사들이 예배하는 그림을 그리게 될 것이다. 당신의 영이 이렇게 하나님과 연결되기 시작하면서 그것을 믿는 순간, 천국과 전적인 연결을 가져오게 되는 느낌을 가지게 된다. 당신이 목소리와 몸을 먼저 사용하는 것을 유념하고 그리고 당신의 마음이 함께하면, 그 후에 영이 반응하여 하나님과 더욱 깊은 곳으로 들어가게 된다.

당신은 어떤 그룹에서 한 사람을 위해서 특별히 기도를 해 본 경험이 있는가? 당신은 손을 내밀어 말로 혹은 조용히 하나님께서 그들을 만져 달라고 기도를 시작한다. 당신은 하나님의 만지심을 시각화한다. 당신이 그렇게 하면서 당신의 영은 믿음으로 반응하고 평화를 느끼거나 하나님의 임재를 느끼게 된다. 다시 말해서, 당신은 당신의 몸을 먼저 사용하고 혼이 사용되면 영이 반응하는 순서를 가지게 된다. 하나님께서는 이 세 가지 모두를 창조하셨고, 우리가 그것을 사용하여 하나님과 관계하기를 원하신다.

육체의 연결

나는 당신에게 한 실험을 하기를 원한다. 당신의 삶에서 매우 슬펐거나 우울했던 때를 생각해 보라. 당신을 화나게 했던 어떤 것, 그리고 가능한 한 당신이 그때 느꼈던 감정을 최선을 다하여 기억하여 보라.

정말 잠깐 동안 그러한 슬픔과 우울함을 가져오도록 최선을 다해 보라.

당신의 몸을 그때와 같은 상태로 만들어 보라. 그리고 당신의 몸을 관찰하라. 당신의 어깨는 어떠한가? 당신의 숨이 고른가 아니면 바쁘게 몰아쉬고 있는가? 머리는 위를 보고 있는가 아니면 아래를 보고 있는가? 당신은 앉아 있는가 아니면 똑바로 서 있는가 혹은 누워 있는가? 미래는 밝아 보이는가 혹은 어두워 보이는가?

자, 이제 잊어버리고 현재로 돌아오라.

그리고 이제는 당신의 삶에 흥분이 있었던 때를 생각해 보라. 당신이 대회에서 우승을 했을 때 혹은 당신이 속한 볼링팀이 일등을 했거나, 새로운 강아지를 받고, 직장에서 승진이 되는 등의 일일 수 있다. 그때 경험했던 흥분의 순간들을 생각해 보라. 그때의 느낌을 느껴 보라. 그리고 당신의 몸을 그때의 상태와 같이 만들어 보라.

당신의 몸을 관찰하라. 당신의 어깨는 어떠한가? 당신의 숨은 고른가 아니면 바쁘게 몰아쉬는가? 머리는 위를 보고 있는가 아니면 아래를 보고 있는가? 당신은 앉아 있는가 아니면 똑바로 서 있는가 혹은 누워 있는가? 미래는 밝아 보이는가 혹은 어두워 보이는가?

> 당신은 당신의 행동을 바꿈으로 당신이 느끼는 것을 바꿀 수 있다.

이런 실험을 통하여 대부분의 사람들은 비슷한 결과를 가져 온다. 당신이 우울하거나 낙심한 상태에 있다면 당신의 어깨는 앞으로 나와 있고, 호흡이 얕으며, 머리는 숙인 상태이며, 자세는 누워 있고, 미래는 어두워 보인다. 반대로 당신이 흥분이 되어 있다면, 모든 것이 반대로 되어 있다. 어깨는 뒤로 젖혀져 있고, 숨은 깊으며, 머리는 올라와 있고, 몸은 꼿꼿이 서 있으며, 미래는 밝아 보인다.

당신이 움직임과 자세와 감정을 느끼는 것에는 직접적인 관련이 있다. 이것은 마치 요리와 같다. 당신이 특별한 재료들을 함께 섞은 후 나오는 결과와 같다. 당신은 이미 당신의 감정에 몸이 반응한다는 것을 알고 있을 것이다. 그러나 당신의 몸에 감정이 반응한다는 것 또한 사실이다.

이것을 한 번 해 보라. 몸을 당신이 흥분했을 때와 같이 해 보라. 그리고 얼굴을 들어라. 다리에 힘을 주고 곧게 서서 얼굴에 큰 웃음을 지어 보라. 그리고 하나님께 웃음을 짓고, 그 웃음을 유지하라.

당신이 흥분과 자신감을 느낄 때와 같이 얼굴을 들고, 웃음을 지으며, 어떤 것도 몸의 상태를 바꾸지 않은 상태에서 우울하도록 노력을 해 보라. 당신은 그렇게 하지 못한다. 당신이 미소 짓고 웃을 때 우울한 감정을 느낄 수 없다. 그래서 만약 당신의 감정을 바꾸기를 원한다면 결정을 내리는 방법과 생각하는 방법, 그리고 움직이고 숨 쉬는 것까지 바꾸어야 한다.

사람들은 내가 농담을 한다고 생각하지만 이것은 사실이다. 나는 항상 그렇게 한다. 만약 내가 낙심하거나 의심하는 마음을 느끼게 되면 펄쩍펄쩍 뛰며 신나는 노래를 틀고 몇 분이고 있으면서 삶에 대한 관점의 변화를 추구한다.

성경에서도 다윗이 낙심하였을 때, 하나님으로 인하여 다시 힘을 얻어 새롭게 된 것을 볼 수 있다.

백성들이 자녀들 때문에 마음이 슬퍼서 다윗을 돌로 치자 하니 다윗이 크게 다급하였으나 그 하나님 여호와를 힘입고 용기를 얻었더라(삼상 30:6)

당신은 당신의 행동을 바꿈으로 느끼는 감정을 바꿀 수 있다. 어깨를 뒤로 젖히고, 걷고, 숨을 깊이 쉬는 습관을 만들어 하나님 안에서 영이 건강하게 되고 당신의 마음과 감정이 더욱 긍정적으로 반응하게 하라. 당신은 더 기분이 좋고 확신을 가지게 될 것이다. 이러한 변화는 궁극적으로 당신의 영적인 삶뿐만 아니라 삶 전체에도 영향을 미치게 될 것이다.

많은 사람들은 숨을 깊이 쉬지 않는다. 당신이 숨을 깊이 쉴 때 가슴이 올라오는 대신에 배가 불러오도록 한다. 이것은 산소가 뇌로 바로 가서 창조력을 높일 수 있도록 폐의 낮은 곳까지 가게 함이다.

적어도 하루에 몇 번 그리고 스트레스를 받을 때, 적어도 다섯 번 이상 숨을 깊게 들여 마시도록 하라.

경험과 영의 연결

많은 기독교인들은 지금까지 느낌에 너무 많은 가치를 두지 말라고 배워 왔다. 그 결과, 사람들은 최선을 다해 영적으로 살려고 노력하면서 그들의 느낌을 무시하게 된다. 우리는 우리의 감정이 우리를 다스리고 조정하는 것을 허락하지는 않지만 하나님께서 이 부분도 창조하셨다는 것을 안다. 이런 생각도 틀린 것은 아니다. 그것은 우리가 느낌에 전적으로 기인하여 인도함을 받을 수 없기 때문이다. 우리는 하나님의 영에 의하여 인도함을 받아야 한다. 그러나 우리의 느낌은 일들이 잘 되어 가지 않을 때 좋은 지표가 될 수 있다. 그래서 우리가 우리의 감정에 충실해도 괜찮다.

이렇게 우리의 느낌을 믿어서는 안 된다는 잘못된 이해는 고린도후서 5장 7절에서 사도 바울이 말한 "우리가 믿음으로 행하고 보는 것으로 하지 아니함이로라"를 잘못 해석한 것이다. 만약 영에 의해 우리가 인도함을 받는다면 느낌이 우리를 조정할 수는 없지만 영적 경험을 하는 데 있어서는 중요한 역할을 할 수 있다. 우리의 삶에서 느낌과 경험은 우리가 소명으로 나아가는 데 도움을 준다. 여기에 이 원리를 말하는 구절이 있다.

> 하나님의 나라는 먹는 것과 마시는 것이 아니요 오직 성령 안에 있는 의와 평강과 희락이라(롬 14:17)

이것은 우리가 모두 하나님의 나라 혹은 영적인 삶과 연결이 되어 있으며, 그것은 단지 우리가 먹는 것에 의하여 지배되지 않는다는 것이다. 바울은 그의 시대에 의례적인 사람들에게 있었던 종교적인 훈련을 말한 것이다. 바울은 그 시대에 특정한 음식을 먹지 않아야 한다고 믿는 기독교인이 있음을 이야기했다. 그는 하나님과 우리의 관계를 설명하고자 했다. 그것은 하나님에게서 오는 의와 평화와 기쁨을 포함한다는 것이다.

자세히 살펴보면 당신은 세 가지의 하나님 나라의 양상이 우리 삶의 세 가지 양상과 연관이 있다는 것을 보게 될 것이다. 영, 육, 그리고 혼.

- 의는 당신 스스로 이룰 수 없다. 이것은 오직 하나님의 은혜로만 가능하다. 이것이 우리의 영과 하나님의 연결이다.
- 평화는 느낌 혹은 경험이다. 당신은 어떻게 평화가 있다는 것을 아는가? 당신은 당신의 몸을 통하여 그것을 느낀다. 이것이 당신의 몸과 하나님의 연결이다.
- 기쁨은 감정이다. 어떻게 당신이 기쁘다는 것을 아는가? 당신은 그것을 느끼거나 경험한다. 이것이 당신의 혼과 하나님의 연결이다.

두세 가지의 하나님 나라에 대한 양상이 경험 혹은 느낌을 포함한다는 것을 인식하라. 우리가 하나님과 연결되는 3분의 2가 경험을 포함하기 때문에 당신의 느낌을 무시하는 것은 좋은 생각이 아니다. 당신은 삶에 있어서 당신의 느낌이 나타나야 할 곳에 사용할 필요가 있다. 혹은 당신은 부정적인 느낌을 긍정적으로 바꿀 수 있다.

감정의 치유

우리가 연합체이기 때문에 감정의 상처가 삶의 다른 부분에 영향을 미칠 수 있다. 과거에 있었던 일들로 인하여 현재의 삶 가운데서 예민하게 반응할 수 있다. 어떤 사람들은 이것을 작동단추라고 말하기도 한다. 이것은 그 사람이 상처를 주려고 하는 것이 아님에도 불구하고 과거의 상처로 인해 현재의 삶에서 유발되는 것이다. 당신이 과거의 좋지 않은 경험과 상처를 통해 반응하기 시작하는 것은 현재의 상황에 아무런 도움이 되지 못한다. 감정의 상처는 상황보다 더 높은 의도적 반응을 일으키게 된다.

아마도 어떤 사람이 당신이 좋아하지 않는 어떤 일을 하여 1부터 10의 정도에서 9정도의 화를 나게 했는데, 사실 그것은 3이나 4정도의 반응이면 될 만한 것일 수도 있다. 감정의 치유는 고통스러운 과정이 아니다. 당신은 트라우마 같은 경험이나 어려운 시간들을 다 다시 겪어야 하는 것이 아니다. 당신이 그런 일이 있든지 아니면 없든지 다음의 내용을 고려하여 당신과 도움이 필요한 자들을 이해하도록 하라.

예수님은 감정이 상한 자들을 어떻게 대하셨는가

나 자신도 내적 치유의 과정을 겪어 왔다. 나는 어렸을 때 겪었던 극심한 감정 변화와 성적학대로 고생을 했다. 수년 동안 치료를 받았다. 나는 교회에서 울고 또 울었다. 내 안에 있는 고통은 정말 너무 힘들었다. 그것은 마치 내 마음 속에 칼과 같았다. 나는 기도의 상담과 축사 기도를 받았으며, 내가 할 수 있는 것은 다 해 보았으나 여전히 아픔이 있었다.

기도와 상담이 조금은 영향을 미쳤다. 나는 약간의 치료 효과는 보았으나 상황이 어려워질 때면, 이전의 고통과 씨름을 하며 고통에 무뎌지도록 감정을 닫아버려야 했다. 이것이 단기적으로는 도움이 되었으나 장기적으로는 같은 느낌과 동일한 문제가 반복되었다.

이러한 과정 속에서 나는 많은 유명한 치료 방법을 찾게 되었고, 그러한 것들은 어느 정도 유용하고 어떤 측면에서는 효과가 있었으나 수년의 시간이 걸리고, 어떤 사람은 수십 년이 걸려 자유케 되는 경우도 있었다. 나를 오해하지 말기 바란다. 나는 그런 치유 상담자가 있어야 한다고 생각한다. 나의 아내는 결혼과 가족 치유자이며, 그녀도 동일하게 생각하는 것은 하나님의 기적적인 능력이 상담과 동반되어야 한다는 것이다. 아내가 발견한 것은 만약 기도와 하나님의 능력이 상담과 함께 한다면 개인의 능력이 회복되는 데 엄청난 변화가 있다는 것이다.

개인적인 치유를 통한 나의 돌파

1992년 나는 내 인생에 있어서 깊은 치유의 시간을 갖게 되었다. 성경을 읽다가 예수님께서 십자가에 죽으시고 무덤에 묻히신 후, 마리아가 주일 오전에 무덤에 올라간 것을 알게 되었다. 그 무덤 입구의 돌은 옆으로 옮겨져 있었다. 그녀가 무릎을 꿇고 무덤 속을 들여다보았을 때, 예수님의 몸은 그곳에 없었다. 예수님은 죽음에서 부활을 하셨으나 그녀는 그것을 알지 못했다. 그녀는 상심한 채 울고 말았다.

이에 두 제자가 자기들의 집으로 돌아가니라 마리아는 무덤 밖에 서서 울고 있더니 울면서 구부려 무덤 안을 들여다보니 흰 옷 입은 두 천사가 예수의 시체 뉘었던 곳에 하나는 머리 편에, 하나는 발편에 앉았더라 천사들이 이르되 여자여 어찌하여 우느냐 가로되 사람이 내 주님을 옮겨다가 어디 두었는지 내가 알지 못함이니이다 이 말을 하고 뒤로 돌이켜 예수께서 서 계신 것을 보았으나 예수이신 줄 알지 못하더라 예수께서 이르시되 여자여 어찌하여 울며 누구를 찾느냐 하시니 마리아는 그가 동산지기인 줄 알고 이르되 주여 당신이 옮겨거든 어디 두었는지 내게 이르소서 그리하면 내가 가져가리이다 예수께서 마리아야 하시거늘 마리아가 돌이켜 히브리 말로 랍오니 하니(요 20:10~16)

내가 이 부분을 읽을 때, 나의 눈이 열려 과거의 고통으로부터 벗어나게 되었다. 마리아는 그녀의 주님이요 선생님이며 친구가 무참하게 죽어가는 것을 목격하며 트라우마에 빠지게 된다.

그녀의 고통은 그녀를 처음으로 보살펴 준 사람을 잃은 상실감으로부터 오는 것이었다.

다음과 같은 중요한 요소들을 인식하라

무덤 : 다른 제자들은 무덤에서 슬퍼하며 집으로 돌아갔으나 마리아는 그곳에 계속 있으며 눈물을 흘렸다. 마리아는 무덤을 보며 그녀의 상실에 집중했다. 이것은 마치 우리가 과거의 상실이나 고통에 집중하

는 것과 비슷하다. 너무나도 자주 우리는 우리의 과거의 무덤에 계속해서 집중한다. 그 무덤에는 생명이 없다. 오해하지 말기 바란다. 슬픔과 상실을 기억하는 시간을 갖는 것은 중요하지만 그것을 벗어나 새로운 방향을 보아야 한다. 이미 지나간 과거의 무덤 앞에서 당신의 삶을 살 수는 없다. 그것을 벗어나도록 도움을 구하라.

예수님은 어디에 계셨는가? 그는 그녀의 뒤에 서 계셨다. 마리아는 일어나 뒤로 돌아서야만 했다. 이것은 상징적으로 우리가 과거의 상실로 인해 잃어버린 것에 집중하는 것에서 돌이켜야 함을 보여 준다.

거기에는 동산지기가 있었다. 예수님께서는 새로운 삶을 경작하도록 돕기 위해 오셨다. 이것은 상징적으로 우리가 우리의 상실에서 돌이켜 성장하고 생명을 가져오도록 하나님의 도우심을 받아야 함을 보여 준다.

마리아가 무덤에 있을 때, 두 천사가 나타나 그녀에게 새로운 방향을 알려 준다. 그들은 만약 우리가 인식한다면 우리 안에 있는 모든 고통의 경험들 가운데 하나님의 축복이 있다는 것을 나타낸다.

이 구절을 읽은 이후, 나는 모든 고통의 경험은 선물이라는 것을 인식하기 시작했다. 단순히 당신의 시각을 바꾸면 무덤 앞에 있는 자들에게 가서 도움을 주어 과거로부터 힘을 얻게 할 수 있다.

예수님께서 "마리아"를 부르실 때 그녀의 눈은 열렸고, 즉시 예수님을 알아보았다. 우리는 종종 우리의 고통스런 상황에서 하나님의 역사하심을 보지 못한다. 하나님께서는 그분이 우리의 상황에 대해 알고 계신 것을 보여 주시기 위해 무언가를 하실 것이다. 마리아의 경우 예수님께서는 그녀의 이름을 부르셨고, 그녀는 예수님을 인식하게 되었다. 당신이 하나님과 친밀한 관계에 있으면 하나님께서 당신을 특별히 사랑하시고 살피신다는 것을 알게 하실 것이다. 하나님께서 당신에게 그분이 당신을 알고 있다는 것을 어떤 방법으로든 말씀하실 것이다.

밝은 미래로 가는 열쇠는 과거로부터 벗어 나와 재집중하는 능력에 있다. 만약 당신이 새로운 관점을 가진다면 고통의 시간들은 당신이 상상하지 못한 방법으로 당신의 소명을 채우는데 힘을 주고 돕게 될 것이다.

십자가와 부활

여기에 나의 또 다른 발견이 있다. 나는 세계를 돌아다니며 많은 교회에서 사역을 할 수 있는 기회가 있다. 나는 변화의 메시지 중 어느 한 부분만 가르쳐지고 있다는 것을 관찰하게 되었다. 내가 생각하기로는 이것이 의도적인 것은 아니지만, 많은 사람들이 이것을 깨닫지 못했기 때문이라고 생각한다. 매주 수천 명에게 "만약 당신이 상처받았다면 십자가 앞으로 나오세요"라는 메시지가 선포된다. 이것은 사실이며 능력의 말씀이고 우리가 거기까지 우리의 고통과 함께 나아갈 필요가 있다.

하지만 또 다른 추가적인 가르침이 빠져 있고, 이것이 사람들이 계속해서 교회로 나오지 못하는 문제라고 볼 수 있다. 우리는 우리의 고통을 예수님께서 그렇게 하셨듯이 십자가로 가져간다. 그는 우리의 죄와 아픔 그리고 질병을 위해 죽으셨다. 정말 그렇다. 우리의 모든 고통과 질병과 단점을 예수님이 십자가 밑으로 가지고 갔다. 그러나 거기서 끝난 것이 아니라 예수님은 십자가를 지신 후에 죽음에서 부활하셨다. 많은 사람들이 종종 예수님의 부활의 능력은 잊어버린 채 십자가로 가져온 그들의 상처와 고통으로부터 일어나 나아가도록 가르침을 받지 못했다.

십자가는 우리의 옛 삶을 치유하기 위한 첫 번째 단계이고, 부활을 통해 새로운 삶을 살 수 있도록 능력을 받게 된다.

예수께서 이르시되 나는 부활이요 생명이니 나를 믿는 자는 죽어도 살겠고(요 11:25)

예수를 죽은 자 가운데서 살리신 이의 영이 너희 안에 거하시면 그리스도 예수를 죽은 자 가운데서 살리신 이가 너희 안에 거하시는 그의 영으로 말미암아 너희 죽을 몸도 살리시리라(롬 8:11)

당신은 과거를 바꿀 수는 없지만 어떻게 과거가 당신이 현재와 미래에 영향을 미치게 하는지는 바꿀 수 있다. 하나님의 능력은 당신의 삶을 완전히 변화하게 할 수 있다.

> 당신은 과거를 바꿀 수는 없지만 어떻게 과거가 당신이 현재와 미래에 영향을 미치게 하는지는 바꿀 수 있다.

용서

나는 "용서: 건강한 삶의 열쇠"라는 기사를 읽었다. 다음과 같은 내용이 포함되어 있었다.

단지 용서만을 이야기하지 말라. 연구자들의 결론은 진정한 용서는 당신의 건강에 중요한 영향을 미친다는 것이다. 용서는 유대 지방의 기독교인들의 전통으로 영적 건강의 기초로 여겨져 왔다. 그러나 과학적 연구에서 현재 이야기하는 것은 치유의 능력이 종교적인 세계를 넘어서는 것이라는 점이다. 이러한 연구는 용서와 육체적, 정신적 건강 간에 연계성을 보여 주고 있다.

이것이 세상의 과학자들에게는 놀랄만한 일이겠지만 심리학자인 단 슈왈츠 Dan Shoultz는 "하나님께서 우리를 창조하시고 사람으로서 유지되기 위해 중요한 것은 주고받는 것이 필요하다는 것이다. 하나님으로부터 우리는 화를 간직하고 복수와 쓴 뿌리 그리고 억울함을 붙들고 있도록 만들어지지 않았다"고 말했다. 또 말하기를 "우리가 그렇게 할 때 우리 스스로가 무너지고 우리 안에 있는 모든 체계가 천천히 무너지게 된다"고 했다.

많은 사람들이 스트레스와 불안, 쓴 뿌리와 우울증으로 고통 받고 있으며 이것은 다른 사람들을 용서함으로 나음을 입을 수 있다. 용서하지 않음으로서 오는 영향은 육적인 것뿐 아니라 영적인 영역까지이다. 성경에서는 남들을 용서하는 것에 대해 하나님으로부터 용서받는 것을 연결하고 있다.

너희가 사람의 잘못을 용서하면 너희 하늘 아버지께서도 너희 잘못을 용서하시려니와(마 6:14)

서로 친절하게 하며 불쌍히 여기며 서로 용서하기를 하나님이 그리스도 안에서 너희를 용서하심과 같이 하라(엡 4:32)

만약 당신이 당신 안에 다음과 같은 것이 있다면 용서하지 않은 부분이 있는 것이다.

- 복수하려는 마음
- 어떤 사람에게 나쁜 일이 일어나기를 원함
- 원한을 가짐
- 뒤에서 좋지 않은 이야기를 함
- 어떤 사람이 당신에게 어떤 일을 한 것에 대한 좋지 않은 기억

용서는 그들이 한 것에 대해서 인정하는 것을 뜻하지는 않는다. 당신은 사람을 용서할 수 있지만 신뢰는 그 사람과의 관계를 재형성하면서 다시 쌓아갈 필요가 있다. 당신은 운명을 달리 한 사람도 용서할 수 있다. 당신은 상대방에게 용서한다고 말을 하지 않고도 그들을 용서할 수 있다. 용서의 행동은 영적 세계에서 자유롭게 행하여진다. 당신 스스로를 용서하는 것도 필요하다. 용서하지 못하는 것이 부정적인 영향

을 주는 것처럼 용서는 긍정적인 환경을 창출한다.

용서의 단계

- 다른 사람이 나에게 한 일 중에 계속 마음에 남아 있는 일을 열거한다. 전에 용서했지만 아직 안 좋은 감정이 남아 있으면 다시 한다.

- 하나님께 용서할 수 있는 힘을 구하고, "예수의 이름으로 ＿＿＿＿＿＿＿가 ＿＿＿＿＿＿＿＿＿＿＿＿＿ 을 한 것에 대해 용서합니다"라고 말한다.

- 그 사람을 놓아 주는 것을 가시화한다. 상처가 하나님의 빛으로 또는 그리스도의 십자가로 사라지는 것을 본다.

- 그 사람이나 하나님에게 편지를 쓸 필요가 있으면 그렇게 한다. 그 상대가 죽었더라도 그렇게 할 수 있다.

- 그 상처 자체는 아니지만 그 상처 때문에 느꼈던 아픔을 솔직하게 느낀다. 목표는 그것이 더 이상 나에게 영향을 주지 않도록 풀어주는 것이다.

- 그 사람과 대화를 나누어야 할지 아닐지 결정한다. 대면할 때 전에 있었던 같은 반응이 나올 수 있다는 것을 염두에 둔다. 오직 안전한 경우에만 한다. 용서하기 위해서 꼭 그 사람을 만날 필요는 없다.

- 용서와 치유는 과정인 것을 알라. 시간이 걸릴 수도 있고 몇 차례 이 과정을 반복해야 할지도 모른다.

- 사람들이나 교인들 앞에서 공개적으로 용서할 필요는 없다.

당신 스스로와의 연결

요약을 하자면 우리는 몸과 혼과 영이 하나로 연결되어 있으며 서로 영향력이 있게 구성이 되어 있다. 우리는 건강을 위해 우리의 삶의 전반에 걸쳐 균형을 잡을 필요가 있다.

당신의 몸을 잘 돌보는 것이 중요하다. 운동을 멈추고 건강한 식단을 포기한다면 당신은 천천히 약해지기 시작할 것이다. 우리의 믿음과는 반대로 나이가 든다는 것은 꼭 나쁜 경험일 필요는 없다. 긍정적일 수 있다. 우리는 나이가 들어감에 따라 몸이 불어나고 아프지 않아야 하는 것은 아니다. 건강함으로 돌아가는 것은 언제라도 좋고 그것을 통해 건강한 삶을 오래 살게 될 것이다.

기본적인 건강은 당신의 몸을 보살피는 것이다. 당신의 몸을 보살피는 데는 여러 가지 방법이 있다. 그러나 운동과 건강한 식생활을 대신할 것은 없다.

- 매일 물을 몇 컵씩 마셔라. 당신의 몸은 수분을 필요로 하고 물은 당신의 장기에 남아 있는 독성을 씻어 준다. 나는 몇 잔을 마셔야 된다고 이야기를 하는 것이 아니라 매일 물을 마셔야 한다는 것을 말하는 것이다.
- 몸에 좋지 않은 것들과 과용하는 것을 바로 줄여라. 이것은 많은 술과 약과 담배, 폭식 혹은 좋지 않은 음식을 포함한다.
- 활동적이 되도록 하라. 밖으로 나가 운동을 일주일에 몇 번이라도 하라. 20~30분씩 일주일에 서너 번 걸으라. 당신이 꾸준히 할 수 있는 것을 찾아 계속하라. 러닝머신이나 뜀뛰기 혹은 체육관에 가는 등 할 수 있는 것을 하

라. 만약 날씨가 나쁘면 쇼핑몰에 가서 걸으라. 창의적으로 하라. 엘레베이터를 타는 것보다 층계를 이용하라. 만약 패스트푸드를 먹어야 한다면 차량을 이용하지 말고 걸어 들어가서 먹으라.

- 먹는 음식의 종류를 고려하라. 많은 미국인들은 화학물질이 들어간 가공된 음식을 너무 많이 접하게 된다. 만약 당신이 엄청난 양의 가공식품을 최소화 하거나 줄일 의향이 없다면 햄버거와 감자 그리고 전자렌지 음식 외에 다른 음식을 곁들여 먹으라. 자연에서 자란 과일이나 야채 그리고 샐러드를 먹으라. 내가 당신에게 전하고 싶은 슬픈 소식은 프랜치 프라이는 건강한 채소과에 해당되지 않는다는 것이다.

우리는 이미 어떻게 당신의 감정과 영적인 삶을 보살피고 성장하는지에 대한 자세한 내용을 다루었다. 나는 몇 가지 요점을 다시 언급하여 잘 실천하고 기억할 수 있게 하고자 한다.

당신의 감정을 보살피라. 당신의 감정적 건강은 당신의 삶을 충만하게 하는 데 중요하다. 걱정이나 화 그리고 험담이나 용서하지 못하는 것과 쓴 뿌리를 떨쳐버리면 도움이 된다. 일기를 쓰고, 그것에 대해 어떻게 느끼는지를 관찰하라. 믿음의 친구들과 이야기를 하라. 당신에게 감정적으로 독이 되는 사람들을 만나는 것을 피하거나 최소화하라.

- 당신의 느낌을 일기에 쓰라.

- 다른 사람과 대화하고 관계를 가지라.

- 하나님과 당신 스스로와 친구들 그리고 가족과 시간을 보내라.

- 만약 당신이 화가 나고 상처 받고 분하다면 도움을 구하라.

당신의 영을 보살피라. 영적인 건강은 육체와 감정만큼 중요하다. 성경을 읽는 데 시간을 내고 다른 긍정적인 서적과 CD를 정기적으로 읽으라.

- 영적 일기를 쓰고, 하나님께서 당신에게 말씀하시는 방법을 살펴보라.
- 하나님을 예배하는 시간을 갖고, 다른 사람과도 함께 그런 시간을 가지라.
- 당신의 영적 그리고 자연적 은사와 달란트를 사용하여 사람들을 조건 없이 사랑하는 방법을 찾으라.

당신을 영, 혼, 육이 연결된 사람으로 볼 때 당신의 인생의 균형에 도움을 주게 된다. 다음의 두 장에서는 균형잡힌 삶을 사는 방법과 당신의 소명으로 나아가는 다른 단계에 대해 살펴보고자 한다.

Exercise 11
영, 혼, 육

연결의 능력이 어떻게 당신의 삶 전반에 걸쳐 영향을 줄 수 있는지 생각하라. 당신의 삶의 전반에 균형을 가져오자.

당신의 영, 혼, 육을 개선한다.

하나님께서는 하늘과 땅을 창조하셨고 우리를 하나님의 형상으로 창조하셨다(창 5:1 참조). 하나님은 우리에게 창의력을 주셨다. 우리는 너무나도 자주 그런 창의력은 예술가나 음악가, 율동가나 디자이너들의 것으로 생각한다. 우리는 전부 다르게 창조되었다. 이 엑서사이즈에서 창의력을 사용해 보자.

우리는 매번 우리의 삶 가운데 전진을 하나 그것을 잘 알지 못한다. 당신의 성공과 성취 혹은 자랑스러운 일들을 경축하는 것은 좋은 일이다.

1. 단어들을 사용하여 당신의 이야기판을 만들어 보라. 포스트잇을 사용하라. 그 종이에 나에 관한 여러 가지를 써 본다. 나는 어떤 사람인가? 무엇을 하도록 부르심을 받았나? 무엇이 나를 흥분하게 하는가? 무엇이 나에게 힘을 주나? 쓸 수 있는 모든 것을 적으라. 긍정적인 것을 쓴다. 예) 생동감, 진취적, 돕는 사람 등등

2. 그 중에 뛰어난 10가지를 선택한다. 중요한 순서대로 나열한다. 화살표 모양이던지 사진을 찍던지 창의력을 발휘하여 눈에 보이는 곳에 걸어 두라.

3. 위의 10가지 내용을 가지고 자신의 삶에 무엇에 가치를 두고, 무엇이 당신을 흥분하게 하는지에 대해 한 문단의 글을 쓰라.

컴퓨터에서 작업을 하려면 사이트 www.personaldevelopmentgodsway.com에서 서식을 다운로드 받을 수 있다.

CHAPTER 12
성취의 원리들
PRINCIPLES OF ACCOMPLISHMENT

Personal Development God's Way

　오직 당신만이 당신의 소명을 이룰 수 있다. 다른 사람들은 코치로서 당신을 돕고 응원을 해 주지만 스스로 하나님께서 창조하신 당신을 찾아가야 한다. 당신이 어떤 것을 하기로 결정을 하고, 그것을 현실 가운데에서 실천해 나아갈 때 긍정적인 변화를 가져오게 된다. 작게 시작하고, 꾸준히 하며, 오랜 시간을 통해 건축해 나가라. 변화는 당신이 결정할 수 있는 힘 이상으로 나아갈 때 일어나며, 하나님의 무궁하신 능력과 지혜로 당신의 생각과 행동을 옮기며 선한 선택을 실천하며 함께 하는 것이다.

　변화는 하나님의 능력과 당신의 선한 선택 둘 다를 필요로 한다. 대부분의 사람들은 하나님을 배제한 채 자신의 힘으로 이루려고 노력을 하든지 아니면 영적인 것만 너무 집중하여 상호적인 것을 잃게 된다. 두 가지의 균형이 필요하다. 당신이 당신의 인생을 디자인하고 하나님과 함께 일하여 당신의 소명의 길을 찾고 마침내 도달한다는 것을 기억하라.

상급을 바라보라

사도 바울이 말하기를

… 오직 한 일 즉 뒤에 있는 것은 잊어버리고 앞에 있는 것을 잡으려고 푯대를 향하여 그리스도 예수 안에서 하나님이 위에서 부르신 부름의 상을 위하여 달려가노라(빌 3:13~14)

우리가 우리의 삶의 목적과 소명을 발전시킬 때 옆길로 빠지거나 포기하지 않는 것이 중요하다. 당신은 뒷거울을 보면서 운전을 할 수 없는 것처럼, 당신의 삶을 과거의 경험에 기인하여 살 수는 없다. 당신은 당신이 성취하고자 하는 것을 알고, 그것에 집중하고, 창조적인 계획을 세워야 한다. 당신의 계획은 변하게 되는데, 하나님께서 그것을 바꿀 수도 있고 당신 스스로 바꿀 수도 있지만 그것을 이룰 수 있는 앞의 단계로 나아가는 것이 중요하다. 이것이 분명한 방향이 없이 사는 수십만 명의 사람과 당신을 구별되게 하는 것이다. 당신은 당신의 삶에 예정된 것이 채워지지 않은 채 삶을 마감하고 싶지는 않을 것이다.

당신이 일을 그만두고 싶고, 더 나아갈 수 있으나 주저앉는 유혹을 피하기 위하여 마지막 결과에 집중을 하라. 인생은 사랑과 관계에 대한 것이지 목적과 성취가 아니다. 내가 말하고자 하는 요점은 현실을 유지하여 당신 스스로가 할 수 있다고 노력하는 것 같은 실수를 하지 말라는 것이다. 우리는 하나님의 힘과 능력을 통하여 해야만 한다. 나는 이 마음과 함께 "해야 할 일" 그리고 "목적을 정하라"는 것에 너무 집중하지 않고 어떻게 당신의 삶을 디자인하고 살아야 하는지 보여 주고 싶다.

삼단 집중

나는 어떻게 당신이 원하는 성취에 집중을 하는지 너무 많은 이야기를 들어왔다. 이것은 기본적으로 삼각형 모양이다. 이것은 우리가 살아가는 데 있어서 우리의 시간과 에너지를 사용해야 할 세 가지 집중에 대해 나타내고 있다.

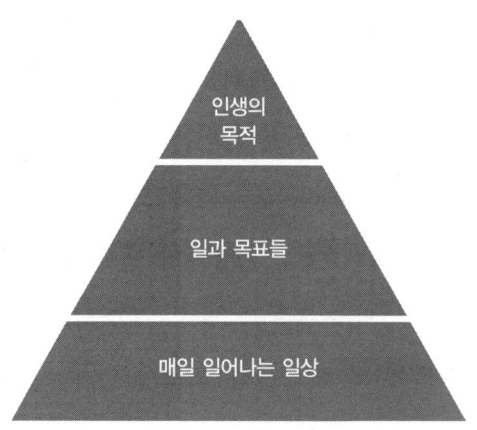

매일 일어나는 일상의 단계

대부분의 사람들은 대부분의 시간을 직장과 교회, 아이들의 등교와 미팅, 아이들을 축구장에 보내는 등의 일로 바쁘게 보낸다. 당신은 항상 바쁘기 때문에 매우 적은 만족감을 느끼게 된다. 나는 이런 일상의 일들이 나쁘다고 말하는 것이 아니다. 왜냐하면 이 일들은 가치가 있기 때문이다. 하지만 이것은 당신의 소명을 찾고 삶에 그것을 채우는 일에 비해 낮은 단계의 집중이라고 할 수 있다. 아이들을 양육하는 것이 현재 당신의 목적일 수 있지만 만약 당신이 그들의 행동에만 집중을 한다면, 그들의 미래를 어떻게 개발하는지에 대한 큰 그림을 고려할 필요가 있다. 우리는 모두 일상이 있지만 만약 그것에만 머무르고, 당신의 시간과 에너지를 그곳에만 사용한다면 삶의 충만함을 가져오지 못한다.

일과 목표의 단계

이것은 어떤 효과적인 도구를 통하여 당신의 시간을 관리하고, 정리하며, 전자수첩이나 일지를 통해 배우게 될 때 시작된다. 당신은 목표들을 세우고 이루기 시작한다. 모든 사람들은 목표에 대한 생각을 신년이 되면 한 번씩 하게 된다. 이것은 작심삼일이 되기 쉽다. 우리가 이전에 배운 것과 같이 성취를 하기 위해서는 우리의 목표를 점검해야 한다.

직업, 해야 할 일, 프로젝트, 그리고 목표설정은 훌륭한 훈련이며 당신의 삶에 필요한 것들이다. 그러나 결과적으로 만약 당신이 큰 목적이 없이 그렇게 열심히 일을 한다면 당신은 집중력을 잃고, 지치며, 탈진하게 될 것이다. 그래서 사람들이 목표설정을 포기하고 작심삼일이 되는 것이다.

인생 목적의 단계

최고의 충만함의 단계는 인생 목적의 단계의 삶을 사는 것을 통해 온다. 이것은 대단한 영향과 에너지를 가져오게 한다. 이것이 당신이 하는 모든 것을 하게 하는 이유이다. 인생의 목적은 당신의 노력에 대한 이유를 준다. 이것은 당신이 어떻게 시간과 에너지를 투자할 것인지 결정하는 것을 돕고, 일을 정진해 나아갈 수 있도록 도와준다. 목적이 이끄는 삶을 살아가는 것은 이 모든 것을 정의해 주는 것을 돕는다. 목적이 없이 살아가는 사람들은 사장과 회사 그리고 정부를 향해 투덜대고 불평을 한다. 세상이 좀 더 좋은 곳이 되도록 무언가를 하기보다는 불평만 늘어놓는다.

> 묵시가 없으면 백성이 방자히 행하거니와 율법을 지키는 자는 복이 있느니라(잠 29:18)

당신이 하나님께서 보여 주신 목적과 소명에 집중을 할 때 당신은 엄청난 축복의 통로가 될 것이다. "지키는 자-율법-복이 있느니라"는 말씀에 주의하고, 당신은 그것을 단지 하나님의 말씀은 진리라고만 믿는 것이 아니라 적극적으로 행하라. 나의 삶이 완전히 바뀐 것은 내가 일상의 삶과 목표의 삶에서 목적의 삶으로 뛰어 올랐을 때이다.

어떻게 내가 목적의 삶을 살 수 있도록 변화를 만들었는가

내가 처음 이러한 많은 원칙들을 발견한 것은 20여 년 전이다. 나는 이것을 첫 번째, 세 번째, 그리고 다섯 번째 계획 등으로 묶고 나의 직업과 개인의 삶 그리고 사역에서 내가 하도록 설정한 것들의 대부분을 성취하게 되었다.

처음 오 년 동안, 나는 현실적이지 못한 계획들을 수정하여 보완하였다. 그러는 과정에서 내가 잘못된 직장에 있음을 알게 되었다. 9시부터 5시까지 책상에서 재정에 관한 업무를 보았는 데, 나는 좀 더 창조적이고 사람과 관계하며 융통성 있게 시간을 쓰는 것에 더 어울렸다. 오 년 동안에 나는 이룬 성취를 통하여 만족스러웠다. 이미 앞에서 나는 기독교 라디오 방송에서 "예수님이 당신의 목표"를 언급했다. 그 말씀을 통하여 나는 전임사역자로 나아가도록 추구하기 시작하였다. 결국 나는 창조적으로 일하게 되었다. 그리고 나의 목표들과 행동을 주관하게 되었고, 나의 삶에 하나님의 목적을 찾아 나가기 시작했다.

나는 회사를 그만두고 사역적인 훈련을 추구하였다. 그러는 과정에서 내 사업인 컴퓨터 네트워크를 시작했고, 하나님께서 나를 인도하시는 방향으로 나아갈 수 있도록 시간을 융통성 있게 조절할 수 있게 되었다. 그것이 1994년도 일이다. 기도와 지혜를 얻고 다른 사람들로부터 충고를 들은 후 다른 5년의 계획을 세웠다.

- 더 깊은 감정의 치유와 좋은 성품의 개발

- 하나님께서 주시는 결혼 배우자 찾기

- 실질적인 사역 훈련

- 비지니스를 시작하여 나중에 사업을 팔아 그 수입으로 교회를 시작하는 데 사용

- 내 삶에 단절된 관계를 회복

- 내 수입을 100퍼센트 혹은 그 이상 증가시키기
- 부채를 없애기

너무 많은 성취 같아 보일지 모르지만 만약 내가 반만 성공을 하더라도 나에게는 발전이 있는 것이다. 나는 그 당시 방이 하나 있는 독신자 아파트에 살고 있었고, 엔진이 언제고 멈추어 버릴 것 같은 오래된 차가 있었다.

1999년이 되었을 때는 이 목표 이상의 것을 이루었다. 모든 것이 내가 기대했던 방법으로 되지는 않았다. 사실 나의 친구이며 멘토인 브랫 존슨Brett Johnson의 이러한 계획의 형태를 도와주는 《집중》Convergence라 불리는 책의 도움이 아니었으면 그러한 성취를 알 수가 없었다. 그는 나에게 연락을 취하여 내가 어떻게 회사를 그만 두고 사역으로 옮겼는지에 대한 이야기를 사용하고자 했다. 그런 후에, 내가 했던 방법들이 내 삶에 역사한 것을 알게 되었다. 이것이 나를 다시 한 번 우리가 우리의 목표를 점검하고, 어떻게 그것을 이룰 것인지 기록해 보는 것의 중요성을 강조하게 되었다. 내가 당신에게 하고 싶은 말은 내가 그러한 단계를 이행하지 않았다면 어떤 것도 일어나지 않았을 것이라는 것이다. 나는 아직까지 회사에서 일을 하고 있고, 뭔가 더 나은 것이 있을 것이라는 느낌만 가지고 있었을 것이다.

나는 그때 인생의 목표에 대한 결의문을 썼다. 그것은 "사람들을 도와 하나님의 사람을 알고, 이해하며, 받아들이고, 능력 안에서 살게 하는 것"이었다. 이것은 내게 몇 년 동안 힘들게 사업을 하고, 컴퓨터를 고치며, 밤낮으로 일을 하는 것을 견디게 해 준 힘이 되었다. 나는 전임 사역자가 되기를 원했고, 그러기 위해서는 먼저 배워야 하는 것임을 알았다.

나는 나의 아내 린다를 만났고, 1995년에 결혼을 했다. 그녀는 찰리 브라운Charlie Brown 목사님께 나를 소개해 주었고, 그분은 내가 필요한 실질적인 사역 훈련을 받도록 도와 주셨다. 1998년에는 나의 사업을 정리하고, 오하이오 주에 있는 켄트Kent에서 새로운 교회를 시작하였다. 이것은 무척 즐거운 일이었고, 또한 매우 힘든 일이기도 했다. 우리는 오래된 할리 데이비슨 오토바이 가게를 그런지록 스타일의 커피숍으로 바꾸고, 술집 밴드와 같은 찬양팀을 구성했다. 우리는 대학생과 교수, 점쟁이와 주술을 하는 사람과 아이들과 그들의 부모에게 찾아 갔다. 그때가 내게 큰 활력을 주는 때였다.

도전들이 오다

커피숍 교회를 시작하고 일 년 후, 나는 나의 가족력에 희귀병인 헌팅톤 무도병이 있으며, 치유가 불가능하다는 것을 알게 되었다. 이 병이 나의 어머니를 포함한 가족 다섯 명을 죽게 하였고, 그 일은 1999년도에 일어났다. 그 다음 해에 나는 검사를 받았고, 나에게도 그런 병이 있다는 것을 알게 되었다. 나는 그 병의 증상들로 인해 교회를 다른 사람에게 넘기고 목사직을 사임하게 되었다. 나는 내 깊은 곳에 하나님께서 약속하신 큰 일이 아직 있음을 알았다. 나는 그것을 포기하던가 아니면 나를 향한 하나님의 약속을 믿어야 했다.

그것은 내 인생에 있어서 큰 도전이었다. 십 년을 넘게 열심히 일을 해서 내가 도착한 곳은 병으로 인해 떠나야 하는 것이었다. 2001년에 좋은 소식이 있었는데, 하나님께서 기적적으로 나를 그 병의 증상으로부터 치유를 해 주셨다. 나는 너무나 기뻤다. 나는 나의 상급을 놓칠 뻔 했으나 하나님 안에서의 나의 목적이 그것을 가능하게 했다. 오늘날까지 나의 유전자에는 그 질병이 있는 것으로 나타나고, 나는 아파야만 하지만 그 기적은 서류화 할 수도 없다. 나는 그 병으로 인해 단명을 해야 하지만 내가 아는 것은 아직도 더 좋은 삶이 많이 남아 있다는 것이다.

그래서 나는 나의 새로운 목적의 결의문을 사용하여 길을 가고, 내가 하는 모든 것들이 그 안에 있다. 이 책을 쓰는 것도 나의 궁극적인 소명과 내 인생의 목적에 맞도록 도움을 주는 것이다. 엄청난 인생의 목표를 갖는 것은 직장을 얻는 것을 넘어서 무한한 하나님의 본질 안으로 들어가 동기를 부여하는 것이다.

새로운 기준을 만들기

우리에게 필요한 동기는 새로운 가능성들에 대한 새로운 기준들을 정하는 것이다. 빌 게이츠Bill Gates는 미국에서 최고의 소프트웨어 회사를 만드는 것으로 목표를 정했다. 그가 결정한 것은 그가 개발한 운영체제가 지구상에 있는 거의 모든 컴퓨터에서 이용되는 것이었다. 그의 목적이 그를 움직여 대학을 중퇴하게 했고, 그는 IBM을 인수했다. 사람들은 그를 미쳤다고 했으나 결국 그는 이루어 냈다.

로저 배니스터Roger Bannister는 처음으로 1마일을 4분 이내에 뛴 사람이다. 그것은 불가능하다고 여겨졌다. 그는 그 기록을 1954년에 세웠고, 그것이 가능하다는 것을 보여 주었다. 그리고 짧은 시간 동안 많은 사람들이 그 기록을 깼다. 이와 같은 사람들은 가능성에 대해 새로운 기준을 세운다. 우리는 스스로 제한을 없애야 한다.

사람으로는 할 수 없으나 하나님으로서는 다 하실 수 있느니라(마 19:26)

의학적인 기준에 따르면 나는 아파야 하고, 지금 하고 있는 일들을 할 수 없어야 한다. 그러나 하나님께서 주시는 힘을 통하여 나는 새로운 기준을 세웠다. 내가 잘난 척 하는 것이 아니다. 왜냐하면 나는 고등학교에서 거의 쫓겨날 뻔했기 때문에 웃음이 나고, 대학에도 가보지 못했기 때문이다. 하나님께서 나를 통해 하시고자 하는 것을 나도 원했기 때문에 내가 쓴 책이 몇몇 성경 대학에서 교재로 쓰이고 있다. 당신은 내가 박사학위가 있을 것이라고 말할 수도 있다. 그러나 나는 하나님의 목적을 위해 살며, 다른 사람들에게도 그렇게 하도록 영향을 주고 있다.

그렇다. 하나님께서 내게 힘을 주시고, 영향력을 주시며, 다른 사람이 나를 신뢰하게 하신다. 그러나 나 역시 그것에 대하여 "예, 주님 그렇게 하겠습니다"라고 대답을 해야 했고, 그렇게 실행했다. 이것은 당신과 하나님이 손에 손을 잡고 함께해야 한다는 것이다.

내가 첫 책인《예언, 꿈, 그리고 전도》Prophecy, Dreams, and Evangelism를 쓸

때, 하나님께서 내게 말씀하시기를 그 책을 쓰는 것에 대해 두 사람에게 이야기를 하였으나 그들은 "아니요"라고 대답을 하든지 아니면 그들의 시간을 잘 활용하지 못했기 때문에 쓸 수 없었다고 하셨다. 이것은 내가 더 책을 쓸 수 있도록 하였다. 하나님께서는 우리 모두를 높은 기준으로 부르시지만 적은 사람이 그 부르심에 답을 한다. 대부분은 하나님께서 그들에게 뭔가를 해 주기를 기다린다.

항상 지속적으로 향상하라

질적 경영에 대한 엄청난 연구가 비지니스계에서 이루어졌다. 많은 비지니스 방법들이 변화되고, 해체되지 않은 분야에서도 향상을 위한 방안을 계속 강구하여 성공적으로 받아들여지고 있다. 이러한 철학을 사용하여 기존에 등한시 여겼던 새로운 가능성을 발견한다. 향상의 문을 열어 당신의 여정에 도움을 받으라.

당신 스스로 성장하고 발전하기 위하여 결단하는 것은 필수적이다. 자연계의 생명체들처럼 당신의 삶도, 당신이 그것을 먹이거나 키우지 못한다면 그것은 죽게 될 것이다. 당신은 계속해서 자신을 기르고 스스로를 훈련하여 당신의 은사와 달란트를 연마해야 한다.

> 단단한 음식은 장성한 자의 것이니 그들은 지각을 사용하므로 연단을 받아 선악을 분변하는 자들이니라(히 5:14)

내가 나의 인생의 절반을 마약으로 낭비했지만 나의 소명의 길로 가능한 한 빨리 나아가고 싶다. 나는 공부하고, 멘토링을 받고, 실질적인 훈련을 하기로 결단했다. 회사에서 일을 시작하기 전 새벽 5시에 일어나 기도하고, 테이프를 듣고, 책을 읽고, 점심시간에는 워크북과 같은 과정의 내용들을 공부했다. 나는 그 결단의 시간을 계속 사용하고 있다. 꾸준히 그것을 실행했다. 나는 내가 원하는 단체와 함께 연결하여 멘토링과 인턴십 과정을 실시하였다. 또한 경험을 얻기 위해 사역단체에서 자원봉사를 하기도 했다. 나는 배우는 것에 목말라 있었다. 조금씩 무리가 되지 않게 앞으로 나아가고 있었지만, 십 년 동안 그것은 내 인생에 커다란 변화를 가져다 주었다.

　사람들은 대학을 가기 원하지만 그들이 무엇을 하고 싶어 하는지 잘 모른다. 이것은 많은 사람들이 대학을 가는 이유가 학위를 받기 위해서 가기 때문이다. 그래서 당신이 그 목표를 이루고 나면 남은 느낌은 "다음은 뭐지"이다. 당신은 당신의 목표를 달성해 졸업장을 받았지만 아직 대단한 직업을 가지지 못했다. 당신은 당신이 해야만 하고, 할 수 있는 모든 일에 최선으로 집중해야 한다. 나는 고등교육을 믿고 나의 삶의 초기에 더 많이 그것을 했어야 했다. 그러나 배운 것을 적용하고, 실천에 옮기는 것은 지식을 얻는 것 이상의 것이다. 만약 당신이 대학 졸업장이 필요하다면 그것을 이루라. 그리고 그 배운 지식을 실질적으로 적용하여 경험 또한 얻기를 바란다. 이것이 어떤 사람은 성공하고, 어떤 사람은 성공하지 못하는 이유이다. 당신이 삶의 전반에 걸쳐 배우기로 결단하는 것은 쉽고 매일 혹은 매주 몇 가지의 쉬운 단계들을 하면 된다.

CIA Continnal Improvement Always 의 삶의 방식을 개발하는 단계

- 훈련이나 집회를 적어도 일 년에 한 번씩 가도록 일정을 잡으라. 이것은 어느 분야이든지 당신의 성장을 돕는다. 개인의 치유에 대한 것이나 당신의 직업의 향상에 관한 것일 수도 있다. 만약 당신이 일정을 잡지 않는다면 그것은 일어나지 않는다. 기도하고 하나님께 구하여 당신이 무엇을 해야 하는지 방향을 구하라.

- 만약 당신이 TV를 많이 본다면, 하루 저녁을 내서 책을 읽고, 글을 쓰거나 창조적인 프로젝트를 하라. 나는 당신이 녹화를 할 수 있다면, 그렇게 하여 보고 싶은 프로를 광고 없이 볼 수 있도록 하는 것을 추천하고 싶다. 당신은 어떻게든 시간을 만들 수 있다. 대부분의 케이블 회사가 녹화기를 주므로 몇 불만 더 내고 그렇게 하라. 그렇게 시간을 가지는 것은 가치 있는 투자이다.

- 생각의 일기를 기록하라. 만약 당신이 기록하지 않는다면 그것을 다 잃어버리게 될 것이다. 노트를 지참하여 당신의 생각과 아이디어들을 놓치지 말라. 혹은 스스로에게 문자를 보내라.

- 매주가 끝날 때, 그것들을 다시 한 번 보고 당신이 배우거나 이룬 것들을 점검하라. 우리는 실질적으로 자주 배우지만, 그것을 점검하는 데는 실패한다.

- 당신의 성장에 우선권을 두라. 한때 나는 훈련을 받을 수 있는 형편이 되지 않았고, 차가 필요하나 그것을 살 수가 없었다. 그래서 나는 창조력을 이용하여 수천 불이나 싼 중고차를 사고, 남은 돈으로

훈련을 받았다. 이것은 당신의 우선순위에 달려 있다. 만약 당신이 진정으로 원하고 가치를 둔다면 그 방법을 찾게 될 것이다.

당신의 미래로 가는 빠른 길

나는 빠른 길을 위하여 노력하는 것은 별로 좋은 일이 아니라고 이야기를 해 왔다. 내가 느낀 것은 성장을 위한 어떤 인생의 수업에서도 지름길은 없다는 것이다. 그러나 당신은 그것을 빨리 배울 수 있고, 같은 시험을 반복하는 시간을 줄일 수 있다.

당신이 줄일 수 없는 것은 하나님의 시간이며, 하나님이 당신에게 주는 특혜 혹은 신뢰이다. 만약 하나님께서 당신을 어떤 리더십 위치로 인도하신다면, 당신은 당신 주변에 있는 사람들로부터 인정을 받을 때까지 기다려야 한다. 당신은 당신의 리더와 대화를 하면서 그 과정에 도움을 받을 수 있고, 성숙하기 위해 어떤 변화가 필요한지 문의할 수 있다. 만약 당신이 의도적으로 성숙의 과정을 추구한다면 당신은 그것이 일어나기를 마냥 기다리는 것보다 빨리 이룰 수 있다.

만약 당신의 교회에 그러한 훈련의 장소가 없어 도움을 받지 못한다면 그러한 도움을 받을만한 인터넷이나 다른 교회를 찾아라. 나는 당신이 교회를 떠나는 것을 원하지 않는다. 나는 나의 교회 목사님의 추천으로 다른 교회를 다니곤 했는데, 그곳에서 나는 전도에 대한 수업을 통해 내가 원하는 성장을 할 수 있었다. 구체적인 훈련을 받을 수 있는 사역학교들이 많이 있다. 그러한 학교들은 통신 강좌로 인터넷을 통하여도 훈련이 가능하다. 당신은 성숙의 과정을 가로질러 갈 수는 없지만 그 배우는 시간을 짧게 줄일 수는 있다. 내가 이끄는 단체에서도 온라인상의 수업을 제공하며, 생방송과 녹화방송을 제공한다. 웹사이트 www.dougaddison.com를 통해 살펴보기 바란다.

당신이 원하는 일을 하고 있는 사람을 찾아라

추측컨대 당신은 이 책에서 언급된 내용을 주목하여 당신의 부르심으로 나아가는 시간을 줄일 수 있을 것이다. 한 가지 방법은 당신이 원하는 일을 하고 있는 사람을 찾아 그들의 삶과 상태, 그리고 그들이 이룬 성공의 모델을 공부하라. 책을 읽는 것의 좋은 점은 많은 사람들이 그들의 삶의 지혜와 경험을 쏟아 부어 놓았고, 그것을 단기간의 시간 동안 읽을 수 있으며, 그들이 치른 고통 없이 지혜를 얻을 수 있다.

이 책의 내용들도 나의 20여 년 동안의 시간과 1500시간의 연구들을 집대성한 것이다. 당신은 이 책을 통해 나의 노력에 대한 혜택을 훨씬 적은 시간 안에 누릴 수 있다. 어떤 사람을 모델로 삼는 것은 그들의 하루하루를 그저 따라 하라는 뜻이 아니다. 단지 그들로부터 배우고, 그들이 만든 토대를 만들어 나가라는 것이다. 사역을 포함해서 대부분의 성공한 사람들은 하루아침에 그 성공을 이룬 것이 아니다. 그들은 답이 없어 보이는 상황에서도 선택을 하고, 길들을 찾아냈다.

멘토를 찾아라

나는 멘토에 대한 오해들이 있기 때문에 그 단어를 쓰는 것을 좀 꺼린다. 멘토는 당신이 원하는 일에 지혜와 충고를 주어 당신이 그곳에 도달할 수 있도록 돕는 사람을 말한다. 당신은 어떤 사람과 만남을 갖지 않고도 그들을 멘토 삼을 수 있고, 혹은 과거의 사람이 당신의 멘토가 될 수도 있다. 첫 번째 단계는 그들의 가르침과 도덕성 그리고 역사를 잘 알아야 한다. 만약 그들에 관한 책들이 있다면 그것들을 읽고, 청취하고, 그들의 자료를 전체적으로 관찰하라. 만약 아는 사람이라면 커피나 점심을 같이 하며, 미리 준비한 특별한 질문들로 물어볼 수 있다.

첫 번째 단계의 멘토를 찾는 것은 진정한 멘토가 무엇인지를 아는 것이다. 수년 전 나는 "나는 영적이지만 종교적이지는 않아요"라고 말하는 사람들에게 전도의 목적으로 그들의 꿈을 해석해 주고 싶었다. 그래서 내가 하고 싶은 일을 하는 몇몇 사역 단체를 찾아보았다. 그리고 국제 스트림 사역Streams Ministries International이란 곳으로 나의 선택이 좁혀졌다. 먼저 그들의 모든 자료를 공부하고, 개설된 수업을 다 수강했다. 나는 앞으로 더 나아가기를 원했고, 질문들이 생겼으며, 이 사역으로부터 멘토링을 받을 수 있는지 문의했다.

내가 그곳에서 멘토링을 받기 위해서는 그들에게 필요한 웹마스터와 그에 관한 일을 전반적으로 해야 했다. 처음에 내가 했던 일은 대개 자원봉사성의 일들이 많았다. 나는 집회를 준비하고, 전화를 받고, 화장실을 청소하며, 필요한 전반적인 일들을 다 했다. 많은 사람들이 기대했던 대로, 나는 비록 적은 시간의 일대일 멘토링을 받았지만 배우고 공부함으로 결국 그들 중에 가장 성공한 강사가 되었다. 나중에는 나의 개인 사역을 시작하였고, 나만의 훈련 과정으로 발전시켰다.

내가 당신의 멘토가 될 수 있다

많은 사람들이 나에게 연락하여 나를 그들의 멘토로 삼고 싶다고 말한다. 나에게 그렇게 말해 주는 사람들에게 먼저 나는 내가 말하고자 하는 것을 고려해 주기를 정중히 말하고 싶다. 왜냐하면 나는 여행을 많이 하고, 그들을 일대일로 멘토링을 해 주기에는 그들의 생각만큼 시간을 낼 수가 없다. 나의 첫 번째 질문은 나의 책과 나의 세미나를 들어 보았는가 하는 것이다. 나는 많은 자료와 기사들을 무료로 홈페이지와 블로그에서 제공하고 있다. 그것이 첫 번째 단계이다. 만약 당신이 이것을 하지 않았다면, 나는 그것들을 먼저 살펴보라고 권하고 싶다. 당신이 나의 메시지를 더 들을수록 당신은 더 많은 멘토링을 받는 것이다.

내가 멘토링을 해 준 대부분의 사람들은 내게 직접 멘토링을 해 달라고 문의한 사람이 아니다. 그들이 내가 주최하는 행사에 참석하기 시작했고, 필요한 부분에 있어서 자원봉사로 도와주었다. 그들 중 많은 사람들이 나의 지도자 수업을 수강했고, 지금은 사업이나 사역들을 하고 있다. 나는 멘토링의 가치를 알고 있고, 인터넷 생중계를 통해 그것을 제공하고 있다. 우리는 기술을 사용할 수 있고, 인터넷을 사용하여 페이스북이나 홈페이지를 이용할 수 있다.

나는 많은 다른 리더들과 사람들로부터 정보를 받으라고 추천하고 싶다. 당신의 직장과 학교 그리고 교회 혹은 지역사회에는 많은 지식과 경험을 가지고 있는 사람들이 있다. 그들을 십분 활용하여 아이디어와 지혜를 얻으라.

그것은 당신을 돕고 다른 사람들도 돕게 한다. 당신도 또한 다른 사람의 멘토가 될 수 있다. 만약 당신의 삶에서 배운 것이 있다면 그것을 다른 사람들에게 나누어 주라. 당신이 더 많이 줄수록 더 많은 것을 받게 된다.

당신 주위에 승리의 팀을 구축하라

당신이 당신의 삶의 변화를 가져오게 되면, 당신은 함께 시간을 많이 보냈던 친구나 동료들이 이전 같지 않은 것을 알게 될 것이다. 나는 만약 당신의 친구들이 질이 나쁜 사람이 아니라면 관계를 끊으라고 이야기하는 것이 아니다. 나는 마약의 문화에서 빠져 나왔고, 파티문화를 정리하고 나와서, 나의 소명의 길로 나아가야 했다. 이제 나는 그들에게 돌아가 좋은 영향력을 미칠 수 있다.

당신의 삶에 있는 사람들을 인식하기 시작하고, 당신의 삶과 동일한 길에 서 있는지를 살펴보라. "유유상종"이라는 말을 기억하라. 당신과 같은 길에 서 있는 사람들은 서로 도울 수 있음을 이해하고, 같은 길에 있는 사람들을 찾으라. 당신이 가져올 변화와 당신의 고민들을 나눌 수 있는 사람들을 찾으라. 당신의 삶에 있어서 당신을 도와 그 길로 갈 수 있게 도움을 줄 수 있는 사람들을 이미 알고 있기 때문에 기회들이 많이 있다. A.S.K(Ask, Seek, Knock 구하고 찾고 두드리라)의 원칙을 기억하라.

구하라 그리하면 너희에게 주실 것이요 찾으라 그러면 찾아낼 것이요 문을 두드리라 그리하면 너희에게 열릴 것이니 구하는 이마다 얻을 것이요 찾는 이가 찾을 것이요 두드리는 이에게 열릴 것이니라(마 7:7~8)

여기에 몇 가지 고려해야 할 단계들이 있다. 동료들을 찾기 시작하라. 마음이 같은 사람들끼리 모여 커피를 마시고, 전화 통화는 적어도 한 달에 한 번씩은 하라. 좋은 지혜와 충고를 줄 수 있는 사람들을 찾으라. 영적이든지 성취성이나 혹은 생산력 향상을 위한 코치를 고용하라. 인터넷 동호회에 가입하라. 인터넷은 훌륭한 도구지만 때로는 검증이 필요한 부분도 있다. 이 책을 쓸 때, 나는 책을 쓰는 사람들의 인터넷 동호회에서 질문에 대한 답과 격려를 받게 되었다.

코치를 고용하라

코치는 당신의 어떤 분야에 있어서 마지막 기회를 창조하는 데 도움을 주는 어떤 방법이다. 이것은 당신의 본질로 최대한 성공하는 데 도움을 주고 하나님께서 당신을 창조하신 모습으로 변화하게 한다. 과거에는 "코치를 고용"한다는 것은 운동에만 국한되었다. 그러나 코치는 비지니스와 개인 발전을 위한 단체에서 매우 유명하게 되었다.

대부분의 사람들은 앞으로 전진하는 것을 막는 숨은 두려움과 제한적인 믿음의 삶을 살고 있다. 그들은 그들이 진정으로 원하는 삶을 막는 무의식의 패턴을 발전시켜 왔다.

코치는 당신이 이러한 패턴들을 발견하고, 새로운 전략을 통하여 장애물을 넘어 결과를 가져오도록 돕는다. 코치는 한 달에 두세 번 정도의 전화 통화를 통해 일정 기간 동안 당신을 도울 필요가 있다.

코치가 하는 일은 상담과 다르다.

코칭을 하는 것과 상담의 차이를 보자.

카운슬링	코칭
아픈 사람을 치유한다	건강한 사람을 돕는다
과거를 다룬다	미래를 다룬다
가끔 아프다	상쾌하다
결과에 시간이 걸린다	결과가 상대적으로 빨리 온다

이 책의 자료들을 통하여 훈련 받은 코칭그룹들이 나와 함께 일하고 있다. 만약 당신이 이런 코치들을 고용하고 싶다면 나의 홈페이지나 사무실로 문의하기 바란다.

현명한SMART 목표설정

계획을 하고, 목표를 설정하는 것을 가르치는 일에는 현명함SMART이 필요하다. 많은 가르침이 두문표기식acronyms을 사용하고 있다. 내가 가장 좋아하고 잘 알려진 것은 현명한SMART 목표설정이다. 구체적Specific이며, 측정이 가능하고Measurable, 달성가능Attainable하며, 현실적Realistic이고, 시간의 안배Time Sensitive에 관한 것이다. 현명한 목표는 1954년 피터 드러커Peter Drucker의 책, 《경영의 훈련》The Practice of Management을 통해 유명하게 되었다. 이것은 멍청한DUMB 목표인 할 수 있고Doable, 이해하며Understandable, 경영Manageable할 수 있으며, 혜택Beneficial이 있는 것과 혼동을 해서는 안 된다. 멍청한DUMB 목표도 적용이 가능하지만 이름 그대로가 나타내고 있는 뜻이 있기 때문에 사람들이 좀 꺼린다.

- 구체적Specific – 당신이 원하는 것을 정확히 안다.

- 측정이 가능Measurable – 어떻게 당신이 하는 것을 아는지에 대해?

- 달성가능Attainable – 성공을 위한 설정, 당신이 할 수 있고 그것으로 흥분이 되는 것.

- 현실적Realistic – 하늘이 경계이지만 현재의 자료들을 통해 할 수 있는 것을 유지하라. 긴 목표가 더 공격적이다.

- 시간의 안배Time Sensitive – 언제 시작하고 언제 마칠 것인가?

성공할 수 있도록 목표를 설정하고, 스스로에 대해 좋은 감정을 가지고 현실적으로 유지하며 시간을 충분히 주어 일들을 성공하게 하라. 당신이 감당할 수 있는 선에서 일들을 감당하라.

지도 만들기(경영 방침의 계획)

당신이 무엇을 성취하고 싶은지, 무엇을 하고 싶은지 확실히 하는 것은 도움이 된다. 내가 이 책을 쓰기 위해 연구의 과정을 시작할 때 나는 지도MAP를 만들었고, 나의 단계들을 열거했으며, 생방송으로 세미나를 하는 것이 좋을지 아니면 녹음강의 코스를 하는 것이 효과적인지 판단하였다. 이것은 나의 이론들을 실험하고, 책을 읽은 많은 사람들에게 소개되어지기 전에 피드백을 받을 수 있게 했다. 나는 스스로 공부할 수 있는 코스의 초본을 2006년 8월에 썼고, 그것이 연말까지 준비가 다 되도록 목표를 설정했다. 내가 그런 지도를 완성했을 때 그것이 내가 생각하기로는 6개월 정도라고 예상했지만 그것은 내가 부지런히 일을 해도 1년 정도가 넘게 걸리는 일임을 알게 되었다. 지도는 내게 현실성을 주었다. 아래의 예를 볼 수 있을 것이다.

경영 가능한 행동 계획은 따라 하기가 매우 쉽다. 다음과 같은 패턴을 따르라.

- 당신이 원하는 것을 언제까지 이루겠다는 목표를 정확하게 하라.
- 왜 그것을 꼭 해야 하는지 좋은 이유를 스스로에게 주어라.
- 단계를 기록하고 그것에 대한 날짜들을 기록하라.

- 어떤 것이든 지금 당장 시작하라? 첫 단계를 시작하라.
- 주 단위 혹은 월 단위로 무엇이 변화해야 하는지 점검하라.

시간을 거슬러서 계획을 잡는 법을 배우라. 지도의 마지막이 될 시간을 정하고 그것을 어떻게 이루는지를 생각하라. 자, 당신이 어떤 일을 일 년 안에 성취하고자 한다고 해 보자. 12개월 앞으로 간 후 뒤로 점점 거슬러 오라. 12개월 안에 내가 원하는 것을 이루고 싶다. 6개월 안에, 3개월 안에, 1개월 안에(내가 원하는 것을 그 안에 성취하고 싶다), 일주일(다음 주에 할 수 있는 어떤 일들), 하루(내가 지금 할 수 있는 어떤 일).

이러한 과정은 당신의 주간 계획에 역시 도움이 된다. 만약 당신이 일주일을 마무리 할 때 두세 개의 일들을 성취하여 스스로에게 좋은 영향과 만족을 주게 될 것을 생각하라. 그러면 그러한 일들을 계획하게 될 것이다.

체중 감량을 위한 지도의 예

여기에 내가 몇 해 전에 이용한 체중감량을 위한 지도의 예가 있다.

내가 원하는 것	20파운드 감량
언제까지	3달 안에
왜 내가 이것을 꼭 이루어야하는가	만약 내가 나의 몸을 돌보지 않는다면, 나는 나의 소명을 위해 건강함을 유지하지 못하고 그것을 이루지

	못하게 된다. 내가 많은 기독교인들의 좋은 모델이 될 때 더 많은 사람들이 하나님께로 나온다.
내가 할 단계들	나는 집과 여행 중의 호텔에서 할 수 있는 운동계획을 원한다. 나의 음식을 바꾸어 더 많은 에너지를 가지게 된다. 콜레스테롤을 체크하고 정기 검진을 받는다.
90일:	1. 20파운드 감량 2. 일주일에 세 번씩 걷기 3. 감량으로 인해 새 옷 사기
30일:	1. 운동 프로그램 찾기 (DVD/책) – 3월 7일 2. 영양사를 만나 음식계획 세우기– 3월 21일 3. 다이어트 시작 – 3월 30일
이번주:	1. 내일 걸으러 나간다. 2. Ipod에 운동할 때 들을 노래를 새로 구입한다.
지금 할 일:	1. 정크 푸드를 다 버린다. 2. 하나님과 나에게 10파운드를 빼겠다고 약속한다. 3. 내가 믿을 수 있는 사람들에게 내가 계획하는 것을 이메일로 보낸다. 4. 도보용 신발을 찾는다.

과정과 결과를 점검할 수 있게 설정

30일 점검 (3월 30일)

진행 과정?	나는 운동에 관한 서적을 구입했고 열심히 따르고 있다. 나는 매일 30일 동안 운동을 해 왔다. 나는 5파운드를 감량했다.

필요한 계획 수정?	나는 새로운 신발이 필요하다.

60일 점검 (4월 30일)

진행 과정?	나는 12파운드를 감량했고 너무 행복하다.
필요한 계획 수정?	상담 후 내가 필요한 감량은 25파운드라는 것을 알게 됨. 나는 심장박동을 체크하는 기계를 구입했고 운동할 때 나의 심장박동을 확인하게 되었다.

90일 점검(5월 30일)

진행 과정?	나는 16파운드를 감량했다!!! 나는 여행 중에 맞는 운동을 찾았다. 격일로 그것을 하고 양을 더 늘리고 있다. 콜레스테롤을 확인했고 정상이었다.
필요한 계획 수정?	신체검사가 필요하다. 계속적으로 유지하고 감량한 몸무게를 유지하여야 한다.

    이 책의 뒤에는 지도의 예들이 있다. 당신은 또 나의 홈페이지에서 다운로드를 받아 출력해서 필요한대로 사용할 수 있다. 일을 피하는 것이 아니라 돌파의 습관을 습득한 후 이러한 계획은 자연스럽게 이루어진다. 당신은 이것을 당신의 삶 전반에 적용할 수 있다.

    이것은 프로젝트를 관리하는 데 좋은 도구이다. 만약 당신이 프로젝트의 지도를 만들고 다른 사람이 다가와서 당신에게 도움이 필요한 부분이 없느냐고 물어 본다면, 당신이 계획한 단계를 명확하게 하고, 그에 대한 작은 일들을 그들에게 요구할 수 있다. 당신이 무엇을 원하는 것과 왜 원하는지를 명확하게 하고, 몇 단계만 실천을 하더라도 스트레스는 없어진다. 이러한 계획을 하는 것이 당신에게 스트레스를 덜어 주려는 것이 주목적은 아니지만 그것을 완화시키는 데 도움을 주며, 그것은 그 일을 하기 위해 필요한 것들을 현실화하기 때문이다.

현실을 말하면 나는 프로젝트의 지도와 나의 인생의 일들을 창조한다. 내가 최근 지도에 관해 찾은 책은 내가 일 년이 걸려 글 쓰는 것을 마무리하게 했다. 반년을 통해 하나님께서 계획을 잡으라고 인도하심을 느꼈다. 그래서 나는 계획을 했고 하나님께서 나의 발걸음을 인도하셨다.

당신이 일을 하면서 즐길 수 있는 방법을 찾는 것을 명심하라. 나의 체중감량 지도는 현실적이다. 나는 30파운드를 감량했고, 7년을 넘게 그 몸무게를 유지하고 있다. 그간 나는 많은 도전도 받았다. 최근 나는 음식을 바꾸도록 노력했고, 10파운드 정도가 다시 늘어 그것을 감량하는 것은 매우 힘들었다. 나는 나의 몸무게를 유지하였지만 신진대사가 나빠지고 나의 면역력이 나빠졌다. 점검의 과정을 통해 나의 음식을 바꾸어 이전보다 더 건강한 음식을 먹고, 작은 단계들을 실천함으로 다시 10파운드를 감량하였다.

내가 말하고자 하는 것은 당신 스스로에게 너무 비판적이거나 무거운 짐을 지우지 말라는 것이다. 오늘이 다시 오지 않기 때문에 매일을 충만함으로 살라.

Exercise 12
지도 작성

1. 삼각 집중에서 당신은 어디에 가장 많은 시간과 에너지를 쏟는가?

2. 삶의 목적에 집중하는 삶을 살기 위해 당신이 흥분할 수 있는 일들을 찾으라. 당신이 이루고자 하는 일을 생각하거나 인생에서 하고자 하는 일에 대해 인터넷이나 도서관에서 검색을 해 보라. 어떻게 성취할지 SMART 목표를 세우라.

3. 당신이 하고 싶어 하는 것을 하고 있는 사람 또는 그 분야에 책을 쓴 사람을 찾으라. 당신의 여정에 도움이 될 만한 질문 3가지를 만들라. 연락을 해서 물어 보라.

4. 소명에 더 빨리 이르도록 멘토나 코치를 구하는 것을 고려하라.

5. 당신이 정한 일이나 결정을 놓고 MAP를 작성하라. 아마도 그것은 프로젝트나 당신이 성공하고자 하는 일들일 것이다. 책 뒤에 있는 지도의 예를 이용하거나 웹사이트에서 다운을 받아 사용하라.

컴퓨터에서 작업을 하려면 사이트 www.personaldevelopmentgodsway.com에서 서식을 다운로드 받을 수 있다.

CHAPTER 13
인생의 균형 잡기
BALANCING YOUR LIFE

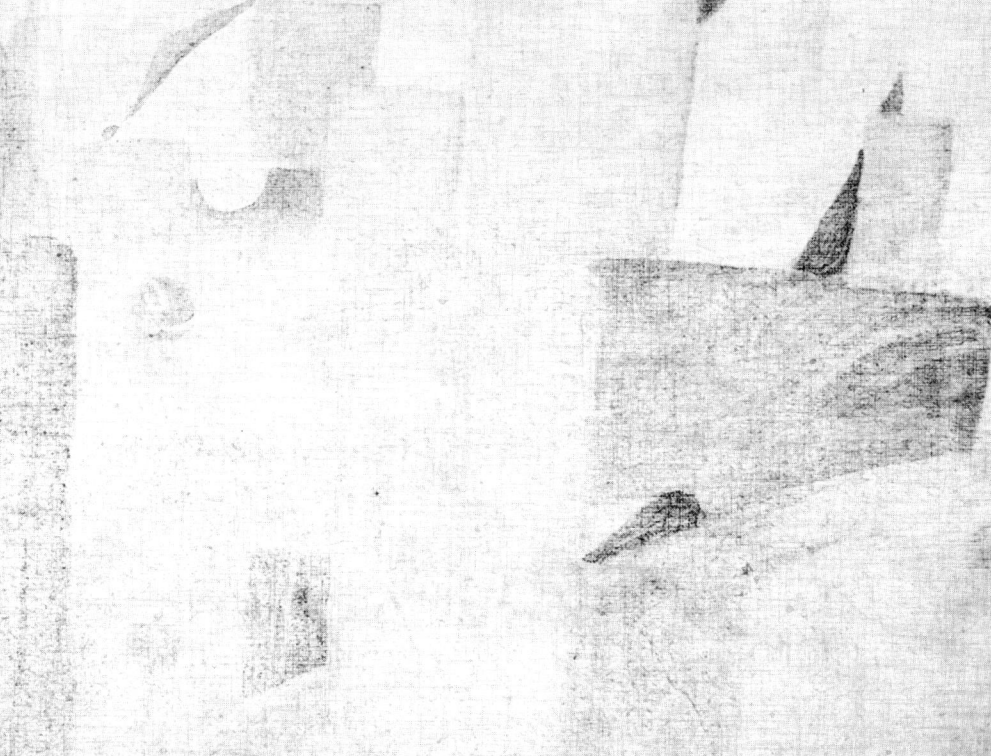

Personal Development God's Way

만약 당신이 이 책에 나온 훈련들을 했다면 당신의 목적과 소명에 대한 몇 가지 힌트를 발견했을 것이다. 만약 그것이 명확하지 않더라도 실망하지 말라. 그것이 펼쳐지는 데는 시간이 필요하다. 나는 몇 가지의 도구를 사용하여 당신의 소명을 찾는 것뿐만 아니라 매일의 삶을 바꾸는 데 도움을 주고자 한다. 만약 당신이 한 가지 원칙만 적용할 수 있다고 하더라도 당신의 삶은 어떤 방법으로든 변화가 있을 것이고, 시간을 낭비하는 것은 아니다. 당신을 향한 나의 기도는 하나님의 무한한 사랑과 능력을 통해 당신이 성취할 수 있는 가능성들을 깨닫게 하는 것이다.

정체기

대부분의 사람들은 새로운 일을 시작할 때 몹시 흥분한다. 첫 3주에서 6주가 지나면 그러한 흥분은 가라앉고, 새로운 것이 일처럼 보이게 된다. 그 새로운 일을 잘 하기 위해 추가적인 레슨이나 정기적인 훈련을 필요로 하게 된다. 몇 개월에서 일 년이 지나는 동안 당연하게도 당신은 또 다른 정체기를 만나고, 그것은 더 높은 단계를 보여 준다. 많은 사람들은 이것이 고통스럽기 때문에 포기를 하며, 어떤 것으로 나아가기 위해서는 같은 과정을 계속 거치게 된다. 이것은 우리의 삶의 모든 분야에서 일어나며, 우리는 이것을 예상할 필요가 있다.

이것은 사람의 관계에 있어서도 마찬가지이다. 그들 가운데 새롭고 흥분되는 일을 보게 된다. 당신이 좋아하게 되었던 다른 사람들의 부분들이 이제는 당신을 날카롭게 한다. 많은 사람들은 이것이 매우 종종 일어나는 정체기적 현상인데 돌파를 하지 못하고, 일어나는 일에 대해 잘 인식하지 못하여 단절되고, "첫사랑의 느낌"만을 경험하기 위해 다른 사람을 찾아가게 된다. 그들은 관계가 우리의 성숙을 돕고, 진리와 깊은 사랑은 오랜 시간이 걸려야 한다는 것을 놓친다.

내가 나눈 원칙들을 배우고 적용하기 시작할 때, 나는 내 인생의 엄청난 변화를 가져 오기 시작했다. 그리고 몇 달이 지나서 내가 배운 것들을 실행하고 있다가 다시 이전의 행동으로 돌아가는 것을 발견했다. 이것은 정상적이고 예상할 수 있는 것이다. 당신이 배운 것을 계속해서 훈련하고 사용하지 않으면 변화는 계속 이루어지지 않는다. 내가 권하고 싶은 것은 당신이 어떤 방법으로든 이 책을 통해 동기부여를 받을 때까지 몇 번이고 읽으라는 것이다.

당신이 산 밑에 있는 것을 그려 보라. 2000피트의 높이까지 모든 힘을 쏟아 올라와서 정체를 하고 있다고 하자. 당신은 등산을 멈추고 휴식을 한 뒤 새로운 계획으로 조정을 해야만 한다. 당신이 다시 등산을 시작하지만 그것은 이미 2000피트의 높이에서 시작이 되는 것이다. 매번 시작을 할 때마다 당신의 시작점은 높아진다. 당신은 더욱 성숙하고 강해진다. 당신은 자신에 대해 더 많은 것을 알게 된다. 당신은 높은 산을 한 번에 다 오르지 못한다. 당신은 스스로의 페이스를 유지하고, 휴식과 재정비를 위해 캠핑을 하게 된다. 인생도 마찬가지이다.

어떤 이유로든 우리는 새로운 시작과 정상에 오르는 것, 그리고 성취하는 것을 단 한 번에 끝내려 한다.

이것은 정상적이지 않고, 특히 습관과 조건을 바꾸는 것은 인생 전반이 걸리는 일이다.

성공하고 성숙하기 위해 우리가 정체기에 빠진다는 것을 인식할 필요가 있다. 좀 시간이 지체될 수 있으나 다음 단계를 통해 돌파를 할 수 있다. 내가 기억하기로는 새로운 원칙과 아이디어를 얻고, 나는 마치 미치광이처럼 그것을 통해 나의 삶에 변화를 가져왔다. 나는 대부분의 결단에 충실했지만 나의 시간과 감정을 관리하는 법을 배워야 한다는 것을 깨달았다. 나는 예전의 패턴으로 돌아가고, 일을 더하고, 집중으로부터 벗어나게 되었다. 나는 다른 6개월 동안 변화의 동기부여를 받고 일을 다시 시작하기 전까지 혼돈과 불만족한 고통을 받게 되었다.

나는 이것이 6개월마다 반복되는 것을 알고, 처방이 필요하다는 것을 알았다. 그래서 동기부여가 되는 오디오를 듣고, 여러 책을 다시 읽으며, 외부로 나가 스스로를 격려할 수 있는 일과 세미나 혹은 집회를 다니게 되었다. 나의 삶에 몇 년의 기간 동안 그런 정체기가 있었다.

나는 그것을 인식하고 그것을 벗어나도록 노력을 하기 시작했다. 나는 이제 그런 정체기가 오기 전에 규칙적으로 내 삶에 동기부여를 하도록 한다. 만약 당신이 나와 같이 한다면 당신이 다운이 되었을 때 스스로에게 코치가 될 수 있으며 다른 사람들에게도 도움을 줄 수 있게 된다.

정체를 벗어나기 위한 단계들

1. 언제 그러한 것들이 나타나는지 인식하고 관심을 잃거나 포기하고 싶은 유혹을 뿌리친다. 하나님께 기도하고 힘과 그것을 벗어날 수 있는 계획을 달라고 구하라.

2. 이 책에 있는 훈련을 마치고 난 후 이 책을 다시 읽든지 다른 책을 보든지 삼 개월 안에 다시 하도록 계획을 잡으라.

3. 만약 당신이 진심으로 인생을 바꾸고 싶다면 인생의 목적이나 행동 코치를 고용하여 계획을 잡고 그대로 실천하라.

4. 동기부여 강의를 들으라. 동기부여나 감동을 주는 강의나 설교를 녹음하여 필요할 때마다 들어라. 반복은 가장 좋은 변화의 열쇠다. 나는 어떤 강의는 20번도 넘게 들었다. 나는 나의 아이팟에 저장을 하고 줄을 서거나 운전을 할 때 그 부분을 듣는다. 웃기지만 어쩔 때는 나의 강의도 몇 번이고 다시 듣는다.

5. 당신이 정말 누구인지를 기억하고 하나님께서 당신을 보는 눈으로 보라. 내면의 부정적인 대화로부터 벗어나 정기적으로 마음을 새롭게 하라.

6. 그만두지 마라! 계획과 전략의 수정이 필요하면 고치되 당신의 목표와 꿈을 포기하지 마라.

7. 내 웹사이트에 있는 글을 읽으라. 무료강의를 다운로드해서 들으라. 내가 그것을 설정해 놓았다. 나의 웹 강의나 실제 강의에 참석을 하라. 나는 나의 삶의 여정에 도움이 되었던 자료들을 계속해서 공개할 것이다.

8. 당신은 이 책의 원리들의 도움을 받기 위해 우리가 제공하는 인생의 목적 코치들을 고용할 수 있다.

왜 이 책을 쓰게 되었는가

집회 강사로서 일 년에 수천 명의 사람들을 만나게 되면서 많은 사람들이 그들의 소명과 영적 은사들을 모르는 것을 나는 알게 되었다. 그것은 나에게 슬픈 일이었고 하나님께서 그것에 대해 나에게 어떤 일을 말씀하신다고 느꼈다. 수년 동안 나는 기독교와 관련이 없는 훈련에 관한 세미나에 참석했는데, 그것을 진행하는 좋은 기독교 단체가 없었기 때문이었다. 만약 당신이 할 수 있다면 세상적인 동기부여 세미나를 가는 것을 권하고 싶지 않다. 많은 이들이 인본주의적인 이론을 통해 위험한 세속적 유혹으로 당신의 삶을 향한 하나님의 뜻에서 멀어지게 한다.

나는 몇 년에 걸쳐 세속적인 행사와 개인 중심의 뉴에이지 행사를 많이 참석하게 되었다. 하나님께서 내게 이런 정보를 개발하여 당신이 시간을 낭비하지 않아도 되도록 하셨다. 나는 성경적 변화에 대한 원리들을 가져왔고, 하나님과의 관계에 대한 요소를 추가했으며 성령의 능력이 함께 하도록 했다. 이것이 이러한 원칙들을 사용하게 한 의도이다.

어떤 기독교인들은 내가 뉴에이지 사상을 교회에 들여온다고 생각한다. 이것은 사실과 다르다. 그들이 이해하지 못하는 것은 기독교인들이 사용하지 않고 있는 성경적 원칙들을 다시 가지고 올 필요가 있다는 것이다.

소명에 대한 격려의 말

소명은 "점선 잇기"와 같다는 것을 기억하라. 당신은 그 점이 다 연결될 때까지 그것이 무엇인지 알 수가 없다. 각각의 경험들을 통해 당신의 소명의 길에 가까워지든지 아니면 멀어지는 데 그것은 당신이 어떠한 관점과 반응을 선택하느냐에 기인한다. 이것이 집중의 능력이다. 만약 당신이 임무에 실패하였더라도 만약 어떤 것을 배웠다면 그것은 당신에게 유익한 것이다.

당신의 소명이 항상 명확하지는 않다. 나의 삶에도 항상 생각하면서 매사에 소명의 길을 열정을 가지고 찾아야 했다. 그러나 수년이 지난 후, 하나님께서 그것을 명확하게 해 주셨고, 내가 했던 일들은 좋은 일들이며, 더 큰 일을 위해 나를 훈련하시는 것이었다.

우리가 스스로에게 가지고 있는 비전은 매우 작다. 우리는 하나님의 무한하신 자원을 통해 스스로에게 제한적인 생각을 끊어야 할 필요가 있다.

당신을 향한 나의 충고는 당신이 결단한 것에 대해 신실하고, 하나님께서 열어 주시는 기회의 문에 최선을 다하라는 것이다. 잠깐 실족할 때, 그것을 인정하고 일어나 계속 앞으로 정진하라. 그만두는 것은 옵션이 아니다. 내가 꿈꾸어 왔던 담임 목사직을 질병으로 그만두어야 했음에도 그 모든 시간은 나의 소명을 위해 새로운 방법을 찾는 노력이었다. 그런 후 하나님께서 나에게 전 세계에 있는 사람들에게 영향력을 줄 수 있는 큰 기회를 열어 주셨다. 당신은 일을 그만두어야 할 수도 있지만 당신의 소명에 대한 큰 그림은 포기하지 말라.

소명과 삶의 목적은 마치 퍼즐을 맞추는 것과 같다. 많은 조각을 맞출수록 그 그림이 명확해지는 것처럼 말이다. 때로는 퍼즐에서 하늘을 나타내는 다 비슷해 보이는 퍼즐조각을 놓고 난해해 하는 느낌을 받을 수 있다. 다른 때는 새로운 발견 혹은 맞는 조각을 찾아 모든 것이 좋아 보이기도 한다.

당신 삶의 균형

당신은 어떻게 이러한 새로운 일들을 하며 삶의 균형을 유지할 수 있을지 의아해 할 수 있다. 처음에는 새로운 일을 배우는 당신에게 이것은 좀 과분해 보인다. 한 예로 몸매를 관리하기 위해 체육관을 다니기 시작했다고 하자. 그러면 당신은 그전보다 집을 좀 더 비워야하며 당신의 관계들에 주의가 필요하다. 혹은 만약 당신의 직업에 더 집중을 해야 한다면 과도한 업무나 주말에 일을 하는 이유로 영적인 삶에 고통이 따를 수 있다. 당신이 세미나와 개발 프로그램을 당신 삶에 투자하기 시작한다면 경제적인 고통이 따를 수 있다. 중요한 점은 그것과 함께 하며, 그것에 잘 적응하도록 조정을 하는 방법을 만드는 것이다. 시간이 흘러 당신의 "새 일"이 당신 삶의 한 부분으로 자리를 잡게 될 것이다.

하나님의 능력 대 당신의 능력

마지막으로 당신이 원하는 것은 당신의 힘으로 무엇인가를 성취하고자 하려고 애쓰는 것Strive이다. 열심히 일하는 것과 애쓰는 것은 다르다. 당신은 모든 것을 한 번에 할 필요가 없다. 이 과정은 당신을 지치게 하고자 하는 의도가 아니다. 당신은 단지 당신의 삶에 집중력과 명확성을 채우기 위한 충돌 코스를 마친 것이다. 당신은 이제 당신이 어디에 있고, 현실적으로 무엇을 해야 하며, 어디로 가야 하는지에 대한 기본적인 인식을 갖게 되었을 것이다. 변화는 과정임을 기억하라. 하나님께서는 당신이 필요한 성취의 힘을 주실 것이다.

인생의 길, 부드럽게 굴러가게 하라

당신이 이 책에 있는 원칙들을 적용할 때 처음에는 어떤 일들은 불가능하게 보일 수 있다. 당신은 현재 당신이 어디에 서 있는지 큰 그림을 보기 어려울 수 있고, 어디로 가는지도 모를 수 있다. 아마도 당신은 인생 전반에 걸쳐 있는 계획들을 다 알아볼 수 있는 시간이나 에너지가 없을 수도 있다. 당신의 삶의 한 부분에 균형을 잡을 수 있고, 다른 부분은 균형이 잡히지 않을 수 있거나 혹은 어떤 일이 일어나 당신의 주목이 필요할 수도 있다. 그러한 상황은 상당히 보편적인 것이다. 그것을 직면하라. 모든 것이 다 완벽하게 돌아가지는 않는다.

당신이 문제들을 해결할 때 새로운 계획의 결과로 또 다른 문제들이 항상 생기게 마련이다. 사실은 문제는 항상 있다는 것이다. 그것을 어떻게 보고 반응하는가에 따라 당신의 인생은 변화된다. 자, 어떻게 당신의 인생의 여러 가지 일들을 감당할 수 있을지 보도록 하자. 물론 당신 삶의 균형에서 가장 어려운 부분은 시작이다.

> 문제는 항상 있다. 그것을 어떻게 보고 반응하는가에 따라 당신의 인생은 변화된다.

시작하기

나의 삶에 균형을 이루기 위해 내가 행한 첫 시도는 내가 미루어 놓은 목록에 대한 것이었다. 거기서 주된 목록들을 뽑아내고, 앞에서 이미 언급한 고통과 기쁨의 원칙을 사용하여 그것들을 스스로 성취하도록 하였다. 내가 권하는 것은 당신도 이렇게 해 보라는 것이다. 이러한 원칙들을 사용한 사람들로부터 받는 피드백 중에 가장 큰 것은 미루어 놓은 일들을 하는 것에 대한 훈련이었다. 당신이 그것들을 얼마나 빠른 시간에 이루어 낼 수 있는지를 보는 것은 대단한 일이다. 그러면 일이 진행되고, 당신은 흥미를 느끼고, 그것을 더 잘하게 된다. 만약 당신이 이러한 원칙들을 정기적으로 한다면 당신은 돌파의 삶을 살게 될 것이다.

삶의 주요 부분을 보기

많은 사람들은 그들의 전문 영역의 삶과 개인의 삶, 두 가지 부분에 있어서 관리가 필요하다. 전문적인 삶은 꼭 돈을 받는 직업일 필요는 없다. 이것은 당신의 시간 대부분을 사용하는 일이다. 당신의 전문 영역이 집에 있는 부모의 역할, 학생, 혹은 은퇴자로서 일 수 있다. 설명을 하기 위해 우리는 개인의 삶에서 몇 개의 주요 부분을 찾아보고자 한다. 나는 여섯 개의 기본 영역을 찾게 되었다. 당신은 더 많을 수도 있다.

여섯 가지 인생의 주요 영역

- 육체적 몸-식이요법, 운동, 건강유지

- 감정의 웰빙-개인의 성장, 감정 관리

- 영적 성장-은사, 사역, 성장과 성숙, 하나님과의 관계

- 재정-돈과 부채, 헌금, 투자, 저축, 계획

- 직업- 시간의 대부분을 사용하는 것

- 관계-결혼, 가족, 그리고 친구

인생의 길

당신은 다음 페이지에 나와 있는 도표를 사용하거나 다른 종이를 사용하여 도표를 그려 보라. 위아래로 선을 긋고, 여러 개의 칸을 만들고, 각각의 칸에 한 가지 삶의 영역을 기록하라. 또한 옆으로 선을 그어 0에서 100까지 10단위로 나누라. 아래 도표와 비슷하게 될 것이다.

인생의 길

- 시간을 내어 지금 당신의 삶의 각각의 분야에서 얼마만큼 만족하고 있는지 생각을 해 보라. 이루고 싶은 것을 생각하는 것이 아니라 솔직하게 당신의 현재 위치를 생각하라.

	육신의 몸	감정의 웰빙	영적성장	재정	직업	관계
100						
90						
80						
70						
60						
50						
40						
30						
20						
10						
0						

- 가장 아래 단계는 0퍼센트이고 가장 높은 단계는 100퍼센트이다. 각각의 컬럼에 당신이 현재 있는 상황에 점을 찍거나 만족하는 수준을 표시하라. 육신의 몸일 경우 만약 당신이 50퍼센트 정도만 만족을 한다면 중간에 점을 찍으라.

- 다음으로 그 표시한 모든 점을 선으로 연결을 하라.

- 자, 결과를 보라. 이 표를 당신의 인생의 길로 생각하라. 당신은 많은 높낮이가 있는가 혹은 잘 진행되고 있는가? 아니면 다 높은 위치인가? 당신의 현재 위치에 있어서 인생이 잘 돌아가고 있는가? 당신은 모든 사람들이 잘 포장되지 않은 길을 가고 있다고 하면 좀 마음에 위로를 받을 것이다. 나는 적어도 일 년에 한 번씩은 이 도표를 그려보고 내 삶의 변화를 점검한다.

삶의 목적을 개발하기

이 땅에서의 당신의 삶은 하나님께서 당신에게 주시는 소명을 성취해 가는 것이며, 그것은 과정이고 본성에 있어 예수님을 닮아가는 것이다. 만약 당신이 당신의 목적과 소명을 알지 못한다면 여기의 훈련 방법들이 적어도 어떤 인사이트와 동기를 부여해 주었을 것이다. 당신을 흥분하게 하고 열정을 주는 것이 당신의 발견의 과정 가운데 도움을 줄 것이다.

삶의 목적 선언문 purpose statement 을 작성하라

나는 사명서 mission statement 라는 단어가 너무 비지니스적인 표현이라 좋아하지 않는다. 당신의 목적 선언문은 당신의 마음으로부터 오는 진정한 당신을 의미한다. 자신의 말을 사용하고 당신이 무엇에 열정이 있는지를 반영하라.

당신의 목적 선언문은 반드시…

- 긍정적이어야 한다: 나는…이다 혹은 나는…할 것이다.

- 간결해야 한다.

- 자신의 말을 사용하되 활기 있는 단어를 사용하라.

- 성취 가능하며, 매일 경험할 수 있는 어떤 것이어야 한다.

- 즐겁고 열정적이야 한다.

예: 덕의 인생 목적 선언문

수많은 사람의 빛과 안내자가 되며, 그들이 변화하고 하나님의 용납하심, 사랑, 능력을 발견하도록 돕는 것이다. 모든 일 속에서 재미있게 웃으며 성장을 하는 것이다.

나의 선언문을 보면 나와 다른 사람을 돕는다는 것을 인식했을 것이다. 당신은 몇 가지 다른 선언문을 써 볼 필요가 있으며, 거기에서 당신에게 가장 잘 맞는 것을 선택하라.

노트를 사용하거나 컴퓨터를 사용하고 조용한 곳에 가서 하라. 하나님께 당신에게 말씀하시도록 구하라. 당신에게 창조력을 주는 음악을 틀어 놓아라.

다음과 같은 말 "나의 삶의 목적은…"을 크게 말하고 생각나는 대로 적으라. 이것을 반복하고 떠오르는 아이디어와 생각을 다 기록하라. 가능하다면 한 페이지를 다 채우라. 생각을 짜내려 하지 말고 당신 안에서 흘러 나오게 하라. 당신은 기록한 모든 것을 다 행하지 않아도 된다. 나중에 편집을 하면 된다. 단지 많은 선언문의 내용이 다 당신의 삶에 흘러나오게 하라.

다음 단계는 그 목록을 놓고 계속 기도하며, 적어도 세 개 정도를 선택하여 표시를 하라. 이 목록을 사용하여 목적 선언문을 작성해 보아라. 처음에 작성을 했을 때 그것은 내용이 좀 길 수도 있다. 당신은 그것을 짧게 한 문단으로 정리를 하거나 두세 개의 문장으로 하여 암기할 수 있게 하라.

나의 인생 목적은:

_____

_____

_____

_____

_____

_____

당신의 삶에 지도를 만들라

당신의 삶의 주요 부분들에 대한 계획을 디자인 했다면, 당신이 다 잘 감당하는 사람이 아니라면 지금 상황으로는 좀 어려워 보일 수 있다. 그것을 시작할 수 있도록 단순화하고, 당신의 삶에 두 가지 분야를 찾아 한 해 동안 발전하거나 성취하고 싶은 지도를 만들어 보라.

인생의 길 도표를 참고하라. 일 년 중에서 다음의 6개월 동안 당신이 일하고 싶은 삶의 영역 두 가지는 무엇인가? 생각하고 기도해 보라. 미루지 말고 지금 하라. 만약 당신이 나중에 더 깊이 기도를 하고 다른 분야에 일이 더 필요하다면 바꾸어도 좋다.

이 책 뒷면에 있는 지도의 예를 사용하여 그 두 가지 분야를 적으라. 혹은 웹사이트에서 다운로드를 받아서 출력을 한 뒤 그것을 사용하라. 매번 다른 도표를 사용하라. 당신은 매번 웹사이트에 가서 다운로드를 받을 수 있다. 매년 나는 다른 분야에 일을 하고자 한다. 어떤 때는 직업, 나의 재정, 혹은 관계. 이것은 당신의 삶의 상황이나 계절에 따라 변화를 한다.

마무리

배운 것을 행동으로 옮기기로 결단하라. 믿는 것을 넘어 이제 당신에게 좋은 것이 있는 곳으로 움직이라. 당신의 지식을 넘어 다른 사람을 돕고 어떻게 하는지에 대해 본보기로 살아가라. 나는 개인적으로 이 책을 통하여 당신과 함께 일할 수 있어 감사하다. 나는 어떤 방법으로든 크든지 작든지 당신을 도울 수 있다는 것이 특권이라고 생각한다.

만약 이 책이 당신에게 도움이 되었다면 나에게 알려주길 바란다. 당신은 나의 웹사이트에 들어가 피드백을 남겨 어떻게 당신에게 도움이 되었는지를 남길 수 있다. 만약 이 책이 당신에게 도움이 되었다면 다른 사람에게도 도움이 될 수 있기 때문이다. 다른 사람과 나누어라. 이것이 끝이 아니라는 것을 기억하라. 이것은 새로운 여정의 끝없는 시작이다. 인생은 선물이다. 사랑은 선물이다. 베푸는 삶을 살고 당신이 배운 사랑을 적용하여 다른 사람을 도우라.

하나님의 넘치는 축복이 당신의 인생 여정에 함께 하기를 바란다!

Exercise 13
삶의 균형

당신은 이 책의 엑서사이즈를 다 했을 것이다. 당신은 그 과정을 통해 당신의 삶의 목적과 소명에 대한 힌트를 얻었을 것이다. 만약 끝내지 못한 엑서사이즈가 있다면 돌아가서 마치라.

1. 정체기간에 대한 준비계획을 세우라. 앞으로 2-3개월 후에 달력에 "소명 재확인"이라고 기입하라. 당신은 그것이 무엇인지 지금 알지 못해도 좋다. 이러한 훈련을 다시 점검하거나 수업을 듣거나 책을 읽거나 또 다른 훈련일 수 있다.

2. 인생의 길 훈련을 완성하고, 앞으로 6개월 내에 노력할 두 영역을 선정하라.

3. 인생의 목적 선언문을 쓰라. 나중에 수정하더라고 지금 시작하는 것이 좋다. 그것은 바뀌고 시간이 걸리며 변하게 되지만 시작을 하는 것이 정말 당신에게 도움이 된다.

4. 인생의 길에서 선택한 두 영역에 대해 지도를 만들라. 이 책에서 당신이 배운 도구와 전략을 사용하고, 당신 스스로 그것들을 점검하라. 30일 그리고 60일이 되었을 때 어떤 일이 일어나고 있는지, 그리고 수정해야 할 것이 무엇인지를 살펴보라.

웹사이트 www.personaldevelopmentgodsway.com에 가서 다른 자료를 참조하고, 내가 제공하는 다른 훈련을 확인하라. 우리는 온라인 수업들도 있고, 오디오 강의와 책 그리고 인생 목적의 코치들이 제공된다. 무엇보다도 우리가 부름을 받은 인생의 매일매일을 즐기라.

하나님의 넘치는 축복이 당신의 인생
여정에 함께 하기를 바란다!

MAP
Manageable Action Plan
관리할 수 있는 행동 계획   날짜:

- 삶의 부분:

_____

- 나의 삶 목적 선언:

_____

- 무엇을 성취하기 원하는가?

_____

- 왜 꼭 해야만 하는가?

_____

도달하기 위한 계획: 첫 단계들

90일

_____

30일

_____

- 지금 할 수 있는 행동

_____

결과를 볼 수 있고 체크할 수 있는 날짜들 설정

30일 점검

진행과정?

필요한 계획 수정?

60일 점검

진행과정?

필요한 계획 수정?

90일 점검

진행과정?

필요한 계획 수정?

MAP
Manageable Action Plan
관리할 수 있는 행동 계획   날짜:

- 삶의 부분:

_____

- 나의 삶 목적 선언:

_____

- 무엇을 성취하기 원하는가?

_____

- 왜 꼭 해야만 하는가?

_____

도달하기 위한 계획: 첫 단계들

90일

_____

30일

_____

- 지금 할 수 있는 행동

_____

결과를 볼 수 있고 체크할 수 있는 날짜들 설정

> 30일 점검

진행과정?

필요한 계획 수정?

> 60일 점검

진행과정?

필요한 계획 수정?

> 90일 점검

진행과정?

필요한 계획 수정?